Marketing Planning
Creativities, Approaches and Plan Design
(2nd edition)

营销策划
创意、方法与文案设计
（第二版）

李胜　黄尧　等编著

北京大学出版社
PEKING UNIVERSITY PRESS

图书在版编目（CIP）数据

营销策划：创意、方法与文案设计 / 李胜等编著.－－2 版.－－北京：北京大学出版社，2025.6.－－ISBN 978-7-301-35216-8

Ⅰ.F713.50

中国国家版本馆 CIP 数据核字第 2024NJ9894 号

书　　　名	营销策划——创意、方法与文案设计(第二版)
	YINGXIAO CEHUA——CHUANGYI、FANGFA YU WEN'AN SHEJI(DI-ER BAN)
著作责任者	李　胜　黄　尧　等编著
责 任 编 辑	任京雪
标 准 书 号	ISBN 978-7-301-35216-8
出 版 发 行	北京大学出版社
地　　　址	北京市海淀区成府路 205 号　100871
网　　　址	http://www.pup.cn
微信公众号	北京大学经管书苑(pupembook)
电 子 邮 箱	编辑部 em@pup.cn　　总编室 zpup@pup.cn
电　　　话	邮购部 010-62752015　发行部 010-62750672　编辑部 010-62752926
印 刷 者	河北文福旺印刷有限公司
经 销 者	新华书店
	787 毫米×1092 毫米　16 开本　18.5 印张　448 千字
	2018 年 3 月第 1 版
	2025 年 6 月第 2 版　2025 年 6 月第 1 次印刷
定　　　价	52.00 元

第二版前言

本书第一版自出版以来，受到广大读者的厚爱和支持，数次加印。第二版在继承第一版总体架构的基础上，新增了广告策划单元和新媒体营销策划单元，替换了部分专题策划单元、营销策划文案（全案），每个单元增加了思维导图、课后巩固（单元测试题）。专题策划单元的体例也做了部分调整，营销策划路径改为营销策划文案典型任务，增加了知识拓展以及大量的同步案例。

营销策划的关键要素是创意、方法与文案设计，这三个关键要素是学习者打开"营销策划"课程大门的密钥。本书紧扣这三个关键要素，以营销策划文案设计为主线，用创意和方法为营销策划文案设计提供支撑，教材体系突出教学过程的实践性、开放性和职业性，强化职业能力培养。本书编写主要突出以下特色：

第一，创设营销策划框架体系。国内大部分营销策划教材不仅沿袭了"STP-4Ps"框架，而且内容基本上与营销策略趋同。对于已经学完"市场营销"课程的学生来说，不宜再使用这样的营销策划教材。本书打破4Ps框架，全书分为基础篇和专题策划篇两篇，基础篇包括营销策划导论和营销策划创意两个单元，专题策划篇包括整合营销策划、品牌策划、公关策划、广告策划、促销活动策划和新媒体营销策划六个单元。基础篇侧重于策划流程、方法与创意的训练，专题策划篇侧重于企业主要营销策划类型的训练。

第二，创新体例和内容。每个单元设置了思维导图、导入案例、知识拓展、同步案例、课后巩固（单元测试题）等栏目。专题策划篇内容包括营销策划的概念和特征、营销策划的常用方法、营销策划文案典型任务、营销策划文案设计范例与评析和营销策划专项实训。

第三，以营销策划文案设计为主线。"营销策划"课程的重要任务是让学生学会撰写规范的营销策划文案。但遗憾的是，现有的营销策划教材往往偏离了这一主线，而讲了许多概念、流程和方法等，具体到营销策划文案设计时，却往往存在案例不具有典型性、内容不够完整、实战性不强等诸多问题，学生学完后还是不得要领，不知道该如何撰写营销策划文案。针对这一现实情况，本书以问题为导向，紧紧围绕营销策划文案设计这一主线，重构营销策划内容，创意和方法等都服务于这一主线。这种框架在国内现有的营销策划书籍中尚属首创。

第四，营销策划文案设计范例具有示范性。营销策划文案设计范例的选取直接关系到学生能否撰写出规范的高质量营销策划文案，因此需要精心选取优秀的范例，而且需要完整的营销策划文案。本书所有范例均来自为企业策划的原创营销策划文案，这些文案包括《慕夕洗涤产品整合营销策划文案》《妫水人家品牌策划文案》《广西大明山 4A 景区公关策划文案》《启航公司迈腾车型促销活动策划文案》等。

第五，设计"双项目"教学方法。项目设计基于翻转课堂的教学内容，每个教学单元都细分为课上和课下两大部分，其中一个项目由老师在课堂上带领学生去做，为学生提供一个可以模仿的完整范例，并对范例进行模块化处理，每个模块包括典型任务、实战案例和实战案例评析；另一个项目按照项目教学的要求由学生自主完成。这样每个单元"双项目"并行，真正实现"教、学、练、评结合，实践、理论一体化"教学。

第六，创建新形态一体化教材。本书教学资源丰富，配备教辅资源、教学视频、教学题库等。本书是李胜教授等在爱课程、中国大学 MOOC（慕课）主讲的"营销策划"课程的配套教材，同时是数字化《营销策划》云教材的配套教材。

本书由北京联合大学李胜教授等编著，具体分工如下：李胜负责第 3 单元"整合营销策划"和第 7 单元"促销活动策划"的撰写；广西南宁奥理可赢企业管理咨询有限公司董事长黄尧负责第 1 单元"营销策划导论"、第 2 单元"营销策划创意"、第 5 单元"公关策划"的撰写；北京联合大学硕士研究生魏静和徐晓梅负责第 8 单元"新媒体营销策划"的撰写；李胜和河南信息统计职业学院吴瑞杰副教授负责第 4 单元"品牌策划"的撰写；李胜和黄尧负责第 6 单元"广告策划"的撰写。本书由李胜负责设计体例和编写大纲，并负责全书总纂。

感谢北京交通职业技术学院王彦峰副教授和北京锐点网络科技有限公司段崇礼总经理对促销活动策划单元所做的贡献；感谢北京第二外国语学院郭斌副教授、北京服装学院金水教授对广告策划单元所做的贡献。感谢北京联合大学对本书编写与出版的大力支持，感谢北京大学出版社对本书出版的大力支持。

由于时间和水平所限，书中难免存在不妥之处，敬请广大读者批评指正。

李　胜

2025 年 3 月

目　录

第 1 篇

基 础 篇

第1单元　营销策划导论

思维导图

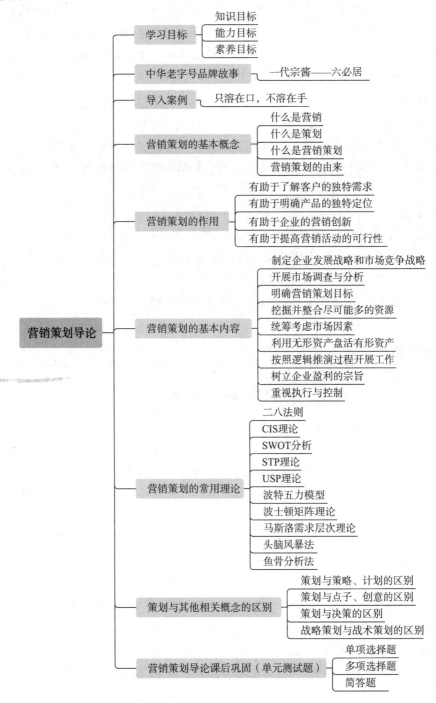

- 营销策划导论
  - 学习目标
    - 知识目标
    - 能力目标
    - 素养目标
  - 中华老字号品牌故事
    - 一代宗酱——六必居
  - 导入案例
    - 只溶在口，不溶在手
  - 营销策划的基本概念
    - 什么是营销
    - 什么是策划
    - 什么是营销策划
    - 营销策划的由来
  - 营销策划的作用
    - 有助于了解客户的独特需求
    - 有助于明确产品的独特定位
    - 有助于企业的营销创新
    - 有助于提高营销活动的可行性
  - 营销策划的基本内容
    - 制定企业发展战略和市场竞争战略
    - 开展市场调查与分析
    - 明确营销策划目标
    - 挖掘并整合尽可能多的资源
    - 统筹考虑市场因素
    - 利用无形资产盘活有形资产
    - 按照逻辑推演过程开展工作
    - 树立企业盈利的宗旨
    - 重视执行与控制
  - 营销策划的常用理论
    - 二八法则
    - CIS理论
    - SWOT分析
    - STP理论
    - USP理论
    - 波特五力模型
    - 波士顿矩阵理论
    - 马斯洛需求层次理论
    - 头脑风暴法
    - 鱼骨分析法
  - 策划与其他相关概念的区别
    - 策划与策略、计划的区别
    - 策划与点子、创意的区别
    - 策划与决策的区别
    - 战略策划与战术策划的区别
  - 营销策划导论课后巩固（单元测试题）
    - 单项选择题
    - 多项选择题
    - 简答题

学习目标

知识目标

1. 掌握从市场到营销策划的三个关键概念及其相关逻辑:市场是需求,营销是满足需求,营销策划是如何满足需求。

2. 掌握完成营销策划任务的基本路径:发现具有独特需求的目标市场;提炼能够满足该需求的产品的独特卖点;向目标客户传递产品的独特价值;最终获得高额回报。

3. 理解营销策划的目标:从满足客户的独特需求中发掘产品的独特卖点,形成独占或领先市场的高额回报盈利模式。

能力目标

1. 掌握营销策划思维的基本逻辑。

2. 掌握营销策划的由来及特征,理解营销策划在市场营销发展中的重要作用。

3. 掌握营销策划的原理、方法及工作过程,准确把握其核心概念,出色完成营销策划任务。

素养目标

1. 能够参与协作学习,具有团队合作意识,能够进行成果展示和有效沟通。

2. 能够在营销策划实践活动中理解并遵守策划从业人员的相关职业道德和规范,履行相关责任。

3. 养成勤于思考的学习习惯,培养自主学习和终身学习的意识。

中华老字号品牌故事

一代宗酱——六必居

六必居始于明朝正统元年(1436),"六必"是指"秫稻必齐、曲蘗必时、湛炽必洁、水泉必香、陶器必良、火齐必得"。六必居继承了酱腌菜的古方工艺精髓,味道偏咸,酱香馥郁,其产品易于久藏远运。"六必"是店名,也是经营信条。正是由于坚持了"六必"精神,六必居历经朝代更迭、战乱变故,成为一代宗"酱",始终与中国酱腌菜行业栉风沐雨、共同发展成长。

在现代市场经济大潮中,六必居作为中国酱腌菜文化的传承者,始终坚持"精益求精的品质,诚信经营的理念",发挥金字招牌的品牌效应。2019 年,六必居投资近 5 000 万元,在前门大栅栏老店旧址建设的"六必居博物馆"惊艳亮相(见图 1-1)。博物馆以深厚的历史底蕴、生生不息的"六必"古训、栩栩如生的人物典故、大量翔实的史料物件,吸引了八方来客和四海宾朋。博物馆还设立了"国家级非物质文化遗产项目——六必居酱菜制作技艺传承人工作室"(见图 1-2),由传承人带徒现场演示制作技艺,并由专业解说人员向游客介绍六必居传统产品的特点,消费者在购物的同时,能够更好地感受中华老字号的历史文化。

图 1-1　六必居博物馆　　　　图 1-2　六必居酱菜制作技艺传承人工作室

尽管门店内多为中老年消费者,但六必居仍在不断创新尝试,试图抓住年轻人的心:通过不断分析年轻群体的消费特点,研制出食用方便的瓶装素炸酱、老北京炸酱、海鲜酱、香辣牛肉酱、蒜蓉辣酱、香菇牛肉酱等花色酱,以满足新生代消费者多样化的口味需求;携手盒马鲜生推出联名款新品"老北京二八酱",将六必居的传统芝麻酱做了全新的改良,结合国潮艺术瞄准了年轻消费群体。除了卖招牌酱和酱菜,六必居还开发了冰激凌产品,包括黑芝麻和黑蒜两个口味,特别是黑蒜口味,俨然成为"网红"冰激凌。目前该冰激凌在线上旗舰店、北京前门店以及环球影城店售卖。六必居在环球影城开店,就是看中那边主要是年轻消费群体。六必居想要通过这家店,向年轻人展示老字号传统工艺与国潮文化结合的理念。

除了开发"网红"产品,六必居还针对如今消费者的健康消费需求推出了减盐系列产品,并将其招牌下饭酱菜根据品种设置了不同的动漫形象代言人,同时推出了衍生的周边产品,颇受年轻人欢迎。六必居将传统营销渠道与"互联网+"相结合,建立了线上线下全渠道营销网络,产品销售遍及全国各地,出口至美国、加拿大等国家和地区。六必居在北京前门、西单、北京站、北京南站、天津南市食品街等核心商业圈建立了品牌连锁直营店,并在天猫、京东等主流电商平台建立了品牌旗舰店,开发出多种文创产品,吸引年轻消费群体的注意,引领新国潮。

【知识点】STP 理论。

【育人目标】引导学生深刻理解并自觉实践各行业的职业精神和职业规范,增强学生的职业责任感,培养学生遵纪守法、诚实守信、开拓创新的职业品格和行为习惯;培养学生精益求精的大国工匠精神和使命担当。

资料来源:

① 王玺.一代宗酱——六必居[J].中国食品工业,2021(5):124-125.

② 冉隆楠.携手盒马开发新品 近 600 岁的六必居心态依然年轻[N].中国商报,2021-12-20.

导入案例

只溶在口，不溶在手

20世纪四五十年代，美国人很喜欢吃巧克力，但巧克力有一个致命的弱点：极易溶化，手一拿就会粘得到处都是。据说当时福里斯特·马尔斯（Forrest Mars）先生花了几十万美元研制巧克力糖衣专利，最终实现了糖衣在手心的温度和湿度中不易溶化，而在口腔的温度和湿度中溶化得很快，而且糖衣能够绵软细密地迅速与巧克力混合在一起，口感和香味特别好。

1951年，马尔斯先生找到了营销策划专家、"独特的销售主张"（unique selling proposition，USP）理论大师罗瑟·瑞夫斯（Rosser Reeves），希望能够为这款M&M's巧克力豆产品完成定位和广告设计。瑞夫斯从市场需求分析中发现了目标客户的消费痛点：粘手。随后，他从产品价值挖掘中发现了糖衣的独特卖点：好吃不粘手。他旋即以此为定位，灵机一动为之创造了"只溶在口，不溶在手"（Melt in your mouth，not in your hand）的USP，一举成为经典广告语。这句广告语不仅极大地突出了产品的独特价值，还满足了人们在其他巧克力产品中无法实现的独特需求，同时传递了M&M's巧克力豆的口味很好以至于我们不愿意使巧克力在手上停留片刻的观念。从此，这个世界营销策划史上最经典的广告语之一带着它的巧克力豆，飞出了美国，飞遍全球。

2004年，M&M's的广告语"只溶在口，不溶在手"被评为美国最受喜爱的广告标志，还被《广告周刊》（Adweek）评为全美第一广告名句。

2008年，M&M's巧克力作为奥运会官方巧克力，赞助了北京夏季奥林匹克运动会。

2021年1月，M&M's宣布了一项全球承诺——致力于营造一个人人都有归属感、社会具有包容性的世界。

2022年9月，M&M's新角色全球首次亮相，旨在代表接受和包容性。

【案例思考】M&M's的广告语看似简单却很伟大，它是怎样策划出来的？

【分析提示】罗瑟·瑞夫斯一直认为，广告的成功与否取决于"产品是否具有自己的独特卖点"。他说："M&M's巧克力豆之所以不溶化，是因为有糖衣。发现这一点是世界上最容易的事情，而价值已经存在于产品这个事实本身。"

对于很多人来说，M&M's只是一种手心不溶、口中好吃的巧克力豆。而罗瑟·瑞夫斯进一步挖掘出了M&M's巧克力豆在口中溶化时带给我们的又甜又滑如恋爱般消融的感觉。罗瑟·瑞夫斯设计的广告语，正是将M&M's巧克力豆的"恋爱感"价值以"melt"（消融）一词表达出来，传递了这种消费者渴望的生活味道，它才是永远值得我们回味与珍惜的价值。

【案例关键词】案例关键词是"USP"，直译为"独特的销售主张"。它源于对客户需求痛点进行分析而总结出的独特需求，然后发掘产品自身能够满足该需求的独特卖点，最后用创意的智慧提炼出能够传播这个产品独特卖点的广告语。所以，我们可以认为，USP就是"独特卖点"。

请记住"独特"这个词，它是USP的核心，也是营销策划工作的挑战和魅力所在。本书将指导学生反复练习，养成发掘"独特需求""独特卖点"和提炼广告语的能力。

【营销策划技巧启示】本案例中，罗瑟·瑞夫斯采用了经典的定位技巧——人无我有。当你发现产品的"独特卖点"能够满足目标客户的"独特需求"而其他产品却没有时，不要犹豫，USP 一定源于此！就此定位，以目标客户乐于接受的语言和文化，直截了当地说出产品的"独特卖点"，就可以很好地完成广告语的设计，进而形成系列营销策略。这个过程，就是营销策划工作追求的"传递价值以换取高额回报"的过程。

【导学链接】

名著导读：〔美〕菲利普·科特勒、〔美〕凯文·莱恩·凯勒、〔美〕亚历山大·切尔内夫著，陆雄文、蒋青云、赵伟韬等译，《营销管理》（第 16 版），北京：中信出版社，2022 年 9 月（见图 1-3）。

图 1-3　《营销管理》（第 16 版）

资料来源：公开网络。

一体化实训

娃哈哈蜂蜜绿茶营销策划

【实训目的】采用市场中的真实项目作为实训作业，掌握营销策划的技巧、方法和工作过程。

【实训内容】联系所在城市的娃哈哈代理商，了解娃哈哈蜂蜜绿茶（见图 1-4）的市场定位和竞争状况，根据娃哈哈蜂蜜绿茶所处的市场生命周期、销售状况、市场占比等，按照营销策划的工作过程，向娃哈哈公司提交创新的营销策划方案。

图 1-4　娃哈哈蜂蜜绿茶

资料来源：娃哈哈官网。

【**实训要求**】以模拟公司学习小组为单位,开展市场调查和头脑风暴,撰写营销策划方案,按照"营销策划九步实训法"完成项目实训。

【**营销策划九步实训法**】

1. 每个学习小组分别拟定实训作业时间安排和团队人员分工;

2. 运用 STP 理论开展市场调查、市场细分(Segmentation),寻找拥有某种"独特需求"的目标客户(Targeting);

3. 运用定位技巧,根据产品能够满足这种"独特需求"的"独特卖点"形成市场定位(Positioning);

4. 围绕市场定位撰写产品精神和产品故事,使品质、包装和产品精神成为一个有机的整体,目的是向目标客户传递产品的独特价值;

5. 运用营销策划技巧,构思广告主题、概念,撰写广告精神;

6. 根据广告精神,开展头脑风暴,按照目标客户乐于接受的语言和能够引起共鸣的文化,构思 USP 广告语;

7. 运用 4Ps 营销组合理论,拟定价格、渠道和促销策略,形成营销策划的行动计划,完成投入产出测算,撰写营销策划方案;

8. 依据营销策划方案制作 PPT(演示文稿),按照老师的要求提案;

9. 收集老师、行业专家、项目方企业领导和其他团队对本团队提案成果的评价,进行团队总结。

【**成果评价**】三周内完成实训作业,提交营销策划方案,进行 PPT 演讲。老师应邀请娃哈哈代理商领导、行业专家到提案现场,与课程老师一起担任评委打分。

【**考评表格**】采用"营销策划实训评分表"(见表 1-1)进行打分。该表将定性评价与定量评价相结合,主要针对营销策划的核心能力进行考核。该表既可以由老师一人打分,也可以由老师、行业专家和企业领导等多人打分,同时还可以用于学生之间的互评。建议在本课程的实训中始终贯穿使用本表,这对培养学生的营销策划职业能力具有良好的效果。

表 1-1　营销策划实训评分表

提案项目：　　　　　　时间：　年　月　日　　　　　评委姓名：

序号	制作能力		核心能力			沟通能力		加减分	总分
	方案	PPT	逻辑性	创新性	可行性	演讲礼仪	答辩		
	10	10	20	20	20	10	10	(+/−10)	110

【**一体化实训提示**】所谓一体化实训,是指科学的教育模式——"教学做一体化",意味着教、学、做这三件事要一起完成,所以本书的第一个实训在开篇第一节即开始。同学们无须担心,第一个项目做不好是正常的,一体化教学的效果体现在持续的一体化实训中,后面的实训项目会越做越好。

"游泳训练法"和"生态教学法"

（1）"游泳训练法"。我们把市场比喻为大海,唯有学会在大海里游泳才能真正具备营销策划职业能力。因此,老师和学生要一起游,老师在前面领着游,学生在后面跟着游,老师要比学生更有经验,能够传授理论,及时指出学生的不足,所以学生在市场大海里学游泳也叫"从游"。

（2）"生态教学法"。什么是"生态",这个概念听起来高深,其实很简单。如果把专业比为鱼缸,那么学生是里面的鱼儿,专业教师团队是养鱼人,专业实训室是鱼缸的基本设施,专业文化、专业课程、学生团队模式和学习效果考核机制是喂鱼的饲料,真实的实训项目就是往鱼缸注入的新鲜氧气。只有为鱼儿创造同真实市场一样的自然生态环境,并让专业的"鱼缸"环境和市场的"海洋"环境"活水互通",这样学生在跳出鱼缸游向市场"海洋"的时候才能"如鱼得水"。

1.1 营销策划的基本概念

1.1.1 什么是营销

在经济学领域,狭义的市场是指买卖双方进行商品交换的场所,广义的市场是指为了买卖某些商品而与其他厂商和个人相联系的一群厂商和个人。

在市场营销学领域,市场是指一切具有特定需求与欲望并且愿意和能够通过交换的方式来满足需求与欲望的顾客。这个概念的核心就是需求与欲望,市场规模实际上就是指那些希望被满足的需求与欲望所形成的消费金额总量。因此,简而言之,市场就是需求。

营销策划的
基本概念

营销的核心工作是传递价值给客户以换取金钱回报,换言之,营销工作就是传递产品的价值以满足顾客的需求。同样,简而言之,营销就是满足需求。

综上所述,在市场营销工作中,我们既不能将市场狭义地理解为场所,又不能理解为客户群,而应该理解为需求。市场规模是指可满足需求而形成的消费金额总量,市场占比是指某个产品可满足特定需求的消费金额总量在市场总需求中的占比。

1.1.2 什么是策划

策划,从传统意义上讲,其本质就是谋划,是指人们为了达到某个目的而预先进行的周密的资源安排和行动部署。自从有了人类活动,就有了策划,从原始人类的聚众捕猎到现代世界的飞船升天,从风云变幻的战场到瞬息万变的市场,从国家的政治外交到企业的日常经营,时时、处处都有策划的存在。策划是一种普遍的人类行为,是体现人类思维高度发展的突出实践形式,是人类改造世界的重要方式之一。

现代的策划概念,伴随着系统论、信息论、控制论、电子化、互联网技术等一系列现代科学理论和技术的发展而不断发展。从现代意义上讲,策划是指策划者为了实现某个目标,在充分调查与目标相关的各种资源和信息的前提下,通过科学运用各种方法和技巧,预先对行动内容进行精心创意、设计和计划的过程。由于策划是瞄准未来目标的工作过程,所以逻辑性、创新性和可行性成为其最重要的属性,古人云"凡事预则立,不预则废"就是这个道理。

1.1.3 什么是营销策划

（1）营销策划的定义

营销策划是根据企业的经营战略,在对企业内外部环境条件进行分析的基础上,按照预期的营销战略目标,通过整合企业内外部资源,运用科学的理论工具与富有艺术性和创意的技能手段,围绕品牌、产品或服务的独特价值,形成系统性的营销策略构思与创意,设计出能有计划、按步骤实施的价值交换方案,最终完成与客户交换价值和形成忠诚客户的营销过程。

那么,策划与计划有区别吗?当然有。策划是一门指导人类创新活动的预见性行为科学。而计划是指导人类合理安排活动的预见性行为科学,但不一定具有创新内容。

同步知识点 1-2

"营销策划 = 策 + 划"理论

营销策划的"策"是指满足需求的计策、谋略,也被称为营销策略,具有创新思维的内核;"划"是指为满足需求而实施营销策略的计划、安排,具有时间、内容、人员安排的特性。因此,营销策划就是从满足需求的目标出发,有计划地实施营销策略,即"营销策划 = 策 + 划"(见图 1-5)。可见,营销策划就是一个设计产品独特卖点以满足目标客户独特需求的过程,简而言之,就是"如何满足需求"。

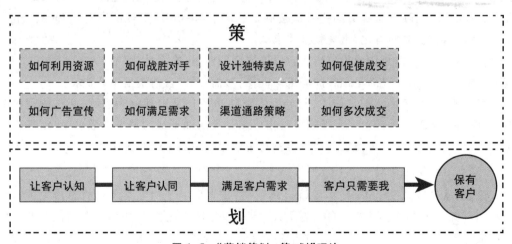

图 1-5 "营销策划 = 策 + 划"理论

营销策划人员的职业能力精髓是判断力和创造力,所以营销策划人员要有把握市场变化和适应市场变化的能力。面对日益激烈的市场竞争和快速变化的市场环境,在营销策划环节仅仅发现显性需求并满足需求是不够的,越来越多的成功案例表明,在现代市场活动中,企业需要投入大量的精力发掘没有被满足的隐性独特需求,然后通过创意、创新、创造形成独特的产品和服务,以独特卖点确定市场定位,实现独占或领先市场,也就是常说的"不做市场的唯一就做市场的第一"。

（2）营销策划的任务和目标

营销策划的任务是发现具有独特需求的目标市场,提炼能够满足该需求的产品独特卖点作为市场定位,向目标客户传递产品的独特价值从而获得高额回报;营销策划的目标是从满足客户的独特需求中发掘产品的独特卖点,形成独占或领先市场的高额回报盈利模式。

（3）营销策划的主要特征

营销策划的主要特征有三点,即逻辑性、创新性和可行性,这也是营销策划的三个核心原则。其中,逻辑性是最基本的要求,创新性是最重要的追求,可行性是最根本的诉求。具体内容如下:

① 逻辑性

第一,要有明确的目标。营销策划是围绕企业明确的市场目标及营销绩效所开展的活动。

第二,要有科学的预测。营销策划必须建立在真实、深入、充分的市场调查分析的基础上,对目标客户的独特需求、目标市场的规模容量等预先进行研判,对产品的独特卖点、营销策略等预先进行系统设计,这些系统设计通常被人们称为"商业模式""盈利模式""经营体系"等。

第三,要避免前后矛盾。一方面,在营销策划的过程中必须保持前后出现的观点、分析、数据等内容一致;另一方面,在营销策划的方案中必须保证前后分析推论的结果符合逻辑,不可自相矛盾。

第四,要有系统的视角。营销策划必须全方位考虑政治、经济、社会与自然等因素,充分利用企业内外部资源,综合运用多种营销模式和手段,强调科学、周全、有序。

② 创新性

第一,挑战不确定性。营销策划虽然建立在充分调查与研究的基础上,但企业所处的市场环境变化较快,许多环境因素的不确定性导致计划存在不确定性风险,只有通过创新才能战胜不确定性、战胜风险,进而领先市场。

第二,挑战传统习惯。人类在消费方面往往"喜新厌旧",即厌弃过时的物品而喜欢时尚的潮流,营销策划必须始终顺应这种消费趋势,积极挑战思维的惯性和传统的束缚。

第三,挑战创意极限。要将每一次策划创意都当作一次思维革命,始终保持敏锐的洞察力、活跃的创造力,不断超越对手、超越自我。

③ 可行性

第一,在调适性方面可行。营销策划方案必须充分考虑所处市场环境的各种因素,具有因时、因地、因对象制宜的适应性。

第二，在动态平衡方面可行。营销策划的工作过程是企业的可控因素与环境的不可控因素之间的动态平衡过程，换句话说，营销策划要及时调整企业的实施计划以适应市场的动态变化，只有这样才能保证目标的最终实现。

同步案例 1-1

7 天酒店仅用三年时间跻身一线阵营

7 天酒店创立于 2005 年，当时酒店仅用三年时间就跻身一线阵营，现在是锦江酒店（中国区）旗下品牌之一。2014 年，7 天酒店的分店已经超过 2 000 家，覆盖全国超 300 个主要城市，会员超过 8 000 万人，形成了中国经济型酒店中规模最大的会员体系。权威数据显示，会员对 7 天酒店收入的贡献率高达 98%。

2017 年，酒店荣获年度经济型酒店十大影响力品牌。

2018 年，酒店荣获最受欢迎商旅酒店品牌。

2022 年 3 月，迈点研究院公布了 2022 年 2 月经济型酒店品牌指数（MBI）排行榜，7 天酒店再次以 660.29 的高分超过如家（548.64 分）、城市便捷（526.77 分），居榜首之位，再次体现了 7 天酒店在经济型酒店领域的领军位置。这已经是 7 天酒店连续第 3 个月蝉联第一。

7 天酒店创始人郑南雁最初是携程网的一位高级 IT（信息技术）人员，后来 IT 基因便成为这家公司的典型特征。在 7 天酒店创立之初，郑南雁发现，市场上原有的其他经济型酒店缺乏 IT 应用，而年轻人更乐于使用电脑和手机预订客房。于是他利用自身优势，针对年轻人希望经济型酒店更舒适、更方便的独特需求，带领团队开发出一套基于 IT 的系统平台，集互联网、客服中心、短信和店务管理系统于一体，实现了即时预订、确认及支付功能，同时提炼出 7 天酒店的 USP："三星级酒店、五星级大床"，并策划出"五合一"的盈利模式：

- "核心城市率先"的开店模式；
- "放羊式管理"的推广模式；
- "会员制+电子商务"的营销模式；
- "IT 化+低成本+扁平化"的管理模式；
- "顾客参与式"的服务模式。

如此 7 天酒店既降低了成本，又架构起各分支运营体系，超越其他经济型酒店迅速形成强大的市场竞争力。于是，7 天酒店仅用三年时间就跻身国内经济型酒店的一线阵营，比肩如家、锦江之星、格林豪泰等老牌经济型酒店。

【案例思考】7 天酒店仅用三年时间就跻身经济型酒店一线阵营，是如何做到的？

【分析提示】郑南雁的优势是 IT 开发，他本可以选择继续做一个高薪的杰出程序员，但他在携程网的经历使他发现现有经济型酒店虽能满足商务人士的需求，却无法满足年轻人"喜欢 IT，对面子妥协，对舒适性不妥协"的独特需求，他毅然决定创业，策划一家能够满足上述独特需求的酒店，这样在年轻人市场中就能领先其他现有的经济型酒店，而这个策划的核心正好是他所具备的强项——IT 开发能力。于是,为了形成 7 天酒店的独特卖点(酒店核心竞争力或核心价值),郑南雁带领团队整合了 IT 资源、携程经验、风投资源、客户资源、合作伙伴资源等,按照酒店的独特卖点提出了独特的销售主张——"三星级酒店、五星级大床",这个广告语一下子就打动了千千万万的年轻人,他们纷纷成为会员,使 7 天酒店造就了一种独具魅力的创新,从而仅用三年时间就进入经济型酒店第一集团军。

【案例关键词】案例关键词是"创新"。郑南雁首先对客户需求的痛点和现有竞争对手的劣势进行分析,然后分析自身拥有的资源能否形成超越对手而解决客户独特需求痛点的创新,最终用创意的智慧提炼出能够传播这个独特卖点的广告语。

【营销策划技巧启示】案例中,郑南雁采用了经典的定位技巧——人有我优。当你发现竞争对手无法满足某一个细分客户群的独特需求、你的资源却能够形成一款新产品超越竞争对手满足客户这个需求而形成创新优势时,那么,不要犹豫,这个优势就是你的独特卖点,就此定位,以目标客户乐于接受的语言和文化,提出一个能够体现独特卖点的销售主张,以此形成的广告语就是最伟大的创意。

1.1.4　营销策划的由来

营销策划是中国市场营销实践者结合中国实际和外国咨询业特点发展与创造出来的新型行业。"策划"一词具有中国特色,在国外找不到与之具有完全相同含义的词汇。比较接近的职业或工作任务在国外被称为计划、规划、咨询、顾问,如"Plan""Strategy""Consultation""Scheme""Plot"等,具有战略、策略、计谋、计划等词义,并没有策划的意思。因此,虽然营销策划的许多相关理念、知识、概念和技术等来源于西方的市场营销学,但它是具有中国特色的中国产物。

实际上,中国的"策划"一词已有几千年的文化底蕴,如《吕氏春秋·纪·仲秋纪》中"此胜之一策也",《后汉书·隗嚣传》中"是以功名终申,策画复得",唐代元稹《奉和权相公行次临阙驿,逢郑仆射相公归朝》中"将军遥策画,师氏密訏谟",清代魏源《再上陆制府论下河水利书》中"前此种种策画,皆题目过大",等等。现代"策划"的词义基本继承了古词内涵,含有"运用智慧,围绕目标进行调查研究和预测分析,整合现成及潜在资源,使之有效完成"的意思。

营销策划是随着中国市场经济的发展而发展起来的,大体经历了萌芽、形成和发展三个阶段。

(1) 萌芽阶段

这个阶段为 1978—1998 年。随着中国开始发展中国特色社会主义市场经济,企业对营销策划产生需求,有人开始为企业经营提供分析和策略参谋,但此时并没有运用科学的理论工具和系统的策划理念,大多以"出点子"的形式呈现(见图 1-6)。

"点子"从哪里来？

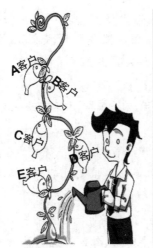

图 1-6 "点子"从哪里来？

资料来源：公开网络。

（2）形成阶段

这个阶段为 1999—2003 年。这一时期企业面临日益激烈的市场竞争，产生了强烈的营销策划需求，中国社会从理论到实践都充分认识到营销策划职业已经形成，迫切需要形成完整的理论体系。2003 年，教育部审定的高校专业目录中，"广告策划专业"在本科院校开始招生，"营销与策划专业"在高等职业院校开始招生，标志着营销策划行业开始形成。

（3）发展阶段

这个阶段为 2004 年至今。这个阶段对营销策划人员的要求是，能够运用科学的理论工具、理论知识为企业提供服务，既能够开展"企业诊断""CIS（Corporate Identity System，企业识别系统）导入""战略研究""品牌咨询"等战略咨询服务，又能够开展"市场调查""市场定位""营销策略""广告设计"等战术咨询服务，还能够深入市场执行具体的方案。

1.2 营销策划的作用

营销策划的作用

一个企业成功开拓市场绝不是偶然的，几乎都有一系列精心的营销策划。在现代市场经济条件下，对营销活动进行科学的策划，是企业的必然选择。

1.2.1 有助于了解客户的独特需求

社会在发展，市场也在发展，消费者追求更新鲜的个性化消费与体验的特征日渐突出。营销学大师菲利普·科特勒（Philip Kotler）曾说，最好的营销其实就是不需要营销。不需要营销怎样销售产品？靠优秀的营销策划，使消费者追着购买产品。比如苹果公司在推出 iPhone 第一代产品时，乔布斯不遗余力地亲自推销，而现在每推出新款

iPhone 再无须大力推销,消费者会早早排队抢购。究其原因,就是一直以来 iPhone 的营销策划做得很好,满足了目标客户的独特需求。

优秀的营销策划人员具有敏锐的洞察力,能够熟练运用马斯洛需求层次理论,在市场调查获取的大数据中发现独特需求的踪影,并运用深度访谈、观察测试等技术手段理清独特需求的心理特征和行为特征。营销策划学与其说是管理技术、营销技术的学科,不如说是心理分析技术的学科,营销策划学从某种意义上说就是营销心理学。

1.2.2　有助于明确产品的独特定位

在市场营销实践中,不少企业花费了大量的精力去抓质量、抓生产,而市场却始终打不开,还造成了产品的大量积压,这是为什么呢? 就是因为缺乏科学的营销策划,没有为产品设计独特卖点。产品没有独特定位,质量再好也无法满足消费者的独特需求,市场不买账。营销定位理论创始人杰克·特劳特(Jack Trout)说,定位就是在客户的大脑中占据一个独特的位置,这个位置不是唯一就是第一。

优秀的营销策划人员具有严谨的逻辑分析能力,能够熟练运用 SWOT 分析、STP 理论,从产品的品质、包装、精神以及生产方式中提炼出战胜对手并且满足客户独特需求的独特卖点,形成独特定位,面对市场时势如破竹,所向披靡。

1.2.3　有助于企业的营销创新

人类社会发展的动力之一是人类往往"喜新厌旧",无论是引领社会变革的重大事件还是推动社会进步的关键理论与技术,无不因创新的动力而促成。中国经济目前遇到的一个问题就是创新力不足,所以国家在 2015 年提出了"大众创业、万众创新"的实施计划。

彼得·德鲁克(Peter Drucker)说过,企业只有两个基本职能:营销和创新。德鲁克认为,营销不仅是一种手段,还是企业的核心。这是因为只有通过营销,企业才能真正了解顾客的需求,为他们提供有价值的产品和服务。营销是企业获取利润、保持竞争力的关键所在。创新是企业生存和发展的动力。只有不断创新,企业才能保持其产品和服务的竞争力,才能应对日益变化的市场环境。创新不仅仅是指开发新的产品或技术,更重要的是找到新的方式来满足顾客的需求,或者创造出全新的市场。

营销和创新是企业成功的重要因素。营销通过有效的市场推广和销售策略,将创新的产品或服务推向消费者,提高企业的市场竞争力和可持续发展能力。而创新能够满足消费者的新需求,为企业带来市场机会和竞争优势。营销和创新紧密相连,相互促进,为企业创造更大的价值。只有将营销和创新有效地结合,企业才能在市场中立于不败之地,实现长期稳定的发展。

现代市场竞争不是大鱼吃小鱼,而是快鱼吃慢鱼,大鱼很可能因创新不足而死去,如索尼公司、诺基亚公司、通用公司的破产危机。因此,唯有站在企业经营的逻辑起点上进行营销策划,为企业提出创新策略,才能真正解决企业的营销问题(见图 1-7)。

图1-7　办好企业必须首先具备营销策划能力

资料来源：公开网络。

优秀的营销策划人员具有永不放弃的创新勇气和活跃的思维，善于运用波特五力模型、波士顿矩阵、STP、USP等理论工具和头脑风暴、逆向思维、联想思维、发散思维等创新方法，有时哪怕一点点创新就能为企业营销创造奇迹，比如淘宝的平台创新、华为汽车的形式创新、五粮液的口号创新、茅台加瑞幸咖啡的组合创新等。

1.2.4　有助于提高营销活动的可行性

企业苦恼的事情之一就是无法预测市场的发展，而当企业无法预估营销的目标时，营销活动的盲目就成为企业最大的风险。市场犹如战场，企业营销策划的所有目标都是为了取得胜利，营销活动是否可行决定了市场竞争的成败。《孙子兵法》说，没有开战之前就要先搞清楚条件与筹划的可行性，可行性大的胜算大，可行性小的胜算小（夫未战而庙算胜者，得算多也；未战而庙算不胜者，得算少也。多算胜，少算不胜，而况于无算乎！吾以此观之，胜负见矣）。

优秀的营销策划人员懂得运用归纳、演绎的逻辑思维去推理可行性，分析企业内外部环境、资源的现状，判断市场发展的趋势和企业竞争的态势，估算企业的投入产出，使企业对营销活动胸有成竹。

1.3　营销策划的基本内容

**营销策划的
基本内容**

营销策划的基本内容如下：

1.3.1　制定企业发展战略和市场竞争战略

营销策划首先必须解决企业发展战略和市场竞争战略问题。企业营销目标必须符合企业发展战略目标。发展战略是企业经营的大方向，如果不能与大方向保持一致，那么无论你的营销策略有多好，都如同大海中迷失了方向的小船，速度越快，可能离目标越远，这就是所谓"方向比速度重要"

（见图1-8），因此营销策划人员的首要职责就是为企业把握正确的方向。

图1-8 "方向比速度重要"

资料来源：公开网络。

1.3.2 开展市场调查与分析

"没有调查就没有发言权"，知己知彼才能百战不殆。营销策划必须基于真实的客户需求和市场竞争情况，只有这样才能够整合企业内外部资源，运用创意的智慧发挥营销策略的作用。科学准确的市场调查与分析是营销策划的前提。同时要注意：不明确的客户筛选、未经逻辑陷阱排伪的调查数据不能作为营销策划的依据，还应切记：网络数据不足以成为严谨的分析依据。

同步知识点 1-3

"逻辑陷阱排伪法"

在问卷调查中，我们面临的最大问题是不知道被访者是否在敷衍了事或有意说谎。由于营销策划中采用的STP法须先调查消费者需求才能细分消费者市场，如果被访者敷衍了事或有意说谎，这些数据就无法带给我们真实数据的支撑，基于此做出的营销策划创意和方案就都是错误的。事实上，我们发现，有不少调研报告采用的调查数据与实际感受有很大偏差，即使一些权威调查机构或著名调查公司的数据有时也存在这样的情况。来自被访者自身的敷衍了事和有意说谎更无法避免调查人员参与问卷答案造假。

黄尧教授总结自身十多年主持市场调查项目的经验，通过"逻辑陷阱排伪法"排除不真实或造假的问卷，其原理就是，在问卷中编织逻辑陷阱，如果被访者不说真话，一定会掉进逻辑陷阱，这张问卷就视为作废。该方法在中国电信、中国移动、习酒、娃哈哈、美国赛百味（Subway）等项目中进行了上百次市场调查研究，得到了有效验证，效果显著，客户反映较好，据此做出的营销策划创意和方案针对性强。

所谓"逻辑陷阱"，就是在问卷中事先安排好前后逻辑关联的问题，被调查者如果回答前面问题时说谎，就必定会在后面回答问题时造成逻辑矛盾，掉进预先在后面问题中设计的逻辑陷阱。比如，先问"你觉得赛百味三明治好吃吗？"其实你根本没有吃过，但你随口回答"好吃"或"不好吃"，那么后面会有问题再问你"你喜欢赛百味三明治的三角形吗？"

你回答"喜欢"或"不喜欢"都是错误的,回答"其他"才是对的,因为赛百味三明治只有一种形状,就是潜水艇形的。

1.3.3 明确营销策划目标

营销策划是为了解决"如何满足需求"的问题,因此必须明确本次策划以"满足某个独特需求"为目标。只有先发现企业在市场中没能满足消费者的某一个独特需求,才能通过营销策划来形成满足这个独特需求的方法。所以,每一次营销策划都要有一个明确的目标。评价一个营销策划文案的优劣,最终是要看方案实施后的效果是否与营销策划目标相吻合。

1.3.4 挖掘并整合尽可能多的资源

能够整合多少可供调度的企业及社会资源,往往体现了营销策划人员的能力和水平。可整合的资源越多、越丰富,营销策划人员的策划能力和水平就越高,策划起来也就越容易,实施起来效果也就越好。

在营销策划时,营销策划人员要尽可能多地挖掘企业自身现有的或可开发的资源,如人力、物力、财力、社会关系等,这样既节省了费用,又整合了企业的资源优势,还能够达到预期的营销策划目标。比如,请明星或名人参加某项活动,如果他们是热心支持企业或热衷于公益活动的,就可以节省费用开支。

1.3.5 统筹考虑市场因素

营销策划是一项系统工程,市场营销中出现的任何一个问题都可能是众多市场因素共同作用的结果。比如,产品滞销或市场占有率低的问题,既可能是因为消费需求改变了,又可能是因为竞争品、替代品增加了,还可能是因为营销人员水平低、干劲不足、品牌推广不到位等,并且很可能是几种因素共同作用的结果。因此,营销策划人员要统筹考虑各种市场营销因素,这有利于发现更多的、更准确的营销问题并找出问题产生的原因。

1.3.6 利用无形资产盘活有形资产

企业的有形资产是指资金、设备、产品、办公环境等"硬件",而无形资产是指企业形象、品牌价值、产品精神、创新能力等"软件",营销策划人员的突出能力是懂得利用企业的无形资产促进有形资产的迅速升值并产生效益。比如,海尔公司利用已取得成功的海尔冰箱品牌制定品牌延伸策略,开发了彩电、洗衣机、空调等多种产品。

1.3.7 按照逻辑推演过程开展工作

营销策划既是一种思想,又是一个过程。营销策划工作的起点是明确任务,通过收集信息分析需求变化、对手变化、企业变化等市场趋势,判断可能的发展结果,然后对企业和产品是否需要调整定位做出判断,围绕定位展开营销策略的系统构思,最后进行评估与修正。这个过程需要严谨的前后逻辑推演,营销策划人员必须按照这个过程的各个环节开展工作(见图1-9)。

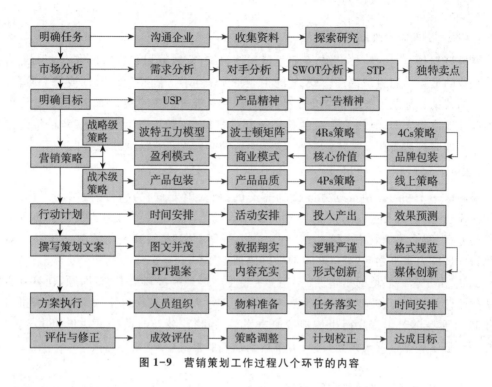

图 1-9　营销策划工作过程八个环节的内容

同步知识点 1-4

逻 辑 推 演

逻辑推演是指从一个概念(包括名称、主题、理念、定义、命题等)推理过渡到另一个概念的逻辑演绎活动。营销策划的工作过程就是一个逻辑推演的过程,从目标客户的名称开始到客户关系的建立为止,每一步都是一次推理过渡。

下面介绍营销策划逻辑推演过程的五个概念节点:

第一,目标客户点。首先要精准找到目标客户,并给这群目标客户定义一个名称,描述他们的心理特征、行为特征、消费特征、收入特征等。

第二,痛点。目标客户有消费问题亟须解决,睡不着觉、苦恼,这就是目标客户的痛点。找到痛点就找到了独特需求点。

第三,痒点。目标客户有独特需求亟须满足,此时心里不痛快、别扭,不知道什么样的消费能够满足他、帮他"挠痒痒",这就是目标客户的痒点。找到痒点就找到了独特需求的满足点。

第四,兴奋点。目标客户在消费中产生"哇"的惊喜和满足感,这是一种难得的消费快感,是产品或服务挠到痒点产生的兴奋。找到了兴奋点就找到了产品满足独特需求的方法,这就是产品在目标客户心目中的地位,即市场定位、产品定位。

第五,客户关系点。俗话说"一回生二回熟",人们有时候是比较健忘的,必须及时重复才能产生记忆,只有产生记忆才能产生密切关系,忠诚客户的关系就此才能建立起来。因此,客户关系点就是再次挠到痒点的维系点。

1.3.8　树立企业盈利的宗旨

营销策划是企业的核心工作，企业是营利性组织，营销策划必须以追求资本的最大升值和企业的最大利润为宗旨，没有利润的企业将无法生存。在特定的时期或某一阶段，企业具体的营销目标既可能是树立企业品牌形象，又可能是提高市场占有率，虽然这样的目标不能立即取得利润，但能为企业的长远盈利做好铺垫，做出贡献。因此，营销策划如果不能取得即时利润就要取得长远利润，这样的营销策划才是有价值的、成功的。

1.3.9　重视执行与控制

要确保一个好的营销策划方案得到完美的执行，就要重视执行与控制的工作内容。我们知道，让不同的人去办同一件事，会得到不同的结果。让水平低的人员去执行好的营销策划方案，就会影响效果。因此，在制定营销策划方案时，要事先考虑到方案执行难度与执行人员能力水平之间的匹配，提前做好培训工作。

此外，由于营销环境的复杂性和多变性，经常会出现一些新情况、新问题，让策划方案无法按原计划执行，这就要求营销策划人员对执行过程进行跟踪测评，对执行过程进行有效控制，不能无视环境变化而机械地按原方案要求执行，要及时调整下一步的执行内容，以控制事态发展符合营销策划目标，力争达到预期效果。

1.4　营销策划的常用理论

营销策划的
常用理论

1.4.1　二八法则

意大利经济学家维尔弗雷多·帕累托（Vilfredo Pareto）提出：80%的收入来源于20%的客户，公司里20%的员工完成80%的业绩，20%的强势品牌占据着80%的市场……因此，策划要解决的问题一定是关键问题，提倡"有所为，有所不为"。

1.4.2　CIS 理论

CIS 即"企业识别系统"。CIS 理论主张将企业理念（Mind Identity，MI）、企业行为（Behavior Identity，BI）及企业视觉（Visual Identity，VI）通过统一设计加以整合，强化其传播效果，使企业迅速提升自己的知名度、美誉度和公众的认可度，这是策划整合能力中的至高境界，是品牌策划的核心内涵。

1.4.3　SWOT 分析

SWOT 分析是一种能够较客观而准确地分析和研究一个对象（包括个人、单位、产品、品牌、项目等）内外部环境的条件和因素，结合资源现实情况得出结论的方法。这四个英文字母分别代表内部环境的优势（Strength）、劣势（Weakness）以及外部环境的机会（Opportunity）、威胁（Threat）。

1.4.4　STP 理论

STP 是由 S（市场细分）、T（目标市场）、P（市场定位）构成的，该理论认为，市场是一个综合体，是多层次、多元化的消费需求的集合体，任何企业都无法满足所有需求。

企业首先应根据不同的需求、购买力等因素把市场细分为由相似需求构成的消费群，即若干细分市场。其次，企业可以根据自身战略和产品情况，从中选取有一定规模和发展前景，并且符合企业目标和能力的细分市场作为企业的目标市场。最后，企业应完成市场定位，即需要将产品定位在目标消费者所偏好的位置上，并通过一系列营销活动向目标消费者传达这一定位信息，让他们注意到品牌，并感知到这就是他们所需要的。

STP 理论的根本要义在于确定目标市场以及产品在目标市场的定位，因此也被称为市场定位理论。

1.4.5　USP 理论

USP 即"独特的销售主张"，包括三个方面的要求：一是对消费者提出一个购买本产品的明确理由；二是这个理由是其他竞争对手不能提出或不曾提出的；三是这个理由具有震撼力，具有足够的力量来吸引、感动消费者。

1.4.6　波特五力模型

哈佛商学院教授迈克尔·波特（Michael Porter）提出了五力模型用于竞争战略的分析，五力分别是供应商的讨价还价能力、购买者的讨价还价能力、潜在新进入者的竞争能力、替代品的替代能力、行业内现有竞争者的竞争能力（见图 1-10）。

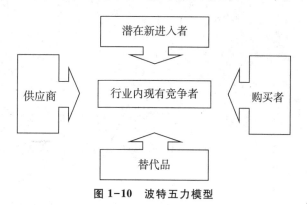

图 1-10　波特五力模型

1.4.7　波士顿矩阵理论

波士顿矩阵理论认为，企业若要取得成功，就必须拥有增长率和市场份额各不相同的产品组合，组合的构成取决于现金流量的平衡。这个方法使我们在完成产品策划的任务时更有系统性、创新性和可行性，具体流程如下：

第一，评价各产品的市场前景。用"市场增长率"指标来表示发展前景。

第二，评价各产品的市场竞争地位。用"相对市场份额"指标来表示竞争力，计算公式是用某产品的市场份额除以其最大竞争对手的市场份额。

第三，标明各产品在矩阵图上的位置。以产品在二维坐标上的坐标点为圆心画一个圆圈，用圆圈的大小来表示企业每个产品的销售额（见图 1-11）。

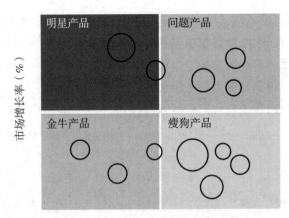

图 1-11 波士顿矩阵

通过波士顿矩阵,企业可以诊断产品组合是否健康。一个不健康的产品组合要么有太多的瘦狗产品或问题产品,要么有太少的明星产品或金牛产品。

1.4.8 马斯洛需求层次理论

美国心理学家马斯洛提出了人类需求的五个层次,从生理到心理,逐渐迈向更高层次的需求(见图 1-12)。

图 1-12 马斯洛需求层次模型

第一层,生理需求,是个人生存的基本需求,如吃、穿、住等。

第二层,安全需求,包括心理上与物质上的安全保障,如不受盗窃的威胁、预防危险事故、职业有保障、有社会保险和退休基金等。

第三层,社会需求,人是社会的一员,需要友谊和群体的归属感,人际交往需要彼此同情、互助和赞许。

第四层,尊重需求,包括要求受到别人的尊重和自己具有内在的自尊心。

第五层,自我实现需求,指通过自己的努力,实现自己对自我价值的期望。

1.4.9　头脑风暴法

头脑风暴法是一种有效的就特定主题群策群力汇集创意的方式,不必拘泥于特定的形式,完全可以根据时间、地点、条件和主题的变化而有所变化,有所创新。

(1) 必须坚持的原则

● 禁止批评和自我批评。在心理上调动每一个与会者的积极性,对他人提出的任何想法都不能批判、不得阻拦,即使自己认为这样的想法是幼稚的、错误的,甚至是荒诞离奇的设想,亦不得予以驳斥;同时也不允许自我批评,防止出现一些扼杀性语句或自我扼杀性语句,诸如"这根本行不通""你这想法太陈旧了""这是不可能的""这不符合某某定律",以及"我提一个不成熟的看法""我有一个不一定行得通的想法",等等。

● 目标集中,追求创意的数量越多越好。强迫大家提创意,越多越好,以创意的数量为目标,比如本次会议要汇集 100 个创意。

● 鼓励巧妙地利用和改善他人的设想,这是成功的关键。每个与会者都要从他人的设想中激励自己,从中得到启示,或补充他人的设想,或将他人的若干设想综合起来提出新的设想等。

● 与会者一律平等,各种创意全部用卡片记录下来。不论是总经理、专家,还是普通员工,一律平等;各种创意不论大小或是否荒诞,都要记录下来。

● 必须独立思考,不允许私下交谈。

(2) 主持人必须尽职尽责

● 主持人必须介绍本次主题与背景情况。

● 主持人必须逐个要求与会者提出创意。

● 主持人必须控制时间,在最短的时间内获得最多的创意。

(3) 头脑风暴会议流程

● 确定主持人。主持人宣布主题,介绍背景情况。

● 调动积极性。主持人给每个与会者发放十几张卡片,要求大家调动积极性。此时遵循头脑风暴的原则,交叉随意发言,但不能私下议论,不能批评与自我批评,与会者自己在发言之后把创意写在卡片上。

● 卡片分组。主持人将卡片收集起来随机分组,每组至少 5 张卡片,最多分为 7 组。

● 排列顺序。大家讨论,按照创意的逻辑性(10 分)、创新性(10 分)、可行性(10 分)将每一张卡片无记名评分后,在分组中按得分多少进行排列。

● 挑选。在每组卡片中选出得分最高的 3 张重点卡片。

● 决定。大家集中研究重点卡片,再按照逻辑性(10 分)、创新性(10 分)、可行性(10 分)重新汇总无记名评分,选出最突出的创意。

1.4.10　鱼骨分析法

鱼骨分析法是进行因果分析时经常采用的一种方法,其特点是简洁实用,比较直观(见图 1-13)。

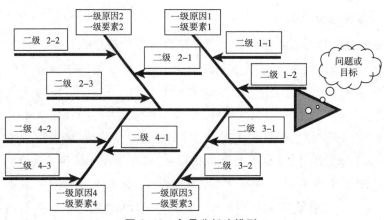

图1-13 鱼骨分析法模型

具体方法如下：

- 确定要解决的问题或要实现的目标,写在鱼头上。
- 进行头脑风暴,尽可能多地列出原因或要素。
- 把各种原因或要素归纳分类,按照一级、二级、三级……划分下去。通常划分到第三级就可以了,如果级别过多,鱼骨分析法就变得不直观了,效果就不好。
- 集体讨论或投票决定哪些原因或要素是比较重要的,针对这些原因或要素就能够得出逻辑性强、创新性强、可行性强的策略。

鱼骨分析法举例见图1-14。

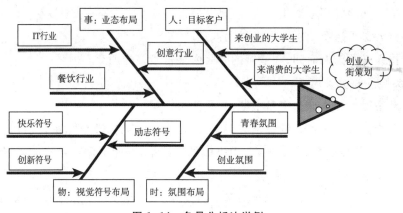

图1-14 鱼骨分析法举例

1.5 策划与其他相关概念的区别

1.5.1 策划与策略、计划的区别

策划是以时间为进度,具体安排策略、创意实施的过程;策略是提出解决问题的创意和点子;计划是以时间为脉络,安排内容和人员、验收成果的方法。策划与计划的对比见表1-2。

策划与其他相关
概念的区别

表 1-2　策划与计划对比

策划	计划
必须有创意	不一定有创意
必须创新	按部就班
注重战略方向	注重流程和细节
解决怎样去做的问题	解决做些什么的问题
挑战性大	挑战性小
需长期专业训练	只需短期训练

策划、策略与计划的运用领域对比见表 1-3。

表 1-3　策划、策略与计划的运用领域对比

应用领域	策划	策略	计划
国家	听取各方合理化建议,整合资源使国家的政治、经济、法律、社会生活等得到发展	为了国家的利益提出创新性建议	用直接的行动来促进国家的发展
战争	协调各个兵种、各类兵器以取得战争的全面胜利	为了取得战争的胜利而进行各种新战略、新战术创新	为了取得战争的胜利而安排攻守进退的时间
企业	整合协调企业各类资源,以取得市场竞争的胜利	在市场营销策略中提出独特的创意	具体安排企业的各项活动以产生效益
个人	发挥自身特点,利用各种条件和资源,形成独特优势,促进职业生涯发展	训练自身独特优势的创新想法	为了达到某个目的而进行的具体安排

1.5.2　策划与点子、创意的区别

策划是一个整体的、系统的过程,点子只是某个营销活动的想法,创意是营销策划逻辑性、创新性、可行性的系统构思。点子是创意的闪光点,既不能代替策划,也不能代替创意。

1.5.3　策划与决策的区别

策划是一个分析、判断与实施的过程,决策是一项明确的决定。策划是为了实现某个目标而制定的一系列措施,决策是对若干可选策略的优选结果。策划是纵向执行流程的安排,决策是若干方案的横向比较。

1.5.4　战略策划与战术策划的区别

战略策划的目的是做正确的事,要有效果,因此选对发展方向很重要;战术策划的目的是正确地做事,要有效率,因此选择正确的方法很重要。战略与战术的辩证统一关系见表 1-4。

表1-4　战略与战术的辩证统一关系

战术	战略	
	无效果	有效果
有效率	快速灭亡	欣欣向荣
无效率	缓慢灭亡	挣扎生存

同步案例 1-2

汇源果汁的"冷生产"

2022年9月6日，汇源果汁公布了2022年1—7月销售业绩，即便受到新冠疫情影响，汇源果汁仍达成了同比增长5.1%的可喜成绩。汇源果汁电商渠道实现了惊人的高速增长，同比增长率高达114.1%；在较为低迷的线下餐饮渠道，汇源果汁仍实现了定制渠道同比增长2.0%的不俗成绩。

在区域市场方面，汇源果汁延续在北方市场长期以来的强势地位，并在此基础上积极拓展南方（浙江、福建、广东、湖南、江西、广西）及华东（江苏、安徽）市场，促使这两大市场销售业绩均实现了两位数的增长，其中南方市场同比增长27.5%，华东市场同比增长15.4%。在产品方面，汇源果汁纯果汁产品同比增长27%，其中西梅汁和沙棘品类产品增速最快，沙棘产品同比劲增53.8%，西梅汁相较于2021年全年增长约16.6%。

其实，汇源果汁最辉煌的时候是在2003年，当时中国的果汁饮料市场竞争已经进入白热化阶段，汇源集团决定在北京正式启动"冷生产"计划，国内9位著名食品专家在一份名为"汇源PET无菌冷灌装技术鉴定书"上签下了自己的名字。之后央视播放的汇源果汁广告中，一只手"唰"地扔掉一个代表"传统热灌装"的橙子，拿起一个代表"无菌冷灌装"的橙子送给顾客，广告传递了"瞬时灭菌，25摄氏度常温下灌装，最大限度减少果汁受热时间，确保果汁的口感更新鲜"的价值概念。

早在2001年年初，汇源果汁就引进了3条PET无菌冷灌装生产线（见图1-15），可为什么到了2003年6月才启动广告宣传？这是因为到了竞争激烈的2003年，汇源果汁发现"冷生产"的广告价值值得利用，此时其他企业虽然也有冷灌装生产线但并未发现其价值。消费者无法分辨出热灌装果汁与冷灌装果汁哪个更好喝，其直觉是"冷"的果汁才好喝，"冷"的才不会使营养成分受损。我们没必要去研究所谓的热灌装到底对营养和口感有多大影响，只要大家普遍认为"冷"的比"热"的好就足够了。

汇源果汁的"冷生产"，亮出了产品生产过程中竞争对手没有提出过的一种独特现象，刚好满足了消费者的独特体验，同时让产品的"冷"形象抢占了消费者的心理位置，直接挠到了消费者的痒点。

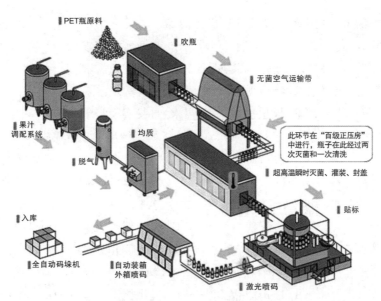

图 1-15　汇源果汁"冷"计划生产线示意图

【案例思考】汇源果汁是如何发现"冷生产"的创意概念的?

【分析提示】汇源果汁一直坚持定位策略:打动消费者心智、牢牢占据一席之地。汇源果汁在产品的各种特点中无法找到新的独特卖点,转而向生产过程挖掘,如同当年的乐百氏纯净水"27 层净化"一样,"冷生产"满足了消费者对冷果汁的体验需求。

【案例关键词】案例关键词是"冷生产"。消费者都喜欢喝冷果汁,即使是冬天,如果把果汁加热了也会感觉味道怪怪的。生产厂商一般都会推荐冷藏后喝果汁,因此广告宣传"冷藏喝"不显得有创意。农夫果园提出"喝前摇一摇",区别于其他厂商会把果肉滤掉,这就显示出其与众不同的创意。汇源果汁提出"冷生产"是采用了与农夫果园相同的创意思路,也同样收获了市场效果。其实大部分规模化品牌厂商也都采用了冷杀菌方法,只不过汇源果汁率先说了出来。

【营销策划技巧启示】案例中,汇源果汁采用了经典的营销策划技巧——小题大做。某个生产方式或概念,从生产厂商的角度看,因为司空见惯所以不以为然,但是换到消费者的角度,却会发现从来没有被人明确地提出过,因此就可以很隆重地把这个概念推出来。

市场竞争越激烈,越难找到有亮点的创意,营销策划人员唯有深入调查消费者、生产厂商、竞争对手,才能发现从来没有人提出过的挠到消费者痒点的创意。

1.6　营销策划导论课后巩固(单元测试题)

一、单项选择题(10 道题)

1. 在"营销策划=策+划"的理论模型中,最终目标是解决(　　)的问题。

A. 如何促使成交　　B. 满足客户需求　　C. 设计独特卖点　　D. 如何多次成交

2. 马斯洛需求层次中的五个需求层次指的是( )。

A. 生理需求、心理需求、地位需求、尊重需求、自我实现需求

B. 生理需求、心理需求、地位需求、社会需求、自我实现需求

C. 生理需求、安全需求、社会需求、尊重需求、自我实现需求

D. 生理需求、安全需求、地位需求、尊重需求、自我实现需求

3. "独特的销售主张"源于对客户( )分析而总结出的独特需求。

A. 消费行为 B. 决策心理 C. 需求痛点 D. 多次需求

4. 由于策划是瞄准未来目标的工作过程,所以逻辑性、创新性和( )成为其最重要的属性,古人云"凡事预则立,不预则废"就是这个道理。

A. 盈利性 B. 可行性 C. 独特性 D. 目的性

5. 营销的核心工作是传递价值给客户以换取金钱回报,换言之,营销工作就是传递产品的价值以满足客户的需求。同样,简而言之,营销就是( )。

A. 满足需求 B. 推销产品 C. 钱物交换 D. 占领市场

6. 营销策划是为了实现企业盈利的营销目标,以满足目标客户的独特需求为目的,在考虑企业现有资源的情况下,形成围绕产品独特卖点的系统性营销策划创意,从而规划产品的价格、渠道、促销,实现产品与客户的( )。

A. 销售 B. 价值交换 C. 满足 D. 市场推销

7. 波士顿矩阵理论用( )指标来表示发展前景。

A. 市场增长率 B. 相对市场份额

C. 销售额 D. 收益

8. 波特教授提出了五力模型用于竞争战略的分析,五力分别是供应商的讨价还价能力、( )的讨价还价能力、潜在新进入者的竞争能力、替代品的替代能力、行业内现有竞争者的竞争能力。

A. 购买者 B. 工会 C. 行业协会 D. 政府

9. 策划是以时间为进度,具体安排策略和创意实施的过程。策划的特点是:必须有创意、必须创新、注重战略方向、( )、挑战性大和需长期专业训练。

A. 解决怎样去做的问题 B. 解决做什么的问题

C. 注重流程和细节 D. 按部就班

10. 企业苦恼的事情之一就是无法预测市场的发展,而当企业无法预估( )时,营销活动的盲目就成为企业最大的风险。

A. 客户有多少需求 B. 市场有多大规模

C. 营销的目标 D. 品牌的价值

二、多项选择题(5 道题)

1. 营销策划的主要特征有三点,这也是营销策划的三个核心原则,这三个特征是( )。

A. 科学性 B. 权威性 C. 逻辑性 D. 创新性

E. 创造性 F. 可行性 G. 必要性

2. 逻辑推演是指从一个概念,包括(　　　)等推理过渡到另一个概念的逻辑演绎活动。

A. 名称　　　　　　　B. 代言　　　　　　　C. 主题　　　　　　　D. 营收

E. 理念　　　　　　　F. 命题　　　　　　　G. 定义

3. 营销策划逻辑推演过程的五个概念节点是(　　　)。

A. 目标客户点　　　　B. 痛点　　　　　　　C. 痒点　　　　　　　D. 兴奋点

E. 价格划算点　　　　F. 客户关系点　　　　G. 逻辑拐点

4. SWOT 分析是一种能够较客观而准确地分析和研究一个对象(包括个人、单位、产品、品牌、项目等)内外部环境的条件和因素,结合资源现实情况得出结论的方法。这四个英文字母分别代表(　　　)。

A. 态势　　　　　　　B. 优势　　　　　　　C. 劣势　　　　　　　D. 机遇

E. 机会　　　　　　　F. 机缘　　　　　　　G. 威胁

5. USP 即"独特的销售主张",其三个要求是指(　　　)。

A. 对消费者提出一个购买本产品的明确理由

B. 对消费者提出一个无法拒绝的理由

C. 这个理由是其他竞争对手不能提出或不曾提出的

D. 这个理由是消费者无法拒绝或不想拒绝的

E. 这个理由具有震撼力,具有足够的力量来吸引、感动消费者

三、简答题(5 道题)

1. 为什么说营销就是满足需求?

2. 为什么说营销策划就是如何满足需求?

3. 如何解释 STP 理论? STP 理论的根本要义是什么?

4. 什么是问卷设计中的逻辑陷阱? 请举例说明。

5. 什么是"游泳训练法"?

第 2 单元　营销策划创意

思维导图

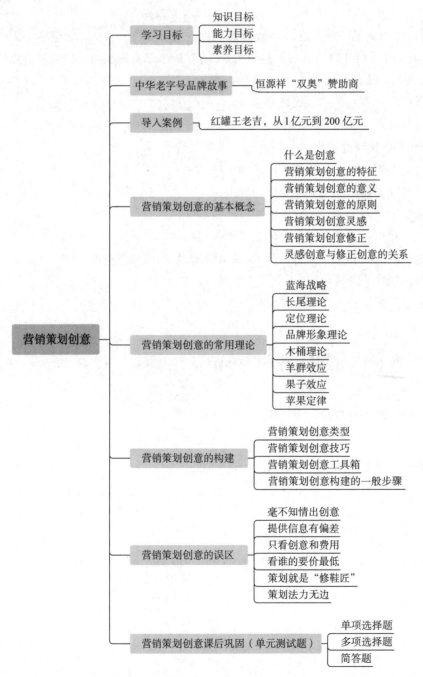

营销策划创意
- 学习目标
  - 知识目标
  - 能力目标
  - 素养目标
- 中华老字号品牌故事
  - 恒源祥"双奥"赞助商
- 导入案例
  - 红罐王老吉，从1亿元到200亿元
- 营销策划创意的基本概念
  - 什么是创意
  - 营销策划创意的特征
  - 营销策划创意的意义
  - 营销策划创意的原则
  - 营销策划创意灵感
  - 营销策划创意修正
  - 灵感创意与修正创意的关系
- 营销策划创意的常用理论
  - 蓝海战略
  - 长尾理论
  - 定位理论
  - 品牌形象理论
  - 木桶理论
  - 羊群效应
  - 果子效应
  - 苹果定律
- 营销策划创意的构建
  - 营销策划创意类型
  - 营销策划创意技巧
  - 营销策划创意工具箱
  - 营销策划创意构建的一般步骤
- 营销策划创意的误区
  - 毫不知情出创意
  - 提供信息有偏差
  - 只看创意和费用
  - 看谁的要价最低
  - 策划就是"修鞋匠"
  - 策划法力无边
- 营销策划创意课后巩固（单元测试题）
  - 单项选择题
  - 多项选择题
  - 简答题

学习目标

知识目标

1. 掌握创意是营销策划的核心理念，把握创意是突破原有的思维，是独一无二的构思。

2. 掌握创意思维是从灵感创意到修正创意的思维过程。

3. 理解营销策划创意形成的三个主要环节：发现独特需求，提出独特卖点，构思传播创意。

能力目标

1. 掌握创意的逻辑思维方法，能使创意自然发生。

2. 学会将创意思维运用于营销策划实践，使创意满足实战的要求。

3. 掌握营销策划创意的概念、特征及流程，学会利用创意出色地完成营销策划任务。

素养目标

1. 能够参与协作学习，具有团队合作意识，能够进行成果展示和有效沟通与交流。

2. 能够在营销策划创意的实践活动中理解并遵守策划从业人员的相关职业道德和规范，履行相关责任。

3. 养成勤于思考的学习习惯，培养自主学习和终身学习的意识。

中华老字号品牌故事

恒源祥“双奥”赞助商

提起恒源祥，你是会立刻在脑海中响起“羊羊羊”的稚嫩童声，还是会浮现出奥运会入场式上一身身颜色对比鲜明的运动员制服呢？而无论是什么，毫无疑问，对恒源祥的品牌认知早已遍布全国，只要提起，便尽人皆知。

恒源祥是创立于 1927 年的中国上海老字号品牌，最早是以生产经营绒线为主的企业。1927 年，恒源祥创始人沈莱舟先生开办了一家人造丝绒线店——恒源祥字号诞生。“恒源祥”三个字，取自“恒罗百货 源发千祥”的对联，暗涵了亘古长青（恒）、源远流长（源）和吉祥如意（祥）的意境。

追求卓越、不断创新和创造第一，是恒源祥品牌文化和品牌精神的核心，这与体育竞技所体现的不断超越、力争第一的精神一脉相承。奥运会的赛场不仅是体育博弈的赛场，还是市场品牌的竞技场。如果恒源祥这一品牌和奥运会站在同一水平线上，就意味着恒源祥有了新的起点。

恒源祥与奥运的渊源始于 20 世纪 30 年代。1932 年，在满目疮痍的年代，恒源祥创始人沈莱舟曾资助中国奥运第一人刘长春参加奥运会。此后，在近一个世纪的时光里，恒源祥一直不曾放弃自己的奥运梦想。2005 年 12 月 22 日，恒源祥签约成为 2008 年北京奥运会赞助商，成为奥运会历史上第一家非运动纺织服装类赞助商。2019 年 11 月 18 日，恒源祥迎来了一个重要的历史时刻,北京 2022 年冬奥会和冬残奥会官方正装和家居用品赞助商发布会在北京冬奥组委园区举行,恒源祥(集团)有限公司正式成为北京 2022 年冬奥会和冬残奥会官方正装和家居用品赞助商。这是恒源祥继成为 2008 年北京奥运会赞助商(见图 2-1)、2009—2012 年中国奥委会合作伙伴(见图 2-2)、2013—2016 年中国奥委会赞助商(见图 2-3)、2019—2022 年国际奥委会正装供应商(见图 2-4)后,第五次牵手奥运。

图 2-1　恒源祥为 2008 年北京奥运会中国代表团提供入场服

图 2-2　恒源祥为 2012 年伦敦
奥运会中国代表团提供入场服

图 2-3　恒源祥为 2016 年里约奥运会中国代表团
提供入场服

图 2-4　恒源祥为 2020 年东京残奥会中国
代表团提供入场服

作为"双奥"企业,恒源祥长期致力于用文化、艺术的方式表现和传播奥林匹克精神。在 2022 年北京冬奥会上,恒源祥创新地将非遗技艺融入其中,用"海派绒线编结技艺"为北京冬奥会和冬残奥会制作了颁奖花束(见图 2-5 和图 2-6),让荣耀之花永不凋谢。绒线花花束因其永不凋谢、低碳环保等特性,成为秉承北京冬奥会和冬残奥会"绿色、共享、开放、廉洁"办奥理念的生动写照。

恒源祥缘何对奥运情有独钟?恒源祥集团董事长、总经理陈忠伟有自己的见解,他说,集团有条金科玉律——品牌是消费者的记忆。在未成为奥运会赞助商前,恒源祥用了十年时间通过"恒源祥,羊羊羊"五秒广告、赞助中超、羊毛节等方法在消费者心中搭建了"羊"与"恒源祥"的联系。而今,通过赞助奥运会,恒源祥想让消费者对"恒源祥与奥运"的记忆有更深刻的认同。

图 2-5　北京 2022 年冬奥会颁奖花束　　　　图 2-6　北京 2022 年冬残奥会颁奖花束

【知识点】营销策划创意特征。

【育人目标】恒源祥深耕奥林匹克,展现了"双奥"企业的品牌风采,诠释了老字号品牌的企业担当,推动品牌高质量发展,蹄疾步稳迈向世界一流。通过该案例,提升学生的审美素养,激发学生的创造创新活力和使命担当;注重学思结合、知行统一,培养学生勇于探索的创新精神、精益求精的大国工匠精神。

资料来源:

① 恒源祥"双奥"赞助商,谱写中国品牌新传奇[J].China Textile,2022(1):32-37.

② 恒源祥:用无限之线编织恒好未来[N].中国质量报,2022-03-15.

③ 加油!与梦同行,恒源祥发布主题歌曲助力冬奥[N].三湘都市报,2021-12-16.

④ 顾红蕾.恒源祥为北京冬奥会献上永不凋谢的颁奖花束[J].东方企业文化,2022,278(1):52-54.

导入案例

红罐王老吉,从 1 亿元到 200 亿元

2022 年,红罐王老吉的销售额达到了惊人的 600 亿元,在世界 500 强排名中再进步一位,居 467 位。取得今天这样的成绩,应该追溯到二十年前的一次营销策划创意事件。

事件发生在 2002 年,而之前的七年,红罐王老吉年销售额徘徊在 1 亿元左右,而八年后的 2010 年,红罐王老吉年销售额已经达到 200 亿元,是什么魔力使红罐王老吉当时在中国迅速成为销量超过可口可乐的传奇品牌?回答就是营销策划创意。

2002 年年底,红罐王老吉要拍摄一条以赞助奥运会为主题的广告片,要以"体育、健康"的口号来进行宣传,以期推动销售。营销策划团队经初步研究后发现,红罐王老吉的销售问题不是简单地通过拍广告就可以解决的,其首要解决的应该是品牌定位。

红罐王老吉虽然销售了七年,其品牌却从未经过系统、严谨的定位,"体育、健康"传递的品牌形象不鲜明,企业都无法回答红罐王老吉究竟是什么,消费者就更不用说了,完全

不清楚为什么要买它,这是红罐王老吉缺乏品牌定位所致。经深入沟通后,企业接受了建议,决定暂停拍摄广告片,首先对红罐王老吉进行品牌定位。

通过对红罐王老吉已有的目标消费群进行调研,营销策划团队发现,消费者的认知和购买行为均表明,消费者对红罐王老吉并无传统凉茶的"治疗"要求,而是作为一种功能饮料购买,购买红罐王老吉的真实动机是用于"预防上火",如希望在吃火锅、烧烤时减少上火情况的发生,而真正上火后则会采用药物治疗,如消炎药、牛黄解毒片等。营销策划团队将这个选择红罐王老吉的理由放到了潜在目标消费群中进行调查,发现消费者也能够认同并接受,表明"预防上火"是消费者的独特需求。红罐王老吉因此评估自己的产品生产营销能力以及企业综合实力,确认能够满足这个独特需求,并提出了自己的USP:"怕上火,喝王老吉",在传播上尽量凸显红罐王老吉作为饮料的性质。在第一阶段的广告宣传中,红罐王老吉都以轻松、欢快、健康的形象出现,避免出现对症下药强调疗效的负面诉求,从而把红罐王老吉和传统的苦口凉茶区分开来。

为了更好地唤起消费者对这个独特需求的共鸣,电视广告选用了消费者认为日常生活中最易上火的五个场景——吃火锅、通宵看球、吃油炸食品、烧烤和夏日阳光浴,画面中人们在开心享受的同时,纷纷畅饮红罐王老吉,时尚、动感十足的广告歌反复吟唱"怕上火,喝王老吉",促使消费者在参加类似活动时,自然联想到红罐王老吉能够消除"上火"的后顾之忧,从而促成购买(见图2-7)。

图2-7 红罐王老吉的营销策划创意

资料来源:广告截屏。

【案例思考】"怕上火,喝王老吉"这句广告语看似没什么文采,为何如此成功?

【分析提示】营销策划创意工作有三个主要内容:发现独特需求,提出独特卖点,构思传播创意。其中,传播创意是与消费者沟通信息的方式和内容,其文化手段是"阳春白雪"还是"下里巴人"并不重要,关键是目标消费者的文化口味能否产生共鸣。红罐王老吉的目标消费者是大众,同学聚会、老乡聚会、家庭聚会、集体烧烤等活动就是它抢夺的主要阵地,这时候消费者的文化口味没有什么特别的特征,普适性是主要的诉求,"怕上火,喝王老吉"这句直白的广告语和一目了然的广告画面是最合适的了。

从红罐王老吉的例子我们体会到,广告的创意既不是为了炫耀设计水平和文字技巧,也不是为了哗众取宠,而是要直接明了、简洁易懂、直抵人心。

【案例关键词】案例关键词是"创意"。创意并不一定是消费者头脑中或策划人员头脑中从来没有想到过的内容,而是目标市场上从来没有被提出来的独一无二的构思。从本案例可见,红罐王老吉原来已经有 1 亿元的销售额,也就是已经有稳固的消费群,他们的头脑中早已有了"预防上火"的想法,但市场上无论传统的苦口凉茶还是改进后的微甜凉茶,传播的广告信息仍是一样的"清肝明目,治疗上火",居然没有广告针对预防上火的广阔市场。可见,创意并不仅仅是提出广告语的那个时刻,而是营销策划的调查分析、资源整合和策略构思的整个过程,若你在这个过程中下足功夫,则创意是自然的结果。

【营销策划技巧启示】本案例采用了经典的营销策划技巧——借题发挥。借题发挥是借助某个比较熟悉的主题、概念来为营销策划的目的大肆渲染一番,如熟悉的名词、俚语、成语、明星、活动、节日等都可以成为主题。但是要注意,这个熟悉的主题、概念一定是针对目标消费群的,否则熟悉的人数再多也没有用,比如首个获得诺贝尔文学奖的中国人是莫言,熟悉他的人很多,但是许多不喜欢读小说的人对他并不熟悉,因此事实上借莫言来发挥营销作用的产品很少。本案例借用"怕上火"这个目标消费群熟悉的主题来发挥,经过一番发挥形成了很好的创意,助推红罐王老吉销售额从 1 亿元到 200 亿元。

【导学链接】

名著导读:〔美〕大卫·奥格威著,林桦译,《一个广告人的自白》,北京:中信出版社,2008 年 9 月(见图 2-8)。

图 2-8　大卫·奥格威的《一个广告人的自白》

资料来源:公开网络。

2.1　营销策划创意的基本概念

2.1.1　什么是创意

从创意的字面来解读,"创"就是开创、独创、首创、原创,第一个想出来的当然就是创,如果是借鉴他人的方法、思路,但是形成了明显区别于原来的新方法、新思路,也是创。"意"就是心里构思的、想好要表达的,是意图、主意、意念、想法、思维。

"创意"就是突破原有的思维,在旧的基础上创新,成为策划的新灵魂,创造新的价值。对营销策划来说,创意是独一无二的策划,创意是首创的独

营销策划创意的
概念与特征

特构思,创意所具有的新颖性和创造性能够为企业创造出巨大的效益,包括经济和无形资产两方面。

营销策划创意工作有三个主要内容:发现独特需求,提出独特卖点,构思传播创意。比如,阿迪达斯的广告语是"Impossible is nothing",中文是"没有什么不可能";李宁的广告语是"一切皆有可能",英文是"Anything is possible",两者的区别并不明显,阿迪达斯的广告语在前,李宁的广告语在后,因此后者就不算"创"。又如,民间俗语"车到山前必有路,船到桥头自然直",丰田越野车借鉴后改为广告语"车到山前必有路,有路必有丰田车",既区别于原来的俗语,又提出了"无路不能"的独特卖点,满足了探险、旅游、长途的独特需求,为丰田越野车带来了很好的广告效应,是一个非常典型的营销策划创意案例。

2.1.2 营销策划创意的特征

以下四个特征是作者基于丰富的营销策划工作经验总结出来的,并在亲身经历的大量案例中得到了验证,具有重要的指导意义。

(1) 创意是喜剧呈现

喜剧呈现就是喜剧效果呈现,能够使人哈哈大笑或会心一笑,创意者往往采用夸张的手法、巧妙的结构、诙谐的语言、喜感的画面来激活消费者的笑点。

营销策划人员首先要找出事物的本质和真理,然后以喜剧的方式将这个真理呈现出来。喜剧效果越强烈,越容易获得目标消费者的共鸣和记忆,越能够达到传播产品价值和独特卖点的目的。

比如在红罐王老吉的案例中,营销策划人员找到了稳固消费群之所以重复消费的真正需求——预防上火,此时如果直接做广告说"红罐王老吉可以预防上火"就没有任何喜剧效果,无人能记住,后来创意的广告语"怕上火,喝王老吉"采用了类似抖包袱的巧妙的结构,读起来朗朗上口,使人会心一笑,再加上电视广告和平面广告采用了夸张的手法,消费者很容易记住,成为迅速抢夺市场的优秀创意。

又如,恒源祥曾在中央电视台推出了时长5秒钟的"恒源祥,羊羊羊"广告。这则广告虽简单朴素,却充满亲和力。这样形式单调的5秒钟广告连播3遍,对消费者的品牌记忆产生了独特的冲击,也让恒源祥顺利完成了品牌导入,从此走上了高速发展之路。为什么这个广告容易被记住?原因之一是前一句"恒源祥"是逻辑思维,后一句"羊羊羊"是形象思维,它让人们的左右脑都有了记忆。

谐音的广告语通过诙谐的语言、双关的含义来激活消费者的笑点,其喜剧效果让大家忍俊不禁后记住了传播的品牌。比如英特尔的"给电脑一颗奔腾的芯",红桃K的"补血,我就服红桃K",桂龙咳喘宁的"咳不容缓,请用桂龙",有一个打字机广告是"不打不相识",一个牙刷广告是"一毛不拔",其效果都不错,恩威牌洁尔阴洗液广告语"难言之隐,一洗了之"更是助推该品牌一举成名。

多年前,还有过一个很有意思的广告创意故事。那时,联想公司刚创立不久,做惠普公司的打印机代理,四处广而告之"买惠普找联想,想都不用想"。若干年后,联想脱离惠普自立门户,惠普意识到联想是自己养大的对手,反过来做了个广告"惠普,连想都别想",一语双关,既传播了惠普打印机高品质、智能化的独特卖点,又以巧妙的谐音挖苦了联想公司,令消费者哈哈一笑之后记住了惠普的卖点。不过,联想的营销策划团队同样高手云集,顺势借力打力进一步创立"联想"品牌,创意广告语"人类失去联想,世界将会怎样",同样是双关喜剧效果:人类失去联想的能力,就和动物一样;人类失去联想公司,可想而知。消费者再次会心大笑,惠普是外来品牌,而联想可是我们自己的品牌,它那么有幽默感、有文化、有创意,绝对不能失去它。

不过,有些营销策划人员过分迷恋谐音双关的创意,不但不能激活消费者的笑点,反而会引起消费者的反感。更甚之,一些谐音广告语与产品定位、目标受众心理、品牌策略相冲突,对市场营销会带来负面效果。比如某止泻药品谐音某明星的名字取名"泄停封",某策划人员为店名取谐音"非发走丝""高级发院"等,引起社会反感。

（2）创意是简洁表达

营销策划以满足需求尤其是独特需求为目的,所以广告传播成为营销策划创意最关键的内容。广告处于整个营销流程的末端,担负着与消费者沟通的任务,目的是使消费者产生感情共鸣和获得满足感。因为消费大众直面产品广告,所以广告创意最受关注,最容易引起轰动。

不需要消费者思考,只需要简单引起其共鸣、引发感情爆发的创意才是优秀的创意。广告的创意不论采用多么高超的艺术手法和工具技巧,都不要让消费者费神思考。这是因为消费者每天面临很多工作和生活上的事情,很累,不想对广告费脑筋。因此,如果我们没有办法使创意经过提炼变得更加简洁,没有办法一下子说清楚我们给消费者带来的价值是什么、产品的卖点是什么,那么这个创意不但不能对产品销售起促进作用,反而会起负面作用。

比如,某乳酸饮料制作了这么一段视频广告:一位年轻女孩早上起床,突然高喊一声"哇",以焦急而失望的眼神照着镜子,原来她的脸上长了一个青春痘,此时响起旁白"有什么了不起,是酸也是甜。"于是,女孩就在痘痘周围装点了几颗彩色的饰品,非常满意地照了照镜子,喝着某品牌的乳酸饮料高高兴兴地上学去了。这个创意是想把年轻女孩成长的甜蜜和青春的烦恼类比乳酸饮料的酸甜,可是长痘的酸和饰品的甜与乳酸饮料在这里没有必然联系,观众的简单思维里没有空费神去想青春痘与乳酸饮料的逻辑关系,因此很糊涂:广告到底是想表达青春痘的有趣,还是想表达乳酸饮料可以治疗青春痘。不久,厂家撤下了这段视频广告。蒙牛酸酸乳的广告创意"酸酸甜甜就是我"（见图2-9）,简单明了,表达简洁,产品的广告诉求和目标消费群定位因此而清清楚楚,以直白易懂的逻辑获得了成功。

营销定位理论创始人杰克·特劳特说过,不要试图改变消费者脑子里固有的思维模式,那是件徒劳无功的事情。他告诫人们,营销一定要围绕消费者简单的思维逻辑来做,而不是把复杂的、牵强的东西强加给消费者。

图 2-9　蒙牛酸酸乳广告创意"酸酸甜甜就是我"

资料来源：公开网络。

（3）创意是创造第一

在营销策划创意中，我们要解决的关键问题是创新产品的卖点，而且不要多，就要最有力量、最能穿透、最容易引起轰动的那一个，也就是独特卖点，罗瑟·瑞夫斯称之为"独特的销售主张"。我们可以从创新产品本身、创新产品应用、创新产品传播等方面找到如何创造第一的方法。

第一，创新产品本身。创新产品就是发明新产品，发明一种任何人也想不到的产品和需求。在瓦特改良蒸汽机之前，如果想通过市场调查了解消费者认为从苏格兰到英格兰最快的交通工具是什么，那么他们会告诉你是某某类型的汽车，绝对没有人提出火车；在莱特兄弟发明飞机之前，如果想通过市场调查了解消费者认为从华盛顿到纽约最快的交通工具是什么，那么他们会告诉你是某某线路的火车，绝对没有人提出飞机。比如，感冒药"白加黑"就是把配方调整一下便发明了一款新产品：晚上吃的黑片，瞌睡药含量高一些，让你恢复体能战胜病毒；白天吃的白片，瞌睡药含量低一些，让你仍然能够正常上班。然后，让广告直接说出其独特卖点——"白天吃白片不瞌睡，晚上吃黑片睡得香"，只这一招就成功了，"白加黑"只用一年就成为国产感冒药第一。

第二，创新产品应用。不需要发明新产品，只需要发现一个任何人都没有想到的需求市场，率先将原有产品应用到这个市场上，也是一种很好的创意。比如脑白金应用到礼品市场上，之前从来没有人想过要把药品当作礼品，因为这在中国的传统中是避讳的，这个创意将美国"褪黑素"起了个好听的名字"脑白金"，然后也是让广告直接说出其独特卖点——"今年过节不收礼，收礼还收脑白金"，同样只这一招就成功了，而且十多年不败。

第三，创新产品传播。很多产品其实是蕴含独特卖点的，可惜缺乏大智慧的营销策划人员，没有能够形成有创意的传播。比如，在前面举过的例子中，瑞夫斯当年将 USP 运用到 M&M's 巧克力豆的营销策划中，其广告语"只溶在口，不溶在手"至今仍被奉为经典（见图 2-10）。看似一句简简单单的直白广告，其实是经过十几个方案对比，突出了企业用 50

多万美元研制的独特糖衣配方。此广告一举击中消费者吃巧克力时狼狈状况的要害,激发了消费者强烈的需求,成为市场上的独特卖点,意义重大。又如,乐百氏发现消费者不了解纯净水的生产过程,他们需要真正干净的水,但是不相信瓶装水真的那么干净。乐百氏针对消费者的这个潜在需求,仅仅把所有纯净水厂的标准化工艺"27 层过滤"传播出去就成功了。

图 2-10　M&M's 广告创意"只溶在口,不溶在手"

资料来源:公开网络。

可见,满足现实需求的创意并非优秀的创意,只有满足潜在需求的创意才是伟大的创意,它能够帮助企业一下子超越对手占领第一的位置。因此,创意的真正作用并不是以差异化的优势超越对手,而是想方设法创造第一。

（4）创意是直抵人心

营销策划研究的重点不是产品,而是需求,这是营销界的共识,但未必所有的企业家在具体的营销策划实践中都能时刻保持这样的清醒。

营销策划是让企业内外部的资源能够以最经济有效的方法进行整合,整合的目的是满足客户的需求,创意则能够让这种满足升华、放大、显化。换句话说,营销策划让消费者在消费前放大了对需求得到满足的期待,而在消费后获得了超出期待的更大满足,因此消费者愿意付出比厂家提供产品和服务的成本要高得多的金钱,而心里仍然在说:"太划算了,物超所值!"

可见营销策划创意的能量如核裂变般能够传递、放大产品的价值。为什么能够这样?因为"猜对"消费者心思的才是创意!消费者是人,人都有一颗"柔软"的心。哪怕我们需要提供服务的对象是冰冷的汽车,但为之付款的仍是汽车的拥有者,他心灵的最柔软处决定了他认为这笔钱花得值不值。

同步知识点 2-1

"创意诉求"理论

在市场营销领域,心灵的柔软处就是人们心理上认可消费的触动点,人非草木,孰能无情?情之所至,金石为开。因此,创意就是要直抵消费者心灵的柔软处,让消费者动情。基于对这种现象的研究,结合广告感性诉求和理性诉求的理论,黄尧教授提出了"创意诉求"理论,用一句话来概括就是:"感性诉求解除防备,理性诉求征服消费。"这是一套由外及内、由视觉到内心、由图文音像到数理推论的系统创意方法,其原理就是要通过产品价值传播的感性诉求引起消费者共鸣,解除消费者的心理抗拒和防备,最终通过理性诉求征服消费者的讨价还价心理。

这里所说的创意是指营销策划创意,包括营销策划过程中的所有内容,已经不仅限于广告创意了。比如,许多企业过多强调投资、生产、技术等理性数据,忽视了品牌形象的人性化色彩,给消费者的印象就是缺乏创意,因此敬而远之。

心理实验已经表明,价值认同感是人类获得需求满足的前提。通俗地说,就是"你给人们什么瓶子,里面装的就是什么水"。

黄尧教授及其团队做过这样的实验:邀请同样的三个对象,相隔三个月,分别在两个不同的场地中谈谈最近的工作和生活。场地中没有其他人的干扰,安排的一位咨询师仅作为观察员,不参与交谈。当他们坐在优雅精致的咖啡吧里谈话时,大家以优雅的言辞谈论着工作和生活中美好的事情,心中充满了热情和善良的愿望;而当他们坐在公路旁的一个小饭馆里谈话时,大家的言辞无所顾忌,谈论的多半是工作和生活中琐碎烦心的事情。

黄尧教授及其团队还做过这样的实验:将农夫山泉瓶子里的矿泉水和娃哈哈瓶子里的纯净水进行交换,两个瓶子的外包装和商标依旧。然后请三名大学生来品尝,试试哪一瓶水更有矿泉水的甘甜味,他们都不约而同地说是农夫山泉瓶子里装的水。

这是人们内心对价值期待追求满足的结果。当消费者发现自己得以接触期待对象,而且对象身上确实存在期待的因素,哪怕只有一点点时,他的内心都会加强这一期待获得满足的心理感受,并不断产生共鸣,以提升这一价值体验,使自己的内心获得欣慰的满足感,而此时消费者往往会忽视其他不利因素的存在。

同步案例 2-1

大排档的四脚凳

某天我们去大排档用餐,坐的凳子看上去还是原来那种四条腿的无靠背凳,但是坐上去屈腿蹬着凳子横杠很舒服,原来凳子腿之间的加固横梁恰是地方,使我们之前弯腰弓背的坐姿马上变得既舒服又优雅,如同肯德基的高脚凳。

从图2-11可见,凳子的结构改变后立即变得因人性化而有创意。这正是资源重新整合后,按照满足消费者对身体舒适的渴望和需求而发挥创意的结果。之前的凳子之所以把加固梁提升这么高,当然也是有生产者的考虑的,这满足了某些大排档老板的需求,可以摞起来存放,占用地方更小,但牺牲了消费者的需求;而在顾客看来,这是大排档老板站在自己的角度考虑问题,忽略了顾客的需求。

这家大排档老板的创意直抵消费者内心的需求,使消费者感到满意,这才是真正促进消费的创意。

【案例思考】大排档老板是如何想到要更换高脚凳的?

之前的凳子　　　　　　现在的凳子　　　　　　肯德基的凳子

图 2-11　大排档四脚凳的创意

资料来源:作者拍摄。

【分析提示】大排档老板想出这个创意的原因也许十分朴素,但一定是从实践中总结出来的,他只有一个简单的理由:让吃客坐得舒服,愿意常来。这个案例揭示了营销策划的真谛:任何营销策划的构思和创意都应该以满足消费者真正的需求为目标,这些需求也许深深地埋藏在消费者的心里,需要创意者通过调查研究后才能发现。

这个案例还说明了一个道理,即对消费者的需求采用访谈法、观察法和测试法进行调查也是不可忽视的,因为调查组可以带着营销问题和策划目标一边思考一边同步调查。但是,无论是经营者、营销者亲自调查还是委托第三方调查,调查者必须用心体会消费者的需求,只有这样才能得出正确的结果。

【案例关键词】案例关键词是"感觉舒服"。如何让产品和服务使消费者感觉舒服,这在市场营销中其实是一个非常复杂的问题。"感觉"两个字带有强烈的心理感受特征,"舒服"两个字却带有明显的身体享受特征,因此感觉舒服是一个综合了心理体验和生理体验的结果。消费者感觉用苹果手机比用三星手机舒服,但无法全面确切地描述出来;消费者感觉在星巴克喝咖啡比在上岛喝咖啡舒服,也同样无法全面确切地描述出来,甚至每个消费者的说法似乎都不一样。让消费者感觉舒服现在已经发展成一种营销策略,即体验营销。比如,必胜客每周可以让消费者报名参与制作比萨,麦当劳也不示弱地推出亲手制作汉堡,农夫山泉建设透明的生产流水线随时欢迎消费者参观,这些就是要让消费者感觉更加舒服,并将舒服的感受告诉更多的人。

【营销策划技巧启示】案例采用了经典的营销策划技巧——移花接木。移花接木是常用的创意技巧,就是将别处成功的做法嫁接到自己的项目中来,本案例中大排档更换了不同横杆位置的四脚凳,大排档老板介绍说就是借鉴了肯德基高脚凳的舒适效果。显然,移花接木不是简单地照搬,而是创造性移植,这样才是真正的创意。小米手机也是移花接木的创意成果,移植的对象正是苹果手机,同样取得了巨大的成功。据报道,雷军曾亲自向开发团队展示自己的苹果手机,并且明确告诉地他们,要以苹果手机为蓝本,借鉴其设计和功能。

2.1.3 营销策划创意的意义

（1）企业制胜的核心

市场经济的发展和市场竞争的加剧，使企业的营销活动越来越注重策划，策划创意已不止于前期策划阶段的构思和点子，而是贯穿于营销活动全过程。

营销策划创意
的意义

第一，战略核心。策划创意对于企业经营活动而言，具有战略核心的意义。从企业的战略目标和资源水平出发，研究企业营销活动整体上如何与战略目标相适应，并寻求确定企业品牌独特定位的理念与实施方案，以实现企业的战略目标。就此意义而言，策划创意起到了"定海神针"的重要作用，是企业制胜的战略核心。

第二，战术核心。策划创意对于企业营销活动而言，具有战术核心的意义。它在企业经营过程中，要不断分析营销活动所处环境的变化情况，适时调整方案，做出正确的市场行为决策。就此意义而言，策划创意起到了"指南针"的重要作用，是企业制胜的战术核心。

第三，融资核心。策划创意对于企业资源整合而言，具有融资核心的意义。对于大多数风险投资项目来说，投资者都是冲着项目估值而来的，因此企业若想在开发新产品、开拓新市场时取得天使投资或风险投资，就必须策划具有较高盈利预期和未来估值的创新项目，比如雅虎的杨致远、脸书的扎克伯格等都是靠几页纸的创意说服风险投资人，获得几千万美元的无抵押风险投资的。就此意义而言，策划创意起到了"吸金石"的重要作用，是企业制胜的融资核心。

（2）提升与消费者沟通的质量

在4Ps营销组合中，促销的主要功能是抓住和吸引消费者的注意，因为消费者的注意决定了传播效果。从注意的本义上说，注意是有机体在长期的进化中发展起来的一种对外界信息的选择机制。所有的促销创意都是通过引人注目的内容来唤起情感和激发兴趣，以赢得和保持消费者对产品或品牌的注意，争取产品或品牌被消费者选择的最大可能。因此，对于厂商来说，人员推广、广告宣传、客户关系、营业推广等促销活动不是从产品到消费者的单向推动和传播，而是"推""拉"结合，通过与消费者的对话、交流、沟通，达成消费者认知、认可、共鸣、购买的目的。

（3）降低营销成本

越来越多的企业意识到经过策划创意的营销活动效果更好，更令人难忘，且在市场上能更有效地传达营销意图。一个有创意的广告可以让人们只需看一遍而不是看十遍就能够记住；一个营销活动唯有具有创意才容易与消费者建立关系，否则营销效果可能会在很短的时间内烟消云散；一个富有创意的品牌传播可以迅速实现消费者共鸣的最大化，亦可提高品牌知名度并产生购买效果；一个富有创意的公关形式可以吸引各种低成本甚至无成本的媒体资源、合作资源。因此，策划创意是低成本营销的重要手段。

（4）实现品牌增值

随着市场竞争白热化和产品同质化日趋严重，品牌的重要性日趋显著。无论是对生产者还是对消费者而言,产品都只是一种具体的事物,而品牌代表了消费者对产品的态度和情感。因此,策划创意最重要的任务之一就是策划品牌价值、树立品牌形象、实现品牌增值。现代品牌的建构并不是单纯地吸引目标消费者的注意,它同时也体现和传递产品的价值,创造消费者的心理预期,补偿消费者的某种心理失落,使消费者的心理得到满足。品牌建立起消费者对产品质量好、信誉高的期待,若最终产品或服务的质量超过消费者的期待,则能够建立起消费者的信任,创造消费者对品牌的忠诚。

成功的品牌需要消费者产生共鸣,而策划创意是实现品牌与消费者之间有效沟通的手段。就一般意义而言,品牌对于消费者具有实用性(习惯、便利、品质和保证)、情感取向(识别性、自我表达、怀旧和真挚情感)和社会角色(交流、承受和认可)等象征性价值,策划创意以此为切入点,在营销活动中多方展现品牌的丰富内涵和可想象空间,促成消费者对品牌产生情感归属而形成依赖。

(5)提升消费者的生活审美

在现代社会里,策划创意不仅仅是一种商业行为,更是一种文化现象。策划创意在营销活动中以视、触、听、嗅等感觉塑造一系列品牌价值的文化符号,挖掘人类新时尚、新理念、新生活,引导消费者对生活本质的重新审视,构建社会生活的美学时尚内涵。

生活审美,通俗地理解就是让人们的生活更加有滋有味。基于这一点,我们发现,人类就是在这样的发展过程中不断前行完善,完善到一定阶段时,突然发现生活中美好的东西需要取一个名字固化下来,于是便出现品牌。因此,品牌源于人类发现美的本能,源于人类对美好事物的发掘与进化。反过来说,能否发现人类生活之美也是检验品牌是否成功的标准。

策划创意的作用正是调动消费者潜意识层面的生活审美,激发消费者对策划创意塑造的文化符号产生消费模仿行动,使自己产生与产品或品牌文化融为一体的生活审美体验。例如巴勒莫品牌创意的生活审美风格见图 2-12。

图 2-12　巴勒莫品牌创意的生活审美风格

资料来源:公开网络。

2.1.4 营销策划创意的原则

**营销策划创意
的原则**

营销策划创意的原则共有六项，其中前三项是核心原则，后三项是必备原则，在项目实战考核中，重点评价前三项，但不可忽视后三项。

（1）创新性

营销策划创意应该是创新的，前所未有的，以充满新意的产品价值吸引消费者，并满足消费者追寻新鲜体验的需求，使消费者保持对品牌的忠诚。

营销策划创意的创新性是一种创新思维，是打破固有的思维模式，在已有思维方式的基础上，运用想象、联想、逆向等思维方式进行跨界、整合得出新的构思，进而使营销策划方案具有对未来发展方向的指导性。

在市场竞争中，厂家每一次推出新产品，如果新产品没有什么真正的新意或改进，就可能会被消费者认为该厂家已经没有能力进步，这对厂家的市场形象将是一次打击。比如，可口可乐公司进入中国市场后，不仅涉足纯净水、矿泉水市场，还涉足果汁饮料市场，每年都要推出新产品，就是为了使消费者保持对可口可乐公司创新能力的认同。

（2）逻辑性

一个人的思维不符合逻辑，其表现就是词不达意、自相矛盾、胡言乱语等。营销策划创意是一种指导市场营销活动的思维结果，必须具有逻辑性。

逻辑性泛指规律性，就是思维要符合客观规律，比如"种瓜得瓜，种豆得豆""猫的儿子会上树，老鼠的儿子会打洞"等。而在营销策划中，逻辑性表现在，提出一个市场调查数据就应该提出针对性分析，明确一个市场需求就应该明确一个产品卖点，给出一个市场定位就应该设计一套围绕定位的营销策略。

营销策划创意的逻辑性思维是营销策划人员的理性认识阶段，是运用归纳、演绎、判断、推理等思维方式对事物本质与规律进行创新性认识的过程。

（3）可行性

所有的企业都认为，营销策划创意的可行性是必需的，不可行的创意是"天马行空""无根浮萍"，看起来再精彩最终也是没有结果的。营销策划创意的可行性表现在：采用的数据是真实可靠的，采用的概念是准确完整的，采用的推理是合乎逻辑的。创意的过程是"大胆假设，小心求证""从想象出发，最终创造事实"的过程，创意是合理且具有预见性的想象，绝非胡思乱想。

不过，确实有时我们的创意可能不被人理解，也许是大多数人的经验和知识使他们无法认识到创意所运用的概念和逻辑是可行的，这个时候更需要创意者反复推理、反复推敲，直至确认自己所坚持的概念和逻辑是可行的。比如，苹果手机的创造者乔布斯曾因其创意不被公司董事局理解而被迫离开苹果公司，但后来事实证明，他的创意是正确可行的，董事局又重新将他请回苹果公司，这才有了现在全球众多消费者都在使用的成果——iPhone。

（4）想象力

营销策划创意是构思出来的，是别人没有想到的，要有一定的想象力。创意的目标是超越现状，因为营销的目标只能进步不能退步。创意是"出乎意料之外，合乎情理之中"，创意要做到"无中生有、小题大做、借题发挥",这些都需要借助想象力的构思才能完成。所以,同学们想要拥有创意能力,别忘了这项原则,一定要训练自己的想象力。

（5）竞争性

营销策划创意是为实现企业营销目标而构思的,企业营销目标是争取更大的市场占比,从竞争对手中抢夺更多的市场份额。因此,营销策划创意的思维过程中必须带有很强的竞争意识,针对竞争对手,针对竞争产品,针对要争夺的市场,针对要争夺的客户,这样做出的创意才容易被企业接受。

（6）整合性

能够完成整合资源任务的构思才可以被称为营销策划创意,否则只能被称为营销策划点子。但并不是任何资源都能够为我们所调用,也不是任何能够调用的资源都能够达到策划目的。因此,既可以为了整合资源而开展创意,又可以为了开展创意而整合资源。比如,大众途观 SUV（运动型多用途汽车）为了利用 QQ 音乐这个平台传播产品,考虑到在这个平台上的目标客户都是音乐爱好者,因此整合了汪峰的歌曲《像梦一样自由》,利用"未被打磨的棱角"和"不曾迷失的初心"等歌词突出体现途观 SUV 的产品精神,该创意体现了很好的整合性,既令人愉悦又升华了产品价值,效果很好（见图 2-13）。

图 2-13　大众途观 SUV 产品传播创意的整合性

资料来源:公开网络。

2.1.5　营销策划创意灵感

在 2 200 多年前希腊的叙拉古王国,有个人突然从浴缸里跳出来,连衣服都顾不上穿就跑了出去,大声喊着"尤里卡！尤里卡！"（意思是找到了！找到了！）"。他叫阿基米德,在洗澡的过程中突然想到了如何证明皇冠是不是纯金的方法。原来,叙拉古的亥厄洛国王叫金匠打造了一顶纯金的皇冠,但他怀疑金匠掺了假。不过皇冠的重量和国王给金匠金子的重量完全

营销策划创意灵感与创意修正

一样,国王便叫阿基米德想办法。阿基米德日思夜想,终于在他将身体浸入浴缸时,看着从浴缸徐徐渗出的水,找到了解决问题的方法(见图2-14)。阿基米德跑进王宫,在国王和金匠面前把皇冠以及和皇冠等重的金块、等重的银块分别放入不同的水盆里,结果发现,银块排出的水量最多,其次是皇冠,最后是金块。

图 2-14　阿基米德的灵感

资料来源:公开网络。

可见灵感乍现时,"铁板"也挡不住,灵感熄火时,脑袋想破也没用。灵感能够为我们带来创意。事实上,灵感乃创意之母,没有灵感,创意从何谈起? 有了灵感,创意是水到渠成的事。

但是创意灵感并非来去无踪、深不可测,它的出现全在于是否足够用心,是否全心扑在策划的构思上。很多人为了策划冥思苦想、绞尽脑汁,希望创意从天而降,其实他们需要的只是一个灵感。通过围绕策划目标而搜索相关信息,我们可能获得许多灵感,比如我们想要策划一个欧式场景和风格的公关活动,就需查阅大量相关资料,而在这个过程中就可能获得很多启发。此外,灵感也不是凭空想象的,它们很可能来自我们生活的自然界,俯拾皆是;灵感也不会嫌贫爱富,它能够满足任何人的愿望,有求必应。灵感是一个取之不尽用之不竭的创作源泉,只要你用心去捕捉它,去感受它,去倾听它,它就会自然而然地来到你的身边,换言之,灵感只属于有心之人。

2.1.6　营销策划创意修正

阿基米德的创意真的只是在洗澡的时候"突然想到"的吗? 不是的,从洗澡入水那一刻到得出结论要有一段路,路也许很长,也许很短,但都要有"想"这一段过程。或许阿基米德在洗澡时没想到这个方法,而在水溢出杯外时会想到。因此,从另一个角度来说,灵感又有其必然性,是不断积累知识、经验、信息,不断思考的结果,这个过程实际上是创意修正的过程。

国内策划师谈作品大多喜欢围绕创意结果做文章,而国外策划师谈作品大多愿意分享自己的灵感产生过程。这说明了一个问题,那就是国内策划师比较内敛,喜欢谈创意的修正过程,而国外策划师比较有激情,喜欢谈创意的灵感产生过程,其实创意的最终形成既有灵感的部分又有修正的部分。

灵感创意是针对问题获得的一种创新性、独特性、突发性的思维结果,修正创意是不断积累知识、经验、信息,不断分析,最终发现创新思维结果的过程。修正创意是以灵感创意为基础,对灵感创意进行修订、矫正和推动的结果。凡思维工作,都追求灵感创意和修正创意的成果,策划创意是一种思维方式,当然也是如此。

按照创意的灵感和修正规律来训练,就能够培养策划创意能力。策划创意的工作成果与个人思维能力有很大关系,往往会被误认为仅仅是依靠灵感得来的,因此使人陷入创意依赖天才的误区。其实,策划创意与市场环境、产品资源、执行条件密切相关,这是与绘画、书法等艺术创意完全不同之处,因此,在策划创意工作过程中,修正创意与灵感创意同样重要,甚至更重要。

营销策划公司、广告创意公司在策划创意工作过程中采用"策划创意工作卡"来监督、控制策划创意工作过程、检验创意成果、反馈客户沟通状况、收集市场和客户数据、激发创意成果,是灵感创意与修正创意结合的工作过程控制机制(见图 2-15),建议同学们在项目实训中采用。

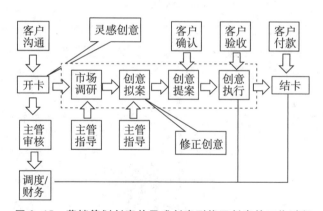

图 2-15 营销策划创意从灵感创意到修正创意的工作过程

2.1.7 灵感创意与修正创意的关系

创意是对已有的信息再加工的过程。右脑的特点是形象思维,因此如果没有存储大量的信息,创意就无从谈起。我们常常强调"直觉""一闪念"等灵感的重要性,但是这种灵感的产生要求发挥左脑的抽象思维作用,且与右脑的形象思维有很好的配合。

灵感创意通常是在确定工作目标后,在头脑中如闪电般激发出的一串"做什么"的点子和思路,而修正创意是在灵感创意激荡之后,让头脑冷静下来,通过个人或团队的作用,进行调查分析、深入研究、剥茧抽丝等思考,在谁来做(Who)、何时做(When)、在哪做(Where)、如何做(How)、做什么(What)五个方面(5W)进行翔实的论证,最后挑选最优创意作为结果(见图 2-16)。

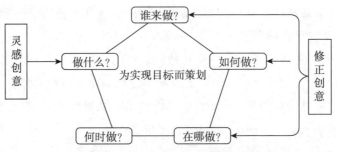

图 2-16　灵感创意与修正创意的关系

灵感创意属于抽象思维,修正创意属于形象思维,都会存在于每个人的大脑中,只是每个人因思维天性和特点的不同而擅长不同的方面。同学们可以从形象思维即右脑修正创意入手,逐渐提高抽象思维即左脑灵感创意能力,最终实现形象思维能力与抽象思维能力共同发展。

同步案例 2-2

给皮肤喝点水

地处北京的亚都环保科技有限公司(以下简称"亚都")现在已经成为"国内空气品质专家"了,但 20 年前公司只不过是一家生产简单的室内加湿器的厂商而已。当年亚都加湿器的广告创意"给皮肤喝点水"深入人心,公司提出"皮肤的肌纤维由大量水溶性胶原蛋白构成,水分的流失会导致肌纤维收缩变形,乃至形成不可恢复的皱纹,在使用空调或者电暖器的房间尤其如此"。这个看起来像化妆品的广告,却让亚都取得了良好的销售业绩,使产品一直畅销至今。亚都早期和现在的加湿器产品分别见图 2-17 和图 2-18。

图 2-17　亚都早期的加湿器产品

资料来源:公开网络。

亚都敏锐观察市场,适时利用创意成果,在营销传播上表现出了杰出的创新才华。把家电当成化妆品来卖,亚都很有可能是第一家。亚都的渠道策略也类似于化妆品,它没有进入家电超市,而主要是在百货商场化妆品专柜附近销售。

图 2-18 亚都现在的加湿器产品

资料来源：公开网络。

【案例思考】亚都的广告"给皮肤喝点水"的创意灵感来自哪里？

【分析提示】我国北方的秋冬比较干燥，尤其是打开暖气后更加干燥，其实这两个季节很多家庭都会在房间里放一盆水，这样人们的皮肤、嗓子、鼻孔、眼睛等都会舒服一些，亚都加湿器就是比照此需求而生产的。但是问题来了，既然家里和办公室有了脸盆这个替代品，还有买亚都加湿器的必要吗？在这里，亚都加湿器面对的是"弹性需求"和"替代品"的问题。此时，营销策划人员要创意一个独特卖点，一举将弹性需求变为刚性需求，超越替代品的价值，只有这样创意才能取得成功。营销策划人员从加湿器的诸多需求对象中单单提取了"皮肤"，因为每个家庭都有爱美的女主人，每个办公室都有爱美的女同事，而大量化妆品的主要功效就是给皮肤"补水"，理由就是皮肤缺水会老得快。接下来的创意就顺理成章了，把亚都加湿器当作化妆品来卖："给皮肤喝点水"，每个身处干燥北方的爱美女性都至少会买一台。

亚都加湿器的创意灵感就是通过创意修正找到了一条营销策略：把家用电器当成化妆品来销售，听起来匪夷所思，但很成功。

【案例关键词】案例关键词是"观察市场"。一个产品投放市场，一定会面临现实竞争品、潜在竞争品、替代品、供应商讨价还价、消费者讨价还价五种压力，即波特五力。亚都充分分析了市场现状，发现主要问题是消费者因有替代品而手握讨价还价的筹码："大不了我不买了，还是回去用脸盆。"通过观察市场发现问题就解决了问题的一半，离成功的创意不远了。

【营销策划技巧启示】案例采用了经典的营销策划技巧——弹性需求变刚性需求。亚都加湿器一开始面临和消费者讨价还价的压力，而消费者之所以能够讨价还价，是因为存在替代品——脸盆，从而使得消费者对亚都加湿器的需求是弹性的。此时，亚都的营销策划人员思考创意的焦点就是要把弹性需求变为刚性需求。通常来说，涉及女性和孩子的需求往往更容易成为刚性需求，所以亚都加湿器将目标市场从家庭市场、单位市场再细分到女性市场，就成功地把弹性需求变为了刚性需求，一句直白的广告语"给皮肤喝点水"即刻横扫市场，取得了巨大的成功。

课堂活动 2-1

【目标】运用创意修正开展营销策划。

【内容】各模拟公司学习小组以上述同步案例为背景进行创意修正训练，讨论亚都加湿器在北方市场和南方市场有何差异，目标消费者有何消费特征，亚都在本地市场应该如何开展营销工作。请基于营销策划创意的原则讨论可否对亚都的广告语进行创意修正，并描述相应的营销策略。

【组织形式】老师从每组随机指定一个同学上台来分享，并给每个团队点评和打分。最后由老师做总结。

【要求】每个模拟公司学习小组的成员都必须参与讨论，每个同学提交一份书面分析报告。

【训练要点】创意修正的头脑风暴法。

【即问即答】

1. 营销策划创意的特征是什么？

2. 如何理解营销策划创意必须创造第一？

3. 灵感创意与修正创意的关系如何？

2.2 营销策划创意的常用理论

**营销策划创意
的常用理论**

2.2.1 蓝海战略

蓝海战略源自 W. 钱·金（W. Chan Kim）和勒妮·莫博涅（Renée Mauborgne）教授合著的《蓝海战略》一书。蓝海战略其实就是企业超越传统产业竞争、开创全新市场的企业战略。如今这个新的战略理念正得到全球工商企业界的关注。"红海"是竞争极度激烈的市场，但"蓝海"也不是没有竞争的领域，而是一个通过差异化手段得到的崭新的市场领域。在这里，企业凭借其创新能力获得更快的增长和更高的利润。

蓝海战略理论为营销策划创意提供了战略级的思路，即使竞争再激烈的市场也会有市场空白存在，我们应该善于通过市场分析研究发现市场空白，并第一时间介入。

2.2.2 长尾理论

长尾理论的基本原理是，只要存储和流通的品种足够多，需求不旺或销量不佳的产品所共同占据的市场份额。可以和那些少数热销产品所占据的市场份额相匹敌甚至更大，即众多弱小品牌汇聚成可以与主流大品牌相匹敌的市场能量。实际上，"长尾"就是二八法则中不怎么被重视的那 80% 非关键的市场和客户（见图 2-19）。

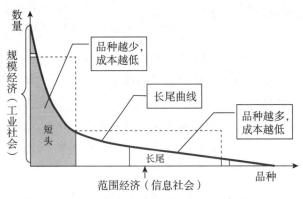

图 2-19　如果做不了龙头,控制长尾也很好

长尾理论为营销策划创意提供了两方面的创意理论依据:一是现代计算机和网络技术高度发展,使渠道管理、客户管理、分散存储的成本大大降低,长尾得以实现,比如淘宝。二是与传统的二八法则逆向思维,形成创新创意成果,比如京东。

2.2.3　定位理论

定位理论的创始人是美国人杰克·特劳特与艾·里斯(Al Ries)(见图 2-20)。定位起始于产品,但并不是对产品本身采取行动。定位是指要针对潜在顾客的心智采取行动,即要使产品在顾客的心智上、头脑中占据一个有利的位置。因此,定位是对顾客头脑的争夺战,其目的是在潜在顾客心中占据有利地位。

图 2-20　特劳特与里斯

资料来源:公开网络。

营销策划创意正是要将消费者的心智当作营销的终极战场,要想抓住消费者的心,必须了解消费心理。

2.2.4　品牌形象理论

20 世纪 60 年代由大卫·奥格威(David Ogilvy)提出的品牌形象理论是广告策划创意理论中的一个重要流派。在此理论影响下,出现了大量优秀的、成功的广告。其基本要点是:

- 为塑造品牌服务是广告最主要的目标。广告就是力求使品牌具有并维持一个高知名度的品牌形象。

- 任何一个广告都是对品牌的长程投资。从长远的观点来看，广告必须尽力去维护一个好的品牌形象，而不惜牺牲追求短期效益的诉求重点。

- 随着同类产品之间的差异性减小，品牌之间的同质性增大，消费者选择品牌时所运用的理性就越少，因此描绘品牌的形象比强调产品的具体效用和功能特征要重要得多。

- 消费者购买产品时所追求的是"效用利益+心理利益"，对某些消费群体来说，广告尤其应该运用形象来满足其心理需求。

围绕品牌形象所进行的思考是营销策划创意的战略目标问题，只有战略目标明确后，营销策略才有明确的方向。

2.2.5　木桶理论

所谓"木桶理论"也即"木桶定律"，其核心内容为：一只木桶盛水的多少，并不取决于桶壁上最长的那块木块，而恰恰取决于桶壁上最短的那块木板。根据这一核心内容，木桶理论还有两个推论：

其一，只有桶壁上的所有木板都足够长，木桶才能盛满水。

其二，只要这个木桶里有一块木板长度不够，木桶里的水就不可能是满的。

木桶理论可以启发我们思考许多问题，比如企业团队精神建设的重要性。在一个团队里，决定这个团队战斗力的不是那个能力最强、表现最好的人，而恰恰是那个能力最弱、表现最差的落后者（见图 2-21）。因为最短的木板对最长的木板起着限制和制约作用，决定了这个团队的战斗力，影响了这个团队的综合实力。也就是说，要想方设法让短板达到长板的高度或者让所有的木板维持"足够高"的相等高度，只有这样才能完全发挥团队作用，充分体现团队精神。

图 2-21　长板代替整体实力的错觉经常发生

资料来源：公开网络。

在营销策划的前期，采用 SWOT 分析法分析企业内部环境和外部环境是一个常规的环节，其中至关重要的是充分认识未来营销工作中可能存在的短板，也就是劣势（W）和挑战（T）中最危险的因素，使营销策划创意更具可行性。

同步知识点 2-2

"取长补长"理论

木桶理论是传统的"取长补短"理论,它追求大而全的企业、个人和团队建设,但终究会因忙于"补短"而永远追不上别人"长"的快速进步。黄尧教授早在多年前的策划创意实战和教学工作中就提出了"取长补长"理论,以此指导创意实践和人才建设,并取得了很好的效果。黄尧教授的"取长补长"理论指出:无论是品牌、产品还是个人、团队,在市场竞争中并不取决于整体实力,而是取决于脱颖而出的特长,也就是我们反复强调的 USP,可以称为特长、独特卖点或独特的销售主张。"取长补长"理论的关键是分析自己的最"长"特质,不断吸取其他对手或对象的可以增加我们"长处"的"长处",使我们的"长处"迅速"更长",最终使我们"站在巨人的肩膀上"而快速成为第一。

比如,奇瑞汽车发现,自己最大的长处就是利用其他厂家的先进技术和自己获得的廉价劳动力、廉价材料把汽车做到最便宜,消费者只需花费 2 万多元即可把 QQ 开回家(见图 2-22)。

图 2-22 奇瑞 QQ3 仅售 2.35 万元

资料来源:公开网络。

2.2.6 羊群效应

羊群效应是指管理学中一种常见的企业市场行为。例如一个羊群(企业群体)是一个很散乱的组织,平时在一起盲目地左冲右撞。如果一只羊发现了一片肥沃的绿草地,并在那里吃到了新鲜的青草,后来的羊群就会一哄而上,争抢那里的青草,全然不顾旁边虎视眈眈的狼,或者看不到其他地方还有更好的青草。

羊群效应一般出现在竞争激烈的行业中,而且这个行业中有一个领先者(领头羊)占据了主要的注意力,整个羊群会不断地模仿这个领头羊的一举一动,领头羊到哪里去吃草,其他的羊就会到哪里去"淘金"(见图 2-23)。

图 2-23　有时"领头羊"不一定是正确的

资料来源：公开网络。

　　有则幽默故事反映了羊群效应：一位石油大亨到天堂去参加会议，一进会议室发现已经座无虚席，没有地方落座的他灵机一动，喊了一声："地狱里发现石油了！"这一喊不要紧，天堂里的石油大亨们纷纷向地狱跑去，很快，天堂里就只剩下那位后来者了。这时，这位大亨心想，大家都跑了过去，莫非地狱里真的发现石油了？于是，他也急匆匆地向地狱跑去。这则故事看似幼稚，实则深刻，能引人深思，大亨本想利用谎言把人骗走以得到一个空位，没想到羊群效应的结果是他也随众而去了。这样的故事每一天都在市场上不断重演。

　　羊群效应在营销策划创意中可以带给我们两个方面的思维启发：一是在培育市场时如何培养领头羊，二是在突破市场包围时如何声东击西。

2.2.7　果子效应

　　对于消费者而言，品牌是一种认知经验。在物质生活日益丰富的今天，同类产品多达数百种甚至上千种，消费者根本不可能逐一去了解，只能凭借过去的经验或他人的经验来加以选择。因为消费者相信，如果在一棵果树上摘下的一个果子是甜的，那么这棵树上其余的果子也都会是甜的（见图 2-24）。这就是品牌的"果子效应"。

图 2-24　果子效应往往会让消费者看走眼

资料来源：作者自制。

在营销策划创意过程中,我们可以利用果子效应来思考市场周期策略、事件营销策略等,果子效应可以帮助企业在开发新产品、介入新领域时利用原品牌的影响力来统领市场。实践证明,企业进入市场初期投入的宣传费用、促销费用往往占进入成熟期之前费用的1/3,之后果子效应会引爆市场。

2.2.8　苹果定律

现在的苹果一般是 5 元一斤,一斤大概有两三个。如果将这两三个苹果切成片,装上盘,在 KTV 包房或大酒店出售,则可以卖到 48—98 元一盘。这就是“盘子里的苹果更值钱”的苹果定律。

在营销策划中,这个盘子可以是品牌、包装、广告等。同样是皮包,全球奢侈品牌 LV 箱包的价格却是采用同类品质牛皮和配饰设计制作的其他品牌箱包的几十倍到一百倍;某些进口运动鞋品牌设计师设计的运动鞋虽然在中国代工生产,价格却要比国产的同类运动鞋高 4—10 倍。

品牌就是符号,策划学就是符号学,因此赋予“苹果”什么档次的符号,就相应地有什么档次的消费者来接受这个符号,这在营销策划创意中是非常重要的理念。

同步案例 2-3

淘宝的核心创意

淘宝目前是亚太地区最大的网络零售平台,由阿里巴巴集团于 2003 年 5 月 10 日投资创立。淘宝现有业务包括 C2C(个人对个人)、B2C(商家对个人)两大部分。2022 年淘宝注册用户数已达到 8.4 亿。

数百万想赚钱的个人,此前从未做过生意,或者从未持续地做过生意,他们甚至没有足够的资本和信心去工商行政部门注册个体户,也不承想可以有一个店铺做生意。当时,淘宝把开店的门槛降到很低,开店不再高不可攀:无须工商执照、无须注册资金、无须代理授权,店面租金为零,谁都可以做。另外,对于成千上万的消费者来说,在淘宝上寻找自己喜欢的东西已成举手之劳。

数百万人开的淘宝店代表了一个巨大的长尾消费品市场,这条长尾最终能有多长,恐怕谁也无法预知。

【案例思考】淘宝在创立之初发现了什么需求?

【分析提示】当年淘宝创立之初有一个非常强大的对手:易贝。易贝在尚未准备好时就错误地决定实施全球化战略,结果导致网站不稳定,消费体验下降,而与此同时淘宝委托 Sun 公司开发的系统一个漏洞都没有,恰好上线运行,顺势接收了易贝大量流失的客户。这时是木桶效应在起作用,“不稳定”的短板把易贝的客户都赶到淘宝这里了。而淘宝依据长尾理论发现的需求是后来占中国经济 90% 以上的“长尾客户”:个体经营者和个人消费者,淘宝利用支付宝的 7 天信用手段将两者黏合起来,取得了巨大的成功。

【案例关键词】案例关键词是“效率”。过去传统的二八法则指导大量企业通过找准 20% 的客户而使其发展获得了巨大成功,其关键是“效率”二字。过去的理论无法预测到互联网能够更加高效地解决另外 80% 市场的开发问题,之前无论谁将资源投入这部分市场,基本上都是得不偿失的,但今天的互联网技术帮助许多企业低成本、高效率地实现了长尾市场的开发,7 天酒店、滴滴打车、E 代驾、E 代洗等企业迅速成功上市,这说明当今营销策划创意的构思重点是"逆向思维",这是长尾理论对战二八法则带来的重要意义。

【营销策划技巧启示】案例采用了经典的营销策划技巧——逆向思维。逆向思维是对既定理论、观点、概念、规律等进行否定或逆向思考而形成新的思维成果的一种思维方式,即俗话说的"反其道而行之"。当大家已经习惯于某一个固定的思维结果时,你却朝着否定或相反的方向去找到新的思维成果,这显然是一种独特的创意,必定会产生"出乎意料之外,合乎情理之中"的显著效果。

课堂活动 2-2

【目标】掌握一种营销策划创意理论。

【内容】淘宝目前也在做着各种全球化布局和跨界商业改革,假设淘宝就是当年的易贝,各模拟公司学习小组通过调研分析找出淘宝存在的问题,如果由你们来成立一家电商企业,你们会怎样做?请运用一种或几种营销策划创意理论来分析阐述你们的观点。

【组织形式】老师从每组随机指定一个同学上台来分享,老师给每个团队点评和打分。最后由老师做总结。

【要求】每个模拟公司学习小组的成员都必须参与讨论。

【训练要点】营销策划创意理论的运用。

【即问即答】

1. 营销策划创意理论的共同点是什么?

2. 长尾理论是否指企业的营销渠道比较长?

3. 在上述八个理论中,你最喜欢哪个?

2.3 营销策划创意的构建

**营销策划创意
类型**

2.3.1 营销策划创意类型

（1）整合型

这种类型的策划创意一般出现在产品策划的创意上,以解决实际问题为导向,例如解决如何突破原有产品对消费群吸引力不足的问题,实现不断积累品牌价值和增加品牌溢价。

负压辅助闭合技术（VAC）创伤治疗产品在解决病人伤口闭合时所产生的一系列痛苦（如伤口愈合缓慢、伤口感染等）问题上独树一帜,它改变了传统用纱布包扎伤口的方式,通过进一步的实用功能整合,把止痛药或抗生素也加入产品,使其应用范围扩展至几乎所有伤口愈合领域。此种功能整合纯属原创性的,很少有现成的组合元素可供拼凑。

娃哈哈营养快线也属于功能整合型创意的成果,其通过对现有元素直接进行组合,将牛奶或酸奶加果汁形成新产品创意,而且产品会加入更多保证营养、口味等的元素,从而成为年销售额超过百亿元的同业翘楚(见图2-25)。

图 2-25　功能整合型创意策划出营养快线产品

资料来源:公开网络。

宝洁的众多洗护品牌产品也采用了功能整合型创意,是对现有产品功能的强化升级,受到了一些消费者的喜爱。

（2）故事型

这种类型的策划创意常用于广告策划。故事型创意是借助生活、传说、神话等故事内容的展开,在其中贯穿有关品牌产品的特征或信息,借以加深受众的印象。由于故事本身就具有自我说明的特性,易于让受众了解,从而使受众与广告内容发生连带关系。在采用这种类型的策划创意时,对人物选择、事件起始、情节跌宕都要做到全面统筹,以便在短暂的时间里和特定的故事中,宣传出有效的广告主题。在国内电视广告中,不少是故事型的策划创意,如南方黑芝麻糊的广告(见图2-26)。

图 2-26　南方黑芝麻糊"叫卖故事"广告获创意大奖

资料来源:公开网络。

（3）极限型

这种类型的策划创意常用于资源整合策划。许多企业对资源整合的理解只停留在浅显的层面,一般只是以单纯物化方面的细节为创意落脚点,多以物件本身为指标。而成功的企业在细节极限方面则选择符合人性的资源整合方法，所有资源（从产品到宣传的细节）须以人的各种感受为标准进行整合，因此细节的真正内涵应该符合人性对极限的深入。

比如三星核心技术部门都承认自己拥有关键技术，但一开始仍然设计不出像苹果那样的畅销产品，而三星为苹果提供的 A4 芯片却在乔布斯近乎苛求的极限策划中，创造了惊世骇俗的手机及营销模式。乔布斯是极限型创意的代表人物（见图 2-27）。

图 2-27　乔布斯是极限型创意的代表人物

（4）投射型

这种类型的策划创意属于商业模式创意。所谓投射，就是将一个物体投影到另一端的情形，此处是指将某产业的成功元素复制，借用其他产业的创意。企业根据战略需要，通过借用或部分复制其他产业中成功的商业模式创意元素，完全可以在自身产业中开创一个全新的细分市场。

比如一直喜欢研究互联网的马化腾，偶然中接触了一个以色列人开发的即时聊天工具 ICQ。这款软件可以在电脑上提供即时信息功能，很便利，但是没有中文版，于是他模仿开发了中文版 ICQ，即 QQ 的前身 OICQ（见图 2-28）。QICQ 于 1999 年 2 月面世，当年 11 月 QQ 用户注册数就突破了 6 万。目前，腾讯已经是中国最大的互联网社区平台，公司把"连接一切"作为战略目标，提供社交平台与数字内容两项核心服务。通过即时通信工具 QQ、移动社交与通信服务微信和 WeChat、门户网站腾讯网（QQ.com）、腾讯游戏、社交网络平台 QQ 空间等中国领先的网络平台，满足互联网用户沟通、资讯、娱乐和金融等方面的需求。腾讯的发展深刻地影响和改变了数以亿计网民的沟通方式和生活习惯，并为中国互联网行业开创了更加广阔的应用前景。

QQ 1999

图 2-28　腾讯 QQ 在 1999 面世时被称为"中文网络寻呼机 OICQ"

资料来源：公开网络。

（5）扩展型

这种类型的策划创意用于体验营销策划。在以体验营销为策略、以体验产品价值为主要营销方式的自由竞争时代,由于产业界限被打破,营销的延伸空间放大,对产品进行外围扩展已成为营销策划创意的重要手段。

如传统的动物园已经从马戏团表演扩展到摩天轮、海盗船、激流勇进等娱乐项目(见图 2-29),宜家家居已经从传统的摆放家具的销售方式扩展到可以随意坐卧、打开、搬动家具等体验式销售方式,苹果手机已经从传统的通信、拍照功能扩展到影音播放、电子商务等功能。

图 2-29　动物园里不仅有动物

资料来源:公开网络。

【导学链接】

名著导读:〔美〕霍华德·莫斯科维茨、〔美〕亚历克斯·戈夫曼著,刘宝成译,《卖掉蓝象:如何预知顾客需求,打造未来的明星产品》,北京:中国人民大学出版社,2009 年 9 月。书中介绍了如何利用 RDE(Rule Developing Experimentation,规则建立实验)方法,找到顾客需求,开发明星产品(见图 2-30)。

图 2-30　莫斯科维茨和戈夫曼的《卖掉蓝象》

2.3.2 营销策划创意技巧

（1）创意的三原理

**营销策划创意
技巧**

第一，迁移原理。这个原理认为，创意是一种迁移。所谓迁移，就是用观察此事物的办法去观察彼事物，就是用不同的眼光去观察同一个现象，就是采用移动视角的方法来分析问题。通过视角的迁移，人们可以很简单地创造出众多新鲜的、交叉的、融合的、异化的、裂变的、创新的事物来。这就是创意产生的成因。自然科学中转基因的研究，社会科学中交叉学科和边缘学科的出现，实际上都是学者迁移观察的结果。科研是这样，产品亦是这样，策划更是这样。在市场实践中，许多杰出的策划创意都源于这类的"再认识"。比如，最早的移动电话只不过是想办法把固定电话做到像无线电发报机那样，这是一种移动视角的改变；第一瓶纯净水只不过是有人想把开水放到密封的水杯里随身带着喝，后来在中国居然发展成了一个拥有几百亿元产值的大产业；等等。

第二，变通原理。创意有时只是"概念的变通"，只要换一种方式去理解，换一个角度去观察，换一个环境去应用，一个新的创意就产生了。这就是创意的变通原理。某种事物的功效在一定条件下是可以变通转换的，比如用于战争的兵法经过变通可以用于经济，这是观念的转换；原本属于动物本能的保护色经过变通可以用于军队的迷彩服，这是功能的变通；民用产品可以用于军需，军需产品也可以转为民用，这是能量与功效的传递和延伸。显然，上述各种观念的转换、功能的变通，对策划创意的产生都是有启示性的。同样，知识的用途也可以变通，比如心理学应用于管理，产生了管理心理学；军事谋略应用于商战，可以使精明的商人懂得韬略；运筹学引入政界，成为竞选的有力武器；等等。以一样的眼光看待不一样的事物，或对一样的事物用不一样的眼光来看待，都是一种变通，都能产生新的创意。

第三，组合原理。在自然界中，元素通过组合可以形成各种各样的新物质，策划创意也可以运用元素组合来产生，即策划人员可以通过研究各种元素的组合而获得新的创意，这就是组合原理。营销策划不能墨守成规，必须不断尝试和揣测各种组合的可能，并从中获得具有新价值的创意。元素的组合不是简单地相加，而是在原有基础上的一种创造。能够产生创意的元素包罗万象，可以是实际的，也可以是抽象的；可以是现实存在的，也可以是虚构想象的。比如，冰激凌可以油炸、外墙涂料可以给人喝等，都是一些超越常人思维习惯的元素组合。

同步案例 2-4

什么是龙菊？

【新华网 2015 年 11 月 3 日讯】广西全州：龙菊订单助农增收

11 月 2 日，广西全州县龙水镇殿子岭村村民在菊田里采收龙菊（见图 2-31）。眼下，正值龙菊采收的大忙时节，村民们抓住晴好天气抢收龙菊。据了解，该村今年种植的 400 多亩龙菊在种植前就与当地一家农业开发公司签订了收购订单，村民们吃了定心丸。目前,该村预计可产鲜菊 40 多万公斤,平均亩产鲜菊约 1 000 公斤,每亩龙菊可为菊农带来近万元的经济收入。广西全州县一家农业开发公司的员工在加工龙菊,准备烘烤。

图 2-31　广西全州县龙水镇殿子岭村村民喜收龙菊

广西全州的这家农业开发公司就是黄尧教授带领的策划团队从 2014 年开始指导的广西璟晨农业发展有限公司,该公司从农业生产、产品包装到产品营销,均采用营销策划创意的三大原理进行构思。首先,在全州种植什么? 用迁移原理创意种菊花。地处桂林长寿腹地的全州县龙水镇,其气候、环境条件比盛产皇菊的黄山、婺源更加优越,经国内顶尖农业专家实地考察和小范围试种,证实花开更艳、花瓣更厚、冲泡更香且不掉花瓣,效果也更好。其次,产品如何包装? 用变通原理创意产品名字。概念要变通,产品要独创,从名字做起。宋朝皇帝四下全州、五次加封湘山寺,这里地处连接南北的龙脉,因此龙水镇产的皇菊变通为"龙菊"。最后,产品如何营销? 采用组合原理进行营销策划创意。除了龙水镇,今后龙菊将在桂林其他乡镇种植上万亩,形成桂林特色旅游观光产业带,生产龙菊酒、龙菊粉、龙菊饼等系列产品,组合电商的高效率营销模式,打造山水甲天下的龙菊新农村。

【案例思考】起个好名字就万事大吉了吗?

【分析提示】营销策划创意不是点子创意,而是系统创意,也就是说名字不仅应该与产品定位、产品价值、产品精神、产品故事相一致,而且应该与目标消费群的独特需求、消费体验相一致。所以,起了个好名字还不够,还要围绕好名字按照本书一定的流程和技能,拟订一套优秀的营销策划方案,此外在实施过程中要根据市场变化及时调整。龙菊的定位就在"龙"字,营销策略必须围绕这个独特需求和消费体验来做出短、中、长期的工作计划。产品故事是为产品精神服务的,产品精神是为产品价值提供内涵的,只要这个"龙"的产品价值能够被消费者体验到,而且产生"划算"的感受,市场开发就是顺利而迅速的。

【案例关键词】案例关键词是"好名字",如果一个产品的名称让消费者听一次或看一次就能够记住,那么将在传播上为公司减少很多的成本,同时减少很多的营销时间,比如阿里巴巴、滴滴打车、上岛咖啡等,好听易记。不过,好名字的本质有其更加核心的理念,即好名字必须与产品的卖点、定位、概念相结合。不少名字似乎很容易记,但因与产品的概念不符,消费者反而会放弃记忆,比如饥饿饭店、爆炸酒店、傻乎乎牙膏等。

因此,好名字不仅要"好听易记",而且要让消费者在第一时间听懂含义,并且能够马上体会到产品的卖点或定位、概念。比如,永固门锁,给人的第一感觉是坚固,耐用;美加净牙膏,第一感觉是牙齿更亮、更白;奔驰轿车,第一感觉是奔跑得更快;兰蔻,第一感觉是雅而不俗,能够直接和女性护肤品产生联想。

【营销策划技巧启示】案例采用了经典的营销策划技巧——好听易记。营销策划的作用是更低成本、更高效率地推动营销的成功,因此快速传播成为很关键的追求。不仅产品名字,广告口号、广告语、广告文案都应该好听易记。对于不同文化背景的目标人群,好听的概念是不同的,易记的效果也是不同的,所以必须从消费者的角度出发,揣摩他们的喜好、需求、文化、品位,提供好听易记的产品传播信息。当下,为产品、商家撰写微信推文的写手们,有了比以前能够更直接地感受到消费者喜好的平台,所以他们写出来的语言更加贴近目标消费群。如果没有人喜欢、没有人爱看、没有人记得住,他们就要下岗了,事情很简单,要么拿了工资就想办法让消费者记住产品,要么消费者没有记住产品就拿不到工资。所以,好听易记是很关键的营销策划技巧,同学们必须刻苦修炼这项技能。

（2）创意的三要素

第一,概念。再好的想法,如果不能提炼出精辟、简练、具有实际效果的概念,创意就没有基础。比如看书写字理所当然,但是能不能打破这个规则?让书不是用来看的,而是摸、听、闻、啃,等等。这是点子和思维的过程,还不能成为创意,因为没有形成概念。当我们明确地提出"听书"这个概念时,创意就具备了基础,这是创意的第一要素。

第二,工具。概念必须有效、有用,才能成为创意,否则就是空想,因此需要"大胆假设,小心求证"。为了有效、有用,需认真选择实现创意的工具。这里的工具,可以是素材,也可以是途径、手段、方法等。比如,为了实现听书的概念,我们可以选择说书人、音频软件、视频软件、电脑、播放器、收音机、其他播放设备等工具。

第三,表现。相同的工具还会有不同的表现手法,自然也会产生不同的效果。比如听书,假设我们选择的工具是播放器,那么播放器采用什么外观、多大的内存、怎样的音场效果、需不需要配喇叭和耳机等就是具体表现。具体表现是创意在受众面前的直接体现。

（3）创意的三作用

第一,引人注目。创意能够引起他人的注意,并且能够吸引更多人的注意。比如听书能够吸引不少人的注意。

第二,包装信息。只有把一个很好的信息通过创意包装起来,他人才可以看到、理解并且使用。比如"发明录音机让书可以听"。

第三,留下深刻印象。创意能够冲击灵魂,产生心理上的震撼,从而被深刻记忆。比如"随时随地都可以听书,将无聊的打发时间变成宝贵的学习"。

（4）创意的七方法

第一,头脑风暴法。前面已经介绍过,所谓头脑风暴,是指无限制的自由联想和讨论,其目的在于产生新观念,或者激发产生创造性设想。这种自由联想方式可以创造知识互补、思维共振、相互激发、开拓思路的条件。

第二，信息交合法。信息交合法是一种在信息交合中进行创新的思维技巧，即首先把物体的总体信息分解成若干要素，然后把物体与人类各种实践活动相关的用途进行要素分解，再把两种信息要素标在坐标轴上，两轴垂直相交，构成"信息反应场"，每个轴上各点的信息可以依次与另一个轴上的信息交合，从而产生新的信息（见图 2-32）。

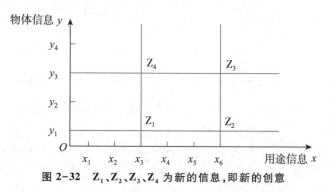

图 2-32　Z_1、Z_2、Z_3、Z_4 为新的信息，即新的创意

同步案例 2-5

杯子的新概念创意

运用信息交合法六步骤可以完成杯子的新概念创意。

第一步，确定原点。也就是说，你思考的问题是什么、你要解决的课题是哪个、你研究的信息为何物要首先确定下来，以此为坐标系的原点。比如，现在我们要研究"杯子"，就将"杯子"作为坐标系的原点。

第二步，设计坐标系。根据"原点"的需要，确定需要设计多少个分类坐标系。比如研究"杯子"，可以根据"形式"分成四类纵轴——"风格""材料""相关学科""形态结构"等；可以根据"效用"分成三类横轴——"功能""大小""冷热"。

第三步，选择一个分类为横轴。在此，为了简洁地说明问题，以"杯子"为例，我们只完成其中一类横轴的创意步骤——"功能"。实际上，我们因此得到了四个坐标系，见图 2-33 至图 2-36。

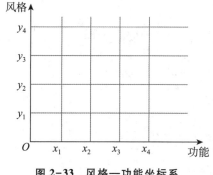

图 2-33　风格—功能坐标系

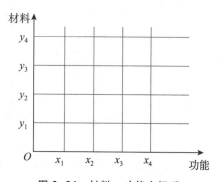

图 2-34　材料—功能坐标系

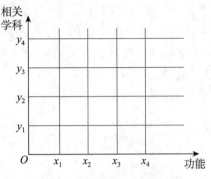

图 2-35　相关学科—功能坐标系

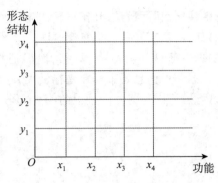

图 2-36　形态结构—功能坐标系

第四步，选择一个分类为纵轴。同样，为了简洁地说明问题，以"杯子"为例，我们只完成其中一类纵轴的创意步骤——"材料"。

在材料—功能坐标系上，按照生产杯子可以采用的材料形成多条纵轴线，如：

$y_1 =$ 塑料，$y_2 =$ 玻璃，$y_3 =$ 金属，$y_4 =$ 陶瓷。按照杯子的功能形成多条横轴线，如：$x_1 =$ 盛液体，$x_2 =$ 插花，$x_3 =$ 装饰品，$x_4 =$ 刻度（见图 2-37）。

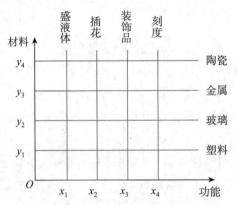

图 2-37　画出多条纵轴和横轴

第五步，信息交合产生创意点子。y 纵线与 x 横线交叉形成交合点 Z，即创意点子。在材料—功能坐标系上，四条纵线与四条横线形成 16 个创意点子，即 Z_1—Z_{16}（见图 2-38）。

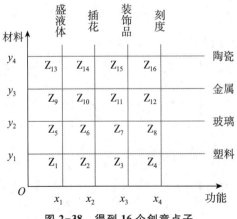

图 2-38　得到 16 个创意点子

第六步,对创意点子进行解释。按照营销策划工作方法,围绕营销目标,从 16 个创意点子的角度进行营销策略的分析。比如,在此我们从产品策划的角度解释创意点子。如塑料 y_1 与装饰品 x_3 交合点 Z_3,我们可以策划"彩色塑料杯""玩偶塑料杯"。如玻璃 y_2 与刻度 x_4 交合点 Z_8,我们可以策划"刻度玻璃杯",用于饮水、服药时掌握剂量。

课堂活动 2-3

【目标】学会运用信息交合法进行学生文具盒产品创新。

【内容】学生文具盒既是传统的学习用具,又是较难创新的产品,现请各模拟公司学习小组运用信息交合法进行产品创新创意。

【组织形式】老师从每组随机指定一个同学上台来分享,老师给每个团队点评和打分,最后由老师做总结。

【要求】每个模拟公司学习小组的成员都必须参与创意活动。

【训练要点】能否按照信息交合法六步骤,完成文具盒的新产品创新。

第三,强制联想法。强制联想法就是强制人们运用联想思维,充分激发大脑的想象力和联想力,提高创造性思维能力,从而产生有创造性的设想。强制联想法可以迫使人们去联想那些根本联想不到的事物,从而产生思维的大跳跃,突破逻辑思维的屏障而产生更多的新奇怪异的设想,而有价值的创意就孕育其中。具体有查杂志法、列表法、焦点法等。

- 查杂志法。将两个以上、一般情况下彼此无关的想法强行联想在一起,从而产生创意。这种方法比较简单,只需随意打开某杂志将某个项目、题目或某句话挑选出来,然后从其他杂志中将某个项目、题目或某句话挑选出来,将它们合二为一,通过强制联想的思维逻辑,可以产生意想不到的创意。

- 列表法。事先将考虑到的所有事物或设想依次列举出来填入表中,然后任意选择两个加以组合,从而获得创意。

- 焦点法。以一个事物为出发点(焦点),联想其他事物并与之组合,形成新创意。如玻璃纤维和塑料结合,可以制成耐高温、高强度的玻璃钢。很多复合材料都是利用这种方法制成的。

第四,设问法。设问法是一种把有关问题以提问的方式列举出来,然后把某一事物或特定对象代入加以核对,以启发创意的方法。

第五,类比法。类比法是以两个不同事物的类比为主导的创意方法,其特点是以大量的联想为基础,以不同事物之间的相同或类似点为纽带,充分调动想象、直觉、灵感诸功能,巧妙地借助他事物找到创意的突破口。其关键是寻找恰当的类比对象,比如仿生、直接类比、象征类比和幻想类比等。

第六,创意马拉松法。人类的大脑不停地运转就是为了不使大脑中所浮现的画面总是停留在某一个记忆之中,以创造出新的点子。然而与此同时存在的一个难题就是瞬间产生的点子可能稍纵即逝。因此,我们必须采用大量的信息持续地刺激大脑,使其源源不断地产生新点子,这就是创意马拉松法。创意马拉松法可以归纳为以下八条规律:第一,所有的创意都需要不断改良;第二,人类的脑力无论怎样使用都不会出故障;第三,想出一个点子所需的时间为 3 秒钟;第四,点子很容易忘记,尽快一个个记录下来;第五,不要太讲究记录纸张的版面;第六,每一个点子必须比之前的点子更有创意;第七,当想要尝试实现点子时,会连带地想出其他更多的点子;第八,无论想出了多少个点子,千万不可因此而自满。

课堂活动 2-4

【目标】 采用创意马拉松法进行学校迎新晚会的创意。

【内容】 晚会是常见的公关活动,无论是单位的社交活动还是企业的产品营销推广,都会经常用到晚会这种形式,但晚会需要不断创新才能吸引参与者,现请每个同学运用创意马拉松法,将尽可能多的点子写在 A4 纸上,比一比谁的创意最多、最好。

【组织形式】 老师从每组随机指定一个同学上台来分享,最后由老师做总结,每个同学的作业交上来由老师给出分数。

【要求】 每个模拟公司学习小组的成员都必须参与创意活动。

【训练要点】 掌握创意马拉松法。

第七,"喜剧创意法"。喜剧是有规律可循的,将喜剧创意法运用到策划工作中,策划作品就能迅速被消费者认知、认可和记忆,这大大节省了广告费用。喜剧创意就是"抖包袱",是以常理的思维逻辑为基础,在一波三折后步步推高,逐步推向悬念的顶端,最后瞬间点爆包袱,引起撼动人心的共鸣。"包袱"是指通过信息对即将点燃的主题进行包装和呈现,包装的手段可以是视觉、听觉、触觉、味觉、嗅觉等任何一个人类感知的方面。

喜剧创意法分为四步:

第一步,铺垫。采用大家熟悉、喜爱、容易认知和理解的元素为本次策划进行铺垫,比如名人、明星、模特、鲜艳的色彩、美丽的风光等。

第二步,好奇。也就是所谓的"包袱",使目标消费者对创意充满好奇,通常采用出乎意料的反差达到这一效果。反差越大,"包袱"越大,消费者的好奇心越重,喜剧的效果也将越强烈。

第三步,共鸣。能够引起共鸣的内容必定是合乎情理的,所谓"出乎意料之外,合乎情理之中"。反差越大而情理越简单时,共鸣越强烈,喜剧引发的笑声越畅快、越持久,而且越值得回味。

第四步,点燃。许多喜剧仅仅是为了追求发笑,但营销策划创意必须有营销目的,其目的是通过共鸣点燃消费者的笑点后,使其心智对某一产品卖点、定位或概念产生深刻的认可和记忆,从此该产品在消费者的心智中就占据了一个独特的地位。

同步案例 2-6

画册作品《××职业技术学院数控专业》

黄尧教授带领的策划团队采用喜剧创意法为××职业技术学院机电学院数控专业策划和设计了广告画册(见图 2-39):"铺垫"是学校获得进口的先进设备,很容易吸引理工科考生的眼球;"好奇"是采用数控机床上精密元器件的照片与大气恢宏的设备形成反差,勾起考生急于了解的渴望;"共鸣"是采用剖析机床和元器件的拓扑逻辑图形,引起理工科考生爱好数理分析的共鸣;"点燃"是最终聚焦到数控专业的主题广告语"锻造现代工业的核心人才",引发理工科考生的会心一笑。广告语中,"锻造"一词契合了机电行业,"核心"一词阐明了数控专业在现代工业的地位。

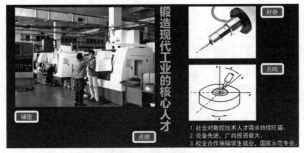

图 2-39　《××职业技术学院数控专业》画册

2.3.3　营销策划创意工具箱

教师团队可进一步将创意技巧的方法、手段、内容等改编为系列创意工具,形成创意工具箱。根据创意任务的不同,借助不同的创意工具,会得到意想不到的结果。教师可指导学生借助创意工具箱中的工具,掌握策划创意的工作过程,这有利于培养学生的创意思维,养成良好的创意习惯。

营销策划创意工具箱

图 2-40 是为营销策划教学设计的"创意工具箱"。在此我们介绍其中的"创意扑克牌"工具的使用方法及同步案例,这个创意工具是强制联想法的具体应用。

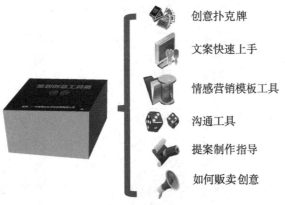

创意扑克牌

文案快速上手

情感营销模板工具

沟通工具

提案制作指导

如何贩卖创意

图 2-40　"创意工具箱"

创意扑克牌的好处是能够随机产生新组合、诱导新创意,得到让人喜出望外的创意点子。创意扑克牌主要包括以下步骤:

(1) 准备工作1

通知每个模拟公司学习小组提前准备三副扑克牌。

(2) 准备工作2

在课堂上,教师指导模拟公司学习小组在每张扑克牌的正面写上一种创新方法,每副牌54张,三副牌一共162种创新方法,具体内容如下:

① 把它颠倒过来
② 把颜色变换一下
③ 使它更大
④ 使它更小
⑤ 使它更长
⑥ 使它闪动
⑦ 使它更短
⑧ 使它可以被看到
⑨ 使它超出一般情况
⑩ 使它发荧光
⑪ 把它放进文字里
⑫ 使它沉重
⑬ 把它插进音乐里
⑭ 结合文字、音乐和图画
⑮ 不要图画
⑯ 不要文字
⑰ 使它成为年轻型的
⑱ 使它成为壮年型的
⑲ 把它分割开
⑳ 使它重复
㉑ 保守地说
㉒ 夸张地说
㉓ 使它变成立体
㉔ 使它变成平面
㉕ 当替代品卖
㉖ 变换它的形态
㉗ 发现新用途
㉘ 只变更一部分
㉙ 减掉它
㉚ 使它成为一组

㉛ 撕开它
㉜ 为捐献或义卖而销售
㉝ 使它化合
㉞ 鼓励它
㉟ 使它显而易见
㊱ 机动化
㊲ 把要素重新配置
㊳ 电气化
㊴ 降低调子
㊵ 提高调子
㊶ 使它活动
㊷ 使它相反
㊸ 使它浪漫化
㊹ 改用另一种形式表现
㊺ 增添怀旧的诉求
㊻ 使它的速度加快
㊼ 使它缓慢下来
㊽ 使它看起来流行
㊾ 使它看起来像未来派
㊿ 使它飞行
51 使它成为某种物品的部分代替
52 使它浮起
53 使它滚转
54 使它更强壮
55 使更耐久
56 把它切成片状
57 运用象征
58 使它成为粉状
59 使它成为写实派

60 以欲望为诉求
61 运用新艺术形式
62 使它凝缩
63 使它弯曲
64 变换为摄影技巧
65 变换为图解方式
66 使它成对
67 使它变更形式
68 使它倾斜
69 用图画说明它的故事
70 使它悬浮在半空中
71 使用新广告媒体
72 使它垂直站立
73 创造新广告媒体
74 把它由里向外翻转
75 使它更强烈
76 把它向旁边转
77 使它更冷
78 摇动它
79 增加香味
80 把它遮蔽起来
81 变换气味
82 把它除臭
83 使它对称
84 使不对称
85 把它隔开
86 使它满足儿童诉求
87 使它满足男士诉求
88 使它满足女性诉求
89 使它与其他相敌对
90 使它锐利

○91 使它价钱更低　　○116 增加它的趣味　　○140 使它拟人化

○92 变更它的外形　　○117 变更密度　　○141 使它成为被讽刺的

○93 抬高它的价格　　○118 把它推开　　○142 使它更暗

○94 使它绕一周　　○119 把它置于不同的货柜　　○143 使它灼热

○95 变更它的成分　　○120 使它成为交替的　　○144 用简短的文案

○96 把它框起来　　○121 变换包装　　○145 用冗长的文案

○97 增加新成分　　○122 使它凝固起来　　○146 使它发光

○98 把它卷成一圈　　○123 使它溶化　　○147 发现它的第二种用途

○99 拧搓它　　○124 使它的密度增加　　○148 使它更有营养

○100 把它填满　　○125 把它小型化　　○149 使它与其他物品合成在
　　　　　　　　　　　　　　　　　　　　 一起

○101 使它透明　　○126 使它成凝胶状　　○150 把它当作用具来卖

○102 把它弄成空的　　○127 增加至最大限　　○151 把它倒进瓶中

○103 使它不透明　　○128 使它软化　　○152 把它倒进罐中

○104 把它打开　　○129 使它硬化　　○153 把它放进盒中

○105 用不同背景　　○130 使它轻便　　○154 把它倒进壶中

○106 把它拼错　　○131 使它蒸发变为气态　　○155 把它倒进缸中

○107 用不同环境　　○132 使它可以折叠　　○156 使它清净

○108 给它起绰号　　○133 使它抑扬顿挫　　○157 把它弄直

○109 使它富有魅力　　○134 使它趋向偏激　　○158 把它缠起来

○110 把它封印起来　　○135 使它更狭窄　　○159 提升声誉

○111 把它移转过来　　○136 使它更宽广　　○160 免费提供

○112 使用视觉效果　　○137 使它如夏天炎热　　○161 以成本价出售

○113 使用另外的物料　　○138 使它如冬天寒冷　　○162 提供特价

○114 把它捆绑起来　　○139 使它更滑稽

○115 把它集中起来

（3）创意五步

第一步，洗牌。根据需要随意抽取其中 5 张牌来组成一种新的创意工具。

第二步，排序。将 5 张牌按从小到大的顺序排列。

第三步，创意。根据营销目标，按照营销策划工作要求，进行创意思维，形成创意点子。

第四步，联想。采用思维逻辑将 5 个创意点子连接起来，形成最后的营销策划方案。

第五步，构思。构思主题及主题广告语。

同步案例 2-7

鹰卫浴的扑克牌创意

　　YING（鹰卫浴）签约徐静蕾后，推出了"Smart Living"慧生活（以下简称"SL"）的全新理念，即"自由、舒适、朴实"的 SL 族的生活观念，在满足用户需求的基础上，力求自然环保，不增添消耗、减少负担，倡导"实用""好用"的产品。

然而，在具体的营销策划中，鹰卫浴却始终没有成功激发SL族的兴奋点，市场热情一直没有成功营造。为此，黄尧教授领导的策划团队借助创意扑克牌，为鹰卫浴进行了一次公关活动策划的创意思维，步骤如下：

第一步，洗牌。从162张创意扑克牌中随意抽取5张。

第二步，排序。将5张牌按花色从小到大排列，分别是：

黑桃3，把它捆绑起来（⑭）；

红桃3，改用另一种形式表现（㊹）；

红桃7，使它浪漫化（㊸）；

梅花J，变更它的外形（㊲）；

方块9，使它蒸发变为气态（⒀）。

第三步，创意。根据营销目标，分别按创意方法进行思维。

（1）黑桃3，把它捆绑起来

从这个创意方法的字面来看，如果机械地理解，那么只能是对产品有形包装的创意，其实不然，我们可以延伸到公关、形象、色彩、品牌等无形的包装。

徐静蕾的形象代言是一种品牌的包装，还需要构思一系列公关活动，把"慧生活"自由、舒适、朴实的主题包装起来。如举办介绍印象派画家或画作的活动，使活动的包装具备"自由"的符号，以艺术共鸣吸引追求"自由"生活的SL族，见图2-41。

图2-41　用印象派画作"把它捆绑起来"

此外，还要增加"舒适"的包装，并进而过渡到生活的感受中，使SL族在自己的生活中找到"自由"和"舒适"的共鸣，见图2-42。

图2-42　用舒适画面的作品"把它捆绑起来"

最后,以鹰卫浴相关产品和上述相关画作、图片为元素,搭建与主题相符的装修空间,并在系列活动中持续呈现,见图2-43。通过这样的"捆绑",在SL族中逐渐积累口碑和忠诚。

图 2-43　用画作和装修"把它捆绑起来"

(2)红桃3,改用另一种形式表现

先了解鹰卫浴的基本情况:2010年4月聘请徐静蕾担任代言人,鹰卫浴开启"慧生活"的全新理念。"不和别人比较""舒服最重要""不要把自己看得太重要",真诚,真实,不夸张,不掩饰,没有明星味,这是徐静蕾代言"慧生活"的核心内涵,也是SL族对自由自在生活的追求。但鹰卫浴在各大奖项评选和各种活动中缺乏自由、舒服、朴实的主题体现,更多地体现了绿色环保、智慧科技、高端奢华等生活符号。比如鹰卫浴发布的第三代展厅样板见图2-44。

图 2-44　鹰卫浴发布的第三代展厅样板

通过创意"改用另一种形式表现",为北京、上海等地的白领推荐小空间自由搭配卫浴,体现舒适灵动、朴实自在、明快真切的生活享受,符合SL族的生活定位,见图2-45、图2-46。

图 2-45　"改用另一种形式表现"的展厅一　　　图 2-46　"改用另一种形式表现"的展厅二

（3）红桃7，使它浪漫化

如果徐静蕾一味地只是沉稳和率真，就缺乏自由的时尚符号，会因偏重中年化和朴实化而无法得到SL族的拥戴追捧，所以要发挥"自由、舒适、朴实"中的浪漫本质，这是SL族在卫浴装修中的追求，鹰卫浴可以通过这样的创意宣告"只有我们可以做得到"。如图2-47所示，把徐静蕾的"浪漫"制作成月历，赠送给参加公关活动的嘉宾和客户。

图2-47 用浪漫的月历"使它浪漫化"

（4）梅花J，变更它的外形

变更外形是为了使目标受众因创新而有了期待，因富有创意而投以更多的关注，这样可以迅速使受众对产品诉求和主题产生认知，为进一步认可品牌打下坚实的基础。因此，公关活动的形式也要有创新的改变。比如：地点改变，原来是在装修市场、活动广场、商城等市区内举办的活动，可以考虑改在水上、海边等举办，透露出浪漫自由的诉求；内容改变，原来是演员表演、问答、抽奖等形式的活动，可以改为由群众自发参与的自由互动、舒适体验、寻宝等形式的活动（见图2-48）。

图2-48 营销活动的地点和内容改变实现"变更它的外形"

（5）方块9，使它蒸发变为气态

有形创意方面，可以在公关活动中采用舞台喷雾器制造浪漫效果，增加自由浪漫氛围对SL族的直觉诱导；无形创意方面，可以在公关活动中将上述讨论过的内容制作成小小的年历卡、吊坠（见图2-49）、手机贴、冰箱贴等成本很低的小纪念品，如同雾化的蒸汽般，尽可能多地播散到每一个潜在的消费者手中，使广告宣传的有效率大大提高。

图 2-49　通过小吊坠进行广告宣传

　　第四步,联想。将上述步骤的创意结果以关联的逻辑为策划路线,按照策划书的结构整理出来。

　　第五步,构思。提炼活动主题为"自由、舒适、朴实的随性生活",主题广告语是"为了你的随性生活,鹰牌努力到 2022 年"。

课堂活动 2-5

　　【目标】运用创意扑克牌为娃哈哈姜黄葛根营养素饮品进行宣传策划创意。

　　【产品卖点】娃哈哈姜黄葛根营养素饮品(见图 2-50)是娃哈哈重磅推出的功能性饮料。该产品可以起到解酒护肝作用,含有姜黄、葛根等成分。其中,姜黄含有丰富的姜黄素,可以促进胃液分泌,改善食欲;葛根含有葛根素,可以促进机体排毒,保护肝脏。

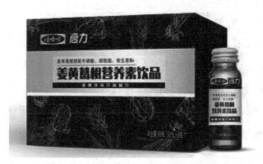

图 2-50　娃哈哈功能性饮料——姜黄葛根营养素饮品

　　【内容】请各模拟公司学习小组上网收集二手资料,并自行准备三副扑克牌,在课堂上亲手制作创意扑克牌。完成制作后,随意抽取 5 张牌,采用创意扑克牌工具诱导思维的方法,制订出富有创意的策划创意方案,重点是构思主题和广告语。

　　【组织形式】老师请模拟公司全组成员上台讲解自己的创意,老师和台下各团队提问并打分，最后由老师做总结。本次课堂活动最好能够请饮料行业的专家参与。

【要求】每个模拟公司学习小组的成员都必须参与创意活动。

【训练要点】学会制作创意扑克牌并运用该创意思维方法。

2.3.4 营销策划创意构建的一般步骤

（1）确定诉求点

创意所要强调、说服、打动目标消费者的诉求点，通常是依据产品或品牌的卖点、定位、概念或 USP 来确定的，换句话说是诉求主题、诉求概念，通常成为主题广告语。

（2）收集和分析信息

创意是一种创新、独特、可行的想法，不对比竞争对手的优劣势就做不到"独特"，不了解过去是怎样做的就做不到"创新"，不调查环境和自身资源就做不到"可行"。因此，收集和分析信息是创意的基础与前提。

（3）构想

采用联想、想象、对比、夸张等发散思维、逆向思维的方法对创意进行构想，此时无须追求创意的质量，而是追求创意的数量，是头脑风暴的过程。

（4）归结

将构想阶段得到的所有创意采用逻辑推理、假设推理和筛选推理等归纳分析的方法，不断推演、总括、淘汰，最终归结出几个具有典型代表性的优秀创意。

（5）确定创意

从几个具有典型代表性的创意中再选出最符合诉求，且在创新、独特、可行方面最优的创意。

2.4 营销策划创意的误区

2.4.1 毫不知情出创意

营销策划人员经常会遇到这样的企业管理人员：交谈刚刚开始，他就要求帮出点子，其实这个时候策划人员连企业和产品的基本情况还不知道呢。相当多的企业管理人员对策划存在某种程度上的误解，仿佛策划就是想一两个点子或创意，而不知道策划是在充分掌握企业实际和市场状况之下的分析、判断和推论过程，不知道策划首先是一套思想，然后才是一个点子、一份方案。

营销策划创意
的误区

2.4.2 提供信息有偏差

企业需要营销策划人员帮忙，肯定是因为企业在实际运作中遇到了不容易解决的问题，否则企业不会请策划人员介入。既然有问题，就不要向策划人员隐瞒，而是要客观、实事求是地摆出来，把一切可能和问题有关的情况都提供出来，好让策划人员据以做出筛选、分析和判断。如果企业只说好的,不说差的,那么策划人员很有可能因原始信息不完整而出现判断失误,做出的策划方案的价值自然大打折扣。事实上,策划人员也明白,如果真的像企业所说的那样"形势一片大好",也就用不着做什么策划了。

2.4.3　只看创意和费用

有些企业管理人员在研判策划人员提供的策划方案时,往往把前面关于市场和竞争对手分析的部分一带而过,或者干脆直奔"主题",就看策略创意和费用预算两部分,认为其他的都是虚的,只有这两部分才是实的。他们认为,"创意关系到我的营销能否成功,预算关系到我的钱袋子"。殊不知,不看市场分析数据和结论,就缺乏在思维逻辑上对营销策划创意的系统理解,对创意点子和费用预算往往会产生较大的偏见。

2.4.4　只看谁的要价最低

是否物有所值,是企业管理人员做出取舍的依据。正如判断一件衣服的贵贱不能只看其价格还要看其品质,同样,对策划方案价值的判断也不能只看策划人员开价多少,还要看方案有没有水平,有没有实质内容,有没有有分量的东西。

一般而言,好东西总是要贵一些,不能因为有人开价更低就认为他人的价格更合理,要引入性能价格比的概念。如果一套策划方案相当完整科学,不但可行性高,而且精致新锐,那么贵一点也是值得的,因为这个方案能够很快地帮助企业把钱赚回来。无形资产是因智力而值钱的,营销策划创意的目的在于实现营销效果,希望达到提高市场占有率、扩大销售量的目标,最终归结为"挣钱",而不是"省钱"。

2.4.5　策划就是"修鞋匠"

在企业管理人员的一般理解里,策划就是解决"我的产品出来了怎么进入市场?"或者"我的产品市场状况不好,如何予以改善?"这类问题的。总而言之,就是在产品既成事实的前提之下让策划人员给他想办法出主意。这种策划是传统意义上的策划,也叫"事后策划"。因为进入市场前与进入市场后都是企业管理人员单独策划和操作的,策划人员不参与,只是当产品进入了市场并形成了某种客观事实(比如市场状况糟糕)之后才介入,这时策划人员实际上充当了"修鞋匠"的角色。企业管理人员将"鞋子"穿烂了,无法走路了,于是想到了策划人员。这是对策划极其狭隘的理解。

事实上,策划不仅有"事后策划",还有"事中策划",更应该重视"事前策划",以及"全程策划"等。策划本来就是"预则立,不预则废"理念的体现。

2.4.6　策划法力无边

与策划只是做一些修修补补的工作的观点正相反,还存在一种"策划崇拜"现象。有些企业管理人员看到某产品或企业经过策划人员点拨后走向兴旺发达,就认为策划具有点石成金的魅力,不管产品质量如何,只要舍得花钱,只要请策划人员"策划策划"就必定能够起死回生,"钱"途辉煌。这种过分夸大策划作用的观点同样是一种不成熟的表现,因为营销策划的根本是要符合市场营销的规律,比如产品已经很糟糕,做再多市场营销策划,哪怕销量上去了,钱赚回来了,也是一种欺骗消费者的行为,赚回来的钱迟早也要亏出去。理性而客观地看待策划和策划人员,是现代企业必备的理念。

【即问即答】

1. 创意扑克牌能否帮助我们完成策划方案?其关键内容是什么?

2. 营销策划创意的原理是什么?

3. 为什么企业管理人员会误认为策划人员是"修鞋匠"?

2.5 营销策划创意课后巩固(单元测试题)

一、单项选择题(10道题)

1. ( )是营销策划创意常用的方法。

A. 头脑风暴法　　　　B. 强制联想法　　　　C. 座谈法　　　　D. 创意马拉松法

2. 营销策划创意类型包括( )等五种。

A. 整合型、故事型、极限型、投射型、扩充型

B. 分化型、故事型、极限型、投射型、发展型

C. 整合型、故事型、极限型、投射型、扩展型

D. 分化型、故事型、极限型、投射型、扩展型

3. ( )越强烈,越容易获得目标消费者的共鸣和记忆,越能够达到传播产品价值和独特卖点的目的。

A. 差异化特点　　　　B. 喜剧效果　　　　C. 广告宣传　　　　D. 人员推销

4. 营销策划研究的重点不是产品,而是( ),这是营销界的共识,但未必所有的企业家在具体的营销策划实践中都能够时刻保持这样的清醒。

A. 价格　　　　B. 客户　　　　C. 需求　　　　D. 市场

5. 市场经济的发展和市场竞争的趋势,使企业的营销活动越来越注重策划,( )已不止于前期策划阶段的构思和点子,而是贯穿于营销活动全过程。

A. 客户需求　　　　　　　　B. 营销战略

C. 企业文化　　　　　　　　D. 策划创意

6. ( )是对已有信息再加工的过程。右脑的特点是形象思维,因此如果没有存储大量的信息,创意就无从谈起。

A. 创意　　　　　　　　B. 设计软件

C. 信息系统工程　　　　D. 大数据

7. ( )是指管理学中一种常见的企业市场行为。例如一个羊群是一个很散乱的组织,平时在一起盲目地左冲右撞。如果一只羊发现了一片肥沃的绿草地,并在那里吃到了新鲜的青草,后来的羊群就会一哄而上,争抢那里的青草,全然不顾旁边虎视眈眈的狼,或者看不到其他地方还有更好的青草。

A. 果子效应　　　　B. 羊群效应　　　　C. 二八法则　　　　D. 蓝海战略

8. 创意的三要素包括概念、工具和( )。

A. 产品　　　　B. 灵感　　　　C. 痛点　　　　D. 表现

9. 创意所要强调、说服、打动目标消费者的(　　),通常是依据产品或品牌的卖点、定位、概念或 USP 来确定的,换句话说是诉求主题、诉求概念,通常成为主题广告语。

A. 诉求点　　　　　B. 难点　　　　　C. 痛点　　　　　D. 要点

10. 策划创意的工作成果与个人思维能力有很大关系,往往会被误认为都是依靠(　　),因此容易陷入创意依赖天才的误区。

A. 天赋　　　　　B. 才干　　　　　C. 知识　　　　　D. 灵感

二、多项选择题(5 道题)

1. 创意的特征是(　　)。

A. 创意是喜剧呈现　　　　　　　　B. 创意是简洁表达

C. 创意是创造第一　　　　　　　　D. 创意是头脑风暴

2. 营销策划创意的前三项核心原则是(　　)。

A. 逻辑性　　　　B. 创新性　　　　C. 可行性　　　　D. 整合性

3. 修正创意是以灵感创意为基础,对灵感创意进行(　　)和推动的结果。

A. 修订　　　　　B. 矫正　　　　　C. 美化　　　　　D. 完善

4. 营销策划创意构建的一般步骤是(　　)。

A. 确定诉求点　　　　　　　　　　B. 收集和分析信息

C. 征求意见　　　　　　　　　　　D. 构想

E. 归结　　　　　　　　　　　　　F. 推论

G. 确定创意

5. 实践证明,企业在进入市场初期投入的(　　)往往占进入成熟期之前费用的 1/3,之后果子效应会引爆市场。

A. 市调费用　　　　B. 宣传费用　　　　C. 设计费用　　　　E. 促销费用

三、简答题(5 道题)

1. 什么是营销策划创意?

2. 营销策划创意的特征有哪些?

3. 请阐述营销策划创意的原则。

4. 营销策划创意构建的一般步骤有哪些?

5. 阿基米德说:"给我一个支点,我就能翘起整个地球。"那么,在营销活动中,给一个怎样的支点,你就能翘起整个营销活动的业绩成果呢?

第 2 篇

专题策划篇

第3单元　整合营销策划

思维导图

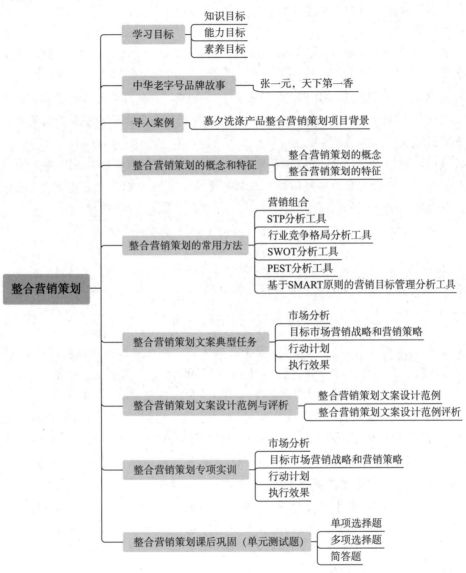

整合营销策划
- 学习目标
  - 知识目标
  - 能力目标
  - 素养目标
- 中华老字号品牌故事
  - 张一元，天下第一香
- 导入案例
  - 慕夕洗涤产品整合营销策划项目背景
- 整合营销策划的概念和特征
  - 整合营销策划的概念
  - 整合营销策划的特征
- 整合营销策划的常用方法
  - 营销组合
  - STP分析工具
  - 行业竞争格局分析工具
  - SWOT分析工具
  - PEST分析工具
  - 基于SMART原则的营销目标管理分析工具
- 整合营销策划文案典型任务
  - 市场分析
  - 目标市场营销战略和营销策略
  - 行动计划
  - 执行效果
- 整合营销策划文案设计范例与评析
  - 整合营销策划文案设计范例
  - 整合营销策划文案设计范例评析
- 整合营销策划专项实训
  - 市场分析
  - 目标市场营销战略和营销策略
  - 行动计划
  - 执行效果
- 整合营销策划课后巩固（单元测试题）
  - 单项选择题
  - 多项选择题
  - 简答题

学习目标

知识目标

1. 掌握整合营销策划的概念和特征。

2. 理解整合营销策划文案设计的典型任务。

3. 掌握整合营销策划的常用方法。

能力目标

1. 能以企业营销策划问题为导向，通过学习示范案例和完成实训任务，撰写整合营销策划文案。

2. 能综合应用 STP、SWOT、PEST、行业竞争格局、基于 SMART 原则的营销目标管理等营销策划分析工具，以及 4Ps、4Ss、4Cs、4Rs、4Ds 等营销组合策略进行整合营销策划。

素养目标

1. 能够参与协作学习，具有团队合作意识，进行成果展示和有效沟通与交流。

2. 能够在整合营销策划实践活动中理解并遵守相关营销职业道德和规范，履行相关责任。

3. 养成勤于思考的学习习惯，培养自主学习和终身学习的意识。

中华老字号品牌故事

张一元，天下第一香

唐代陆羽《茶经》记载："茶之为饮，发乎神农氏。"饮茶在我国拥有悠久的历史，具有深厚的文化底蕴。张一元始建于清光绪二十六年（1900 年），取店名为"一元复始，万象更新"。张一元始终秉承"诚信为本"的古训，坚守"不怕人没买，就怕人买缺"的信念。古人诗云"买得青山只种茶"，张一元相继在福建、浙江、江苏、湖南、海南、四川等地建起了茶叶生产基地，选用上等原料并采用独特的加工工艺。张一元传承百年的茉莉花茶制作技艺使其产品成为花茶中的翘楚。2007 年，张一元茉莉花茶制作技艺在全国茶行业中率先被列入"国家级非物质文化遗产保护名录"。

张一元的招牌茶叶品种是茉莉花茶（见图 3-1），以其"汤清味浓、入口芳香、回味无穷"的特色，深得国内外茶客的欢迎，已成为中国茉莉花茶的领导品牌，被誉为"天下第一香"。张一元始终如一的优异品质，也成为其核心竞争力。

【知识点】市场定位。

【育人目标】通过张一元中华老字号品牌故事，树立绿水青山就是金山银山的哲学思想、人与自然和谐发展的和合思想、勇于探索的创新精神、大国工匠精神，以及培养善于解决问题的实践能力。

资料来源：何艳，姚梦珊."张一元"的品牌文化传承和创新传播[J].公关世界，2017（11）：78-82.

图 3-1　张一元茉莉花茶

慕夕洗涤产品整合营销策划项目背景

北京邦和生物科技有限公司创建于 2015 年,是由张南博士及其研发团队共同创办的高科技公司,专注于高品质日化用品的研发生产。公司以"创造幸福,快乐生活"为核心价值观,以"创新、颠覆、成长、尊重、重诺、感恩"为企业理念,致力于成为品质生活的倡导者和推动者。慕夕洗衣纸源于科技、环保、健康的生活理念,是利用超浓缩纳米活性分子群技术制成的新型洗涤产品,也是北京邦和生物科技有限公司旗下慕夕系列品牌重点打造的健康家居生活用品之一。慕夕洗衣纸的产品种类众多,包括慕夕洗衣纸 50 片经济装、慕夕洗衣纸内衣专用装、慕夕洗衣纸经典装、慕夕母婴专用洗衣纸等。创客团队制定了营销目标:半年内,提升慕夕洗涤产品在苏州洗涤产品市场的品牌知名度排名,提升慕夕洗涤产品在苏州洗涤产品市场的美誉度;一年内,将慕夕洗涤产品苏州区域的销售额提升到 100 000 元,增强苏州消费者对慕夕洗涤产品的认同感。

创客团队以新型的洗涤产品慕夕洗衣纸为销售项目,主打健康、环保、便捷的理念,在苏州区域进行产品的推广与销售。但受苏州市场现有洗涤产品如立白、蓝月亮、汰渍、超能等品牌的影响,慕夕洗涤产品在苏州区域的推广存在一定的难度。如何利用有限资源在苏州区域对慕夕洗涤产品进行整合营销策划,是摆在每个团队队员面前的重要课题。

3.1 整合营销策划的概念和特征

3.1.1 整合营销策划的概念

现代营销学之父菲利普·科特勒认为:企业所有部门为服务于顾客利益而共同工作时,其结果就是整合营销。整合营销发生在两个层次:一是不同营销功能——销售力量、广告、产品管理、市场研究等——必须共同工作;二是营销部门必须和企业其他部门相协调。

■ ■ ■ ■

知识拓展

市场营销在企业中地位的演变

市场营销在企业中地位的演变经历了五个阶段:营销作为一般功能;营销作为一个比较重要的功能;营销作为主要功能;顾客作为核心功能;顾客作为核心功能和营销作为整体功能(见图3-2)。

图3-2　市场营销在企业中地位的演变

资料来源:科菲利普·科特勒,洪瑞云,梁绍明,等.市场营销管理(亚洲第二版)[M].梅清豪,译.北京:中国人民大学出版社,2001.

营销组合概念强调将市场营销中各种要素组合起来的重要性,营销整合则与之一脉相承,但更为强调各种要素之间的关联性,要求它们成为统一的有机体。在此基础上,整合营销更要求各种营销要素的作用力统一方向,形成合力,共同为企业的营销目标服务。

传统的大众营销是为了向同质性高、无显著差异的消费者销售大量制造规范化的消费品。营销管理者认为,只要不断强调企业产品的质量,并不断努力降低成本和价格,消费者就会购买。然而大众取向的传媒和充斥市场的广告并未能持续圆满地解决销售困难。以满足消费者需求为中心的服务营销,在竞争日益激烈的条件下,逐步取代了以企业生存和发展为中心的产品营销。需求导向的企业以目标市场的需求为出发点,力求比竞争对手更加有效地满足消费者的需求和欲望。企业要通过真正了解消费者喜欢什么又想要得到什么来战胜竞争对手。如果不知道消费者的需求是什么,就无法满足这些需求,但是了解消费者真正的需求并非易事。企业面临的主要难题是,消费者在做出购买决定时,越来越依赖他们自以为重要、真实、正确无误的认识,而不是具体、理性的思考。存在于消费者心智中的价值,才是真正的营销价值。因此,企业要想有效地为满足顾客需求而开展营销,首先要进行有效的沟通。

整合营销观念改变了把营销活动作为企业经营管理的一项职能的观点,而要求所有活动都整合和协调起来,努力为消费者的利益服务;同时,强调企业与市场之间互动的关系和影响,努力发现潜在市场和创造新市场。以注重企业、消费者、社会三方共同利益为中心的整合营销,具有整体性与动态性特征,企业把与消费者之间的沟通放在特别重要的地位,是营销观念的变革和发展。

■■　■　■

知识拓展

"整合营销传播":营销传播层面的资源"整合"

依据美国广告代理商协会(American Association of Advertising Agencies, 4As)在 1989 年的定义,整合营销传播(Integrated Marketing Communications, IMC)是一个营销传播规划的概念,它注重综合计划的增加值,即通过评价广告、直复营销、人员推销和公关等传播手段的战略作用,提供明确、一致和有效的传播影响力。被誉为整合营销传播理论之父的唐·舒尔茨(Don Schultz)认为,整合营销传播不是由一种表情、一种声音而是更多要素构成的概念。整合营销传播是以潜在顾客和现有顾客为对象,开发并实行说服性传播的多种形态的过程。这是一种看待事物整体的新方式,而过去我们只看到其中的各个部分,比如广告、销售推广、人员沟通、焦点广告等。整合营销传播是重新编排的信息传播,更符合消费者看待信息传播的方式,像一股从无法辨别的源泉流出的信息流。它诱导反应,而非单作独白;它追求结果,而非只是看重阅读量;它强调的是投资的回报,而非简单的预算开支。在整合营销传播理论的发源地美国西北大学梅迪尔新闻学院,整合营销传播的定义是把品牌等企业与消费者的所有接触点作为信息传播渠道,以直接影响消费者的购买行为为目标;它是从消费者出发,运用所有手段进行有力的传播的过程。从操作层面来看,可以将广告、公关、大型活动(或"事件")、销售推广、包装设计、企业形象识别系统(CIS)和直复营销等整合运用,形成整合营销传播。从观念层面来看,整合营销传播导入了"沟通概念"。沟通不等于广告,整合营销传播是面对市场进行"立体传播"和"整合沟通",其最大的优势在于"以一种声音说话"(to speak with one voice)。公众和消费者"听见的是一种声音"(to hear one voice),因而可以更有效地接受企业传播的信息,准确辨认企业及其产品、服务。对企业来说,整合营销也有助于实现传播资源的合理配置,使其相对低成本的投入产出高效益。在当今信息爆炸、传媒泛滥、产品同质化和消费个性化的环境中,整合营销传播给企业提供了一种全新、有效的传播概念和战略,有着前瞻性的重大意义。

资料来源:钟育赣."整合营销":概念辨析[J].当代财经,2006(10):77-80.

整合营销是营销管理层次上的资源整合，整合营销策划则是通过对全局的考虑，合理安排各种营销活动和营销工具的使用，使整个营销活动处于有组织、有秩序的状态，发挥整体营销的力量，达到最佳效果。整合营销策划的重点是资源整合的策划能力。

3.1.2 整合营销策划的特征

整合营销策划具有以下特征：

第一，整合营销策划首先是一种思想、一种理念的策划，其次才是一种方法、一种方案的策划。整合营销策划起到统筹全局的作用，需要综合思考策划的结果、过程和风险等。

第二，整合营销策划的对象是消费者的需求。换句话说，整合营销策划的出发点是对消费者需求的正确把握，企业需要思考其价值主张如何围绕消费者的需求这一中心来建立，以产品、服务来满足消费者的需求。

第三，整合营销策划的核心是对资源的有效利用。这些资源既包括企业外部的社会资源、合作资源、公关资源、生产资源等，又包括企业内部的资金资源、人力资源、品牌资源、文化资源等，是内外部资源的有机结合。

第四，整合营销策划的关键在于目标、策略、计划、实施等战略与战术的高度统一。

3.2 整合营销策划的常用方法

整合营销策划的常用方法——营销组合

3.2.1 营销组合

（1）4Ps营销理论

4Ps营销理论（The Marketing Theory of 4Ps）产生于20世纪60年代的美国，是随着营销组合理论的提出而出现的。1953年，尼尔·博登（Neil Borden）在美国市场营销学会的就职演说中创造了"市场营销组合"（Marketing Mix）这一术语，其意是指市场需求或多或少地受到所谓的"营销变量"或"营销要素"的影响。为了寻求一定的市场反应，企业要对这些要素进行有效的组合，从而满足市场需求，获得最大利润。4Ps营销理论的4Ps分别指产品（Product）、价格（Price）、地点（Place）和促销（Promotion）。

第一，产品。市场营销人员要能够说清楚企业要销售的产品是什么，有哪些产品系列，有哪些产品型号，有哪些产品规格；产品是由什么材料生产的，采用了哪些先进技术，产品的设计有什么特点；产品的功能有哪些，产品的质量如何，产品的使用寿命是多长；产品的环保性如何，对人的健康和环境会带来哪些影响；产品在使用中的便利性和方便性如何；企业产品与市场上同类产品有何不同之处。

第二，价格。企业在制定产品价格时，一定要了解清楚企业的产品定位。企业的产品是面向高端客户、中端客户，还是低端客户；是面向学龄前儿童、中小学生，还是面向大学生、上班后崇尚时尚的年轻人，或是面向有消费能力的中老年人；是面向男性客户，还是面向女性客户。产品价格策略的制定，除了要考虑不同客户群体的购买需求和购买力，还要全面参考目前市场上同类产品的价格，最后统筹研究制定产品的销售价格。

第三,地点。由于客户购买力的不同,产品销售的地点会显著影响到销售效果。一般来说,一线和二线城市的消费水平比三线和四线城市的消费水平高,中心城市的消费水平比周边郊区和农村的消费水平高。由于中国东部地区与西部地区经济发展不平衡,东部地区较西部地区富裕,购买力强,产品销售相对较好,销售回款也会较快。随着互联网和移动互联网技术的普遍应用,互联网营销已经将线下实体店的产品搬到了线上销售,产品销售打破了地域和国界限制,商家和客户可以实现网上文字和语音沟通,甚至是视频交流,从而有利于在线营销。

第四,促销。产品促销是市场营销中最关键的内容之一。我们应该采用怎样的促销手段、采用怎样的促销方式、采取怎样的促销行为、策划怎样的促销主题活动等,都是需要认真研究和思考的问题。此外,我们还需要思考以下具体问题:目前的促销渠道有哪些,还能借助哪些促销渠道,如何搭建新的促销渠道;为了拓展促销渠道还需要发展哪些人脉关系,如何搞好客户关系、搞定关键人物,需要采用何种手段、方式和方法;如何实现互联网营销,如何利用移动互联网来促销,如何利用微博、微信公众号、微信群、QQ 群帮助促销;如何利用电视媒体、平面媒体、网络媒体、户外媒体、楼宇媒体开展广告促销活动等。

（2）4Ss 营销理论

4Ss 营销理论强调从消费者需求出发,打破企业传统的市场占有率推销模式,建立一种全新的“消费者占有”的营销导向。4Ss 营销理论具体是指满意（Satisfaction）、服务（Service）、速度（Speed）和诚意（Sincerity）。

第一,满意。满意是指让顾客满意,强调企业以顾客需求为导向,以顾客满意为中心,企业要站在顾客立场上考虑和解决问题,要把顾客的需要和满意放在一切考虑因素之首,要以他人利益为重。要想赢得顾客的青睐,必先投之以情,用真情的服务感化顾客,不仅要让顾客满意,还要让顾客感动。这里的满意,不仅是让顾客对企业提供的产品质量满意,还要对企业提供的产品性能、产品寿命、产品价格、产品包装,以及产品使用的便利性、安全性和环保性都满意。

第二,服务。企业营销人员要精通业务,满足顾客的需求,为顾客解答问题,提供相关产品资讯。企业在接待顾客时,要为顾客营造一个温馨的服务环境,要笑脸相迎,礼貌待客,提供微笑服务;达成交易后,要经常保持电话、微信、短信、邮件的沟通,随时了解顾客的需求,征求顾客对产品使用后的反馈意见。企业要将每位顾客都视为特殊和重要的人物,将顾客看作朋友,看作亲人,记住顾客的生日和重要的纪念日,在关键的日子里打个电话或发个微信问候,或者寄个小礼物。企业只有与顾客友好亲密地相处,才能与顾客搞好关系,才能取得顾客的信任,才能更好地发展业务,促进企业可持续健康发展。

第三,速度。快速反应,为顾客提供快捷的服务十分重要。大部分顾客都很看重商家的交货期。如果你能为顾客提供快速反应服务,及时介绍清楚你的产品,及时提供设计方案,及时提供样品或样机,及时包装运输交货,及时解决售后发现的产品质量问题,及时解决产品售后维修或换货问题,那么快速就是你的服务特色,就是你的服务优势。例如,别人的交货期是 6 个月,你的交货期是 3 个月,别人的送货时间需要 1 周,你的送货时间只需要 3 天,别人解答顾客的售后问题需要 1 周,你解答顾客的售后问题只需要 1 天,此时,速度就是你的市场竞争优势。

第四，诚意。做事先做人，一定要让顾客先认同你、接受你、信任你，这样才有可能与顾客发展业务关系。以诚待人，是企业的工作态度，以诚做事，是企业发自内心的呐喊。诚心、真心、热心、关心、爱心，这"五心"是企业服务顾客的理念。有了这"五心"服务理念，企业就会取得顾客的信任，就容易获得顾客的认可。企业以虔诚的服务、善意的微笑和快速的响应来服务顾客，就是企业的市场竞争优势。

（3）4Cs 营销理论

传统的 4Ps 营销理论在产品中心主义框架下的单向输出模式，逐渐难以适应消费者主权时代的价值共创需求。在此背景下，美国学者罗伯特·劳特朋于 1990 年系统提出 4Cs 营销理论，完成了营销范式从"企业供给逻辑"向"消费者需求逻辑"的战略转向，推动营销视角从企业向消费者转移。4Cs 营销理论指消费者需求（Consumer's Need）、消费者所愿意支付的成本（Cost）、消费者的便利性（Convenience）和与消费者沟通（Communication）。4Cs 营销理论并非否定 4Ps 框架，而是从消费者端重构营销要素，为传统理论注入新维度。

第一，消费者需求。市场营销首先需要了解清楚的就是消费者需求，这是开始营销的基础。如果不了解消费者需求，企业就很难提供消费者满意的产品和服务。企业第一步要做的就是了解清楚消费者到底需要什么样的产品，产品需要具有哪些服务功能、需要具有多高的技术含量、需要多大的尺寸、需要多大的重量、需要什么样的材料、需要什么样的造型设计、需要什么样的结构设计、需要什么样的包装、需要什么样的售后服务、需要多长的使用寿命、需要多长的交付周期；以及有多少消费者有类似的想法，是共性需求还是个性需求，是刚性需求还是潜在需求，刚性需求有多大，潜在需求又有多大，市场需求空间到底有多大。

第二，消费者所愿意支付的成本。消费者购买产品都关心价格，每个消费者都希望以最低的价格购买到最优质的产品。这就要求企业在产品开发和生产前，考虑清楚产品的研发成本、设计成本、制造成本、包装成本、销售成本、物流仓储成本，以及管理成本和财务成本，统计出产品各项成本之和（总成本），然后考虑在这个成本上加多少利润，是加 10%—20%，还是加 50%—100%。不同的产品对应的消费群体不同、市场购买力不同，价格策略也应该有所不同。

第三，消费者的便利性。在目前发达的电商平台下，消费者已经养成上门送货的习惯。如何在服务的便利性（如交易方式、交货时间、送货方式、付款方式、退货方式、换货方式、咨询方式、保修方式等）方面替消费者着想，为消费者带来便利性，是企业应该思考的问题，从而可以有针对性地制定销售策略。

第四，与消费者沟通。以消费者为中心进行营销沟通是十分重要的，通过互动、沟通等方式，将企业内外部营销资源不断地进行整合，把消费者和企业双方的利益无形地整合在一起。在互联网高速发展的今天，与消费者的沟通可以采用多种形式，如电话、短信、微信、qq、电子邮箱、网站、社群等，它们都是目前比较流行的沟通形式。

（4）4Rs 营销理论

4Rs 营销理论是由美国学者唐·舒尔茨在 4Cs 营销理论的基础上提出的新营销理论。

4Rs营销理论以关系营销为核心,重在建立顾客忠诚。该营销理论认为,随着市场的发展,企业需要从更高的层次上以更有效的方式在企业与顾客之间建立起有别于传统的新型的主动性关系。4Rs营销理论的4Rs分别指关联(Relevance)、反应(Reaction)、关系(Relationship)和回报(Reward)。

第一,关联。企业和顾客是一个利益共同体,建立、保持并发展与顾客间的关系是企业经营中的核心理念和最重要的内容。企业要通过有效的方式在业务、需求等方面与顾客建立关联,形成一种互助、互求、互需的关系,提高顾客的忠诚度,从而赢得长期而稳定的市场。

第二,反应。在今天激烈竞争的市场中,企业不仅要做好营销计划的制订、实施和控制合作,更重要的是要站在顾客的角度认真倾听顾客的希望、梦想和需求,并及时答复和迅速做出反应,建立高度回应需求的商业模式和快速反应机制,不断提高对市场变化和顾客需求的反应速度与回应力,实现企业与顾客的双赢。

第三,关系。企业与客户的关系已发生本质的变化,赢得市场的关键在于赢得顾客的心,并与顾客建立长期、稳定、互惠互利的关系。企业的经营从交易变为责任,从管理营销组合变为管理同顾客互动的关系,从营销关系变为合作关系,从满足顾客需求变为为顾客创造价值,从抓服务质量变为对客户的高度承诺。

第四,回报。对企业来说,市场营销的真正价值在于为企业带来回报,追求回报是营销发展的动力。企业与顾客关联互动、对顾客要求做出快速反应、与顾客建立良好关系的目的,最终将归结于期望顾客为企业带来货币、信任、支持、赞誉、合作、忠诚等物质和精神方面的回报,为企业赢得利益。

(5)4Ds智慧营销模型

企业的商业模式和营销模式是不断发展的,互联网的出现改变了企业的商业模式,互联网思维也对传统的营销模式提出了挑战,这必然要求相应的理论推陈出新。在智能互联时代,技术应用、消费模式、消费者思想均发生了重大转变,赵占波(2020)通过对传统营销理论的探讨和对智能互联时代的敏锐洞察,提出了以消费者需求为基础、以互联网思维为灵魂的4Ds智慧营销模型,如图3-3所示,该模型涵盖4个关键要素,即需求(Demand)、数据(Data)、传递(Deliver)和动态(Dynamic)。

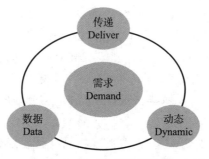

图3-3 4Ds智慧营销模型

同步案例 3-1

网易云音乐

网易云音乐是网易集团旗下的音乐 App（应用程序），产品定位为"发现与分享"，带有一定的社交性质。自 2013 年正式上线以来，网易云音乐保持着每年新增 1 亿用户量的成绩，截至 2019 年 6 月，平台用户数已超 8 亿。网易云音乐令同行艳羡的用户量不仅源于其过硬的产品品质，还归功于智慧的营销方式。

第一，需求。企业首先要了解消费者的需求是什么，然后不仅要对符合消费者需求的产品和服务进行大力宣传，还要用超出消费者期望的方式去满足它。网易云音乐在产品设计之初就充分研究了音乐市场及用户的需求，它洞察人性，指出人本性中含有喜新厌旧的成分，类似于经济学中的"边际效用递减"原理。在预测用户需求方面，网易云音乐假设用户会不断寻找新的歌曲来"刺激"自己的耳朵，以保持对音乐的新鲜感。基于这一假设，网易云音乐早期将"个性化推荐"作为核心功能，并大力宣传。该功能有助于用户在多元化的音乐风格中精准地找到其喜爱的音乐。此外，个性化推荐还可以从用户的实际需求出发，节约用户寻找歌曲的时间，提升用户享受音乐的体验和效率。网易云音乐在深入研究时发现，互联网音乐市场缺乏音乐社交类软件，于是对互联网音乐的互动模式进行了创新，实现了用户可通过微博、通讯录、附近的人等渠道添加好友的功能，并独创了图文音乐消息。此外，平台还邀请了一些原创歌手入驻，实现了"粉丝"与歌者的音乐互动。

第二，数据。在互联网普及的当下，社会化应用及云计算技术使得网民的网络行为能够被追踪、分析等，而这些数据是海量的，也是不断变化的，企业或第三方服务机构可以借助这些数据为企业的营销提供咨询、策略、投放等方面的服务。网易云音乐种种功能的实现得益于它对数据的合理运用，其中的关键是匹配算法。例如，"个性化推荐"功能每日推荐的 30 首歌曲，是基于用户在平台的行为数据分析而来，相关数据包括单曲循环、分享、收藏、主动播放、播放时长等。未来，平台将关注"泛音乐"领域，充分利用平台的大数据，形成精准的用户画像，开拓音乐数据资源的衍生领域，形成"数据+音乐+体验"的多元化平台，从而实现商业化目的。

第三，传递。企业在进行营销策略选择时，应优先考虑如何将产品的各项价值——由产品的功能、特性、品质、品种式样、品牌等所产生的价值——更加便利地传递给客户，而非只考虑企业自身生产、销售的方便程度。在产品初步打磨完成并积累了一定的用户量之后，平台开始实施策划营销活动以传递其品牌价值观，以期进一步增加用户量。在网易云音乐众多的线上、线下营销活动中，影响力最大的应属 2017 年 3 月推出的地铁"乐评专列"。网易云音乐精选了 5 000 条优质的音乐评论，铺满了杭州地铁 1 号线的车厢、站台。地铁作为常见的通勤工具，是很容易令人产生孤独及疲惫感的地方。网易云音乐正抓住了这一点，以"孤独"为关键词进行营销，如"最怕一生碌碌无为，还说平凡难能可贵""你那么孤独，却说一个人真好"等。这类海报让人们产生共鸣，进而与平台产生情感联系，转化为平台的用户，乃至忠实用户。

第四，动态。随着新技术的兴起，尤其是社交网络的出现，企业与消费者的沟通已经不再是一对一、点对点的静态机制，转而演变成多对多、立体化的动态机制。一个平台若想长久存活,就需要不断与用户进行动态沟通。网易云音乐包含多个模块,如图 3-4 所示。其中,音乐社交模块允许用户创建歌单并与平台或其他用户分享,进而实现平台定期向用户推荐可能喜欢的歌单,最终实现与用户的动态沟通。网易云音乐使音乐产品有了自己的思想,使音乐类 App 不再仅仅是个播放器,而是全新的音乐社交平台。通过各类"走心"的营销,网易云音乐使自己有了情感属性,可与用户情感互通,增加了用户黏性,潜移默化地改变着用户。

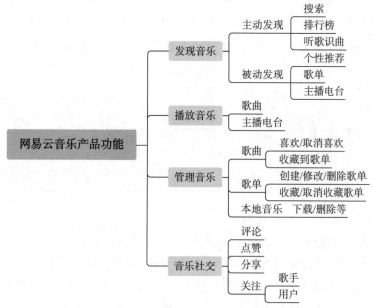

图 3-4　网易云音乐产品功能

资料来源:赵占波.智慧营销[M].北京:电子工业出版社,2020.

3.2.2　STP 分析工具

(1) 市场细分(Segmentation)分析工具

市场细分是指根据消费者需求的不同特性,把整体市场分割为若干具有类似需求的消费者群的过程。其中,各个细分市场都是由具有类似消费需求的消费者组成的。市场细分的过程分为三个步骤:

第一步,确定企业进入的市场领域,并陈述企业选择该业务领域的理由,见表 3-1。

整合营销策划的常用方法——STP 分析工具

表 3-1　企业市场领域的选择

企业业务市场	消费者市场	组织购买者市场
业务市场 1		
业务市场 2		
业务市场 3		

第二步,选择最具需求差异的两个参数进行细分市场分析,见表3-2。

表3-2 细分市场表格格式一

参数 2	参数 1

第三步,选择次级需求差异参数,继续细分市场,锁定目标市场,见表3-3。

表3-3 细分市场表格格式二

参数 4	参数 3

（2）选择目标市场（Targeting）分析工具

目标市场是在市场细分的基础上,从满足现实的或潜在的目标顾客的需求出发,并根据企业自身经营条件而选定的特定市场。选择目标市场分为两个步骤:

第一步,评估企业目标市场的吸引力,见表3-4。具体过程为:首先,给各项因素对应市场吸引力打分。先将有市场吸引力的因素罗列出来,然后对各个因素对应市场分配分数,若以5分为最高分,则对非常重要的因素给5分,对最不重要的因素给1分。然后,确定加权值。哪项因素加权多少是判断各因素重要性的关键。一般情况下,确定加权值的人必须对市场非常熟悉,并且是由一组人通过头脑风暴方法来决定。这组人包括高层主管、营销部门主要负责人、市场管理人员。最后,市场加权。各市场吸引力因素权重与对应市场分配分数相乘,即得到某市场加权。加总得出各市场总加权得分,总加权得分高的代表市场吸引力大。

表3-4 评估企业目标市场的吸引力

市场吸引力因素	权重	A 市场	B 市场	C 市场	A 市场加权	B 市场加权	C 市场加权
市场规模							
市场竞争程度							
市场成长率							
行业平均利润率							
总加权得分							

第二步,评估企业与目标市场的匹配度,见表3-5。具体过程同评估企业目标市场的吸引力,不再赘述。

表 3-5　评估企业与目标市场的匹配度

市场竞争因素	权重	A 市场	B 市场	C 市场	A 市场加权	B 市场加权	C 市场加权
总加权得分							

（3）市场定位（Positioning）分析工具

市场定位实质上是指根据竞争者现有产品在细分市场上所处的地位和顾客对产品某些属性的重视程度，塑造出本企业产品与众不同的个性形象并传递给目标消费群，使产品在细分市场上占有强有力的竞争位置。

同步案例 3-2

国家礼宾用车红旗被誉为"国车"

1959 年 9 月，第一辆红旗检阅车供国庆十周年阅兵使用。2019 年 10 月 1 日，习近平主席在庆祝中华人民共和国成立 70 周年阅兵式上所乘坐的检阅车也是产自一汽的"红旗"牌轿车。

"红旗"，这一承载着中国人轿车梦的名字，对于国人来说，绝非一般意义上的汽车品牌，它印证着国人深深的民族情怀和神圣的历史记忆。

作为中华人民共和国第一个大型汽车制造厂，一汽的生产线上开出了中华人民共和国第一辆"解放牌"卡车、第一辆"红旗牌"高级轿车。"中国一汽"堪称"新中国汽车工业摇篮"，同时也是中国国有特大型汽车企业集团、老工业基地的企业代表。

值得一提的是，红旗品牌在汽车行业受到疫情影响和部分汽车品牌遭受重挫的情况下，依然表现抢眼。红旗 HS5 作为红旗品牌布局 SUV 领域的重要产品，连续两个月销量突破 9 000 辆，强势助力红旗品牌销量跃升。作为中华人民共和国汽车工业的先行者和高端品牌的领航者，一汽红旗是中国汽车工业的一面旗帜，近三年海外销量规模增长超 6倍，不断打造红旗海外特色活动 IP（知识产权），实现品牌声量、用户互动、产品亮点深化等多重引爆。2024 年 1 月，福布斯中国发布"2023 福布斯中国·出海全球化 30 & 30 评选"结果，一汽红旗以卓越的品牌实力与全球影响力，荣登"领军品牌"榜单。

【知识点】市场定位实质。

【育人目标】（1）厚植家国情怀。通过民族品牌发展史强化学生的民族认同感，培养爱国主义精神，使其深刻理解个人命运与国家发展紧密相连。

（2）传承文化记忆。引导学生从工业符号中解读民族奋斗史，树立历史自觉意识，增强守护文化遗产的责任感，实现精神血脉的代际传递。

（3）培育创新使命。以自主品牌突破技术封锁的历程为案例，激励学生树立科技报国志向，在关键领域突破创新，推动民族产业升级。

资料来源：热解读｜从红旗车的蝶变读懂习近平的"加减乘除"法［EB/OL］.（2020-07-24）［2023－11－15］.http://news.cctv.com/2020/07/24/ARTIuODyvVlxQLunrlT1JY2H200724.shtml.

目标市场定位主要由利益定位、价值定位与属性定位决定。利益是满足顾客的效用需求，属性是利益产生的原因，价值是给顾客带来的精神感受。定位点的选择过程是，先进行利益定位，然后进行价值定位，最后进行属性定位，现以某手机配件产品为例加以说明。

第一阶段，利益定位，从增加顾客获得的利益和减少顾客支出的成本，结合4Ps营销组合要素进行利益定位点的选择，见表3-6。

表3-6　利益定位

组合要素	增加顾客获得的利益	减少顾客支出的成本
产品	功能利益：科技、新颖、时尚、安全、品质等	减少货币、时间与体力支出
价格	价格利益：中高价与适量折扣	低价省钱
渠道	便利利益：提供便利、与时代接轨等	减少货币、时间与体力支出
沟通	形象利益：身份、互动、品位、参与感等	减少货币、时间与体力支出

第二阶段，价值定位，从工具价值和最终价值进行价值定位点的选择，见表3-7。

表3-7　价值定位

最终价值	工具价值
舒适的生活；享受科技带来的体验；互联网便利；参与感；创新创业	有能力；愉快的；创造力与想象力；独立的；有感情

第三阶段，属性定位，从产品属性、价格属性、渠道属性和沟通属性四个维度进行属性定位点的选择，见表3-8。

表3-8　属性定位

产品属性	价格属性	渠道属性	沟通属性
手机配件升级；众筹体验参与式生产	注重顾客交换价值；实施客户关系管理体系；社群营销思维	电商生态系统打造；跨境电商平台入驻；搜索引擎优化	整合营销活动搭建情感平台，形成首因效应；差异化互动广告增强感官体验

（4）市场定位的依据

① 属性定位策略。根据产品的某项属性定位。如雷达表宣传它"永不磨损"的品质特色。

② 利益定位策略。根据产品带给消费者的某项特殊利益定位。如高露洁突出"没有蛀牙"的功效。

③ 使用功能定位策略。根据产品的某项使用功能定位。如"汽车要加油,我要喝红牛"的"红牛"饮料把自己定位于增加体力、消除疲劳的功能性饮料。

④ 使用者定位策略。这是把产品和特定用户群联系起来的定位策略,它试图让消费者对产品产生一种量身定做的感觉。如"太太口服液"定位于太太阶层。

⑤ 竞争者定位策略。以某知名度较高的竞争品牌为参考点来定位,在消费者心目中占据明确的位置。如美国汽车租赁公司 Avis 强调"我们是第二,但我们更努力",七喜饮料的广告语"七喜非可乐",我国亚都公司恒温换气机的诉求点"我不是空调"等,都在不同程度上加强了自己在消费者心目中的形象。

同步案例 3-3

向伊利学习,争创内蒙古乳业第二品牌

伊利是内蒙古乳业的先行者,也是内蒙古乳业人才成长的摇篮。1999 年,伊利副总裁牛根生辞职创立蒙牛。创业初期的蒙牛,并未和伊利正面竞争,而是提出"向伊利学习,争创内蒙古乳业第二品牌"的口号,借此一方面避强示弱,另一方面把自己和已经成名的伊利联系起来扩大知名度。在发展策略上,蒙牛也是采取回避正面冲突的策略。此外,蒙牛还有意识地避开其他大牌企业的已有市场,在全国寻找新的机遇,打开了上海、深圳、广州、香港等市场,赢得了生存与日后发展的空间。

呼和浩特地处北纬 39 度至 41 度之间,是世界上公认的最适合养殖优质奶牛的地带(2005 年,呼和浩特被中国乳制品工业协会授予"中国乳都"称号)。广袤的草原、无污染的生态环境,使得伊利和蒙牛的产品都打上"天然、绿色、无污染"的烙印。绿色的草原和源远流长的草原文明,奠定了伊利和蒙牛两大品牌的价值内涵,成为它们在强手如林的市场上取胜的法宝。"草原品牌是一块,蒙牛、伊利各一半"。

伊利和蒙牛在呼和浩特市共同发展,发挥产业集群效应。正因为这种学习中竞争的模式,伊利和蒙牛的发展速度都非常惊人。2020 年,蒙牛实现营业收入 760 亿元,净利润 35 亿元,荣获"利乐枕无菌包装使用量全球第一"称号,荣列"中国乳品行业竞争力第一名"。作为行业龙头,蒙牛以"强乳兴农"为己任,致力于通过奶业振兴带动乡村振兴,持续从资金、技术等层面对广大农牧民提供支持。蒙牛是"国家学生奶饮用计划"的主要参与者,截至 2020 年蒙牛牵头发起的"营养普惠行动"已累计为全国欠发达地区 1 000 多所学校捐赠 2 000 多万盒学生奶。

【知识点】竞争者定位策略。

【育人目标】培养学生树立创新发展、服务社会、社会责任、家国情怀的先进企业家精神。

资料来源：

① 伊利蒙牛:同城如何孕育两个巨无霸［N/OL］.人民日报,(2006-10-23)［2023-11-13］.http://news.cctv.com/financial/20061023/100053.shtml.

② 蒙牛官网(https://www.mengniu.com.cn/)。

---

⑥ 质量价格组合定位策略。如"海尔"家电产品定位于高价格、高品质;"华联"超市定位于"天天平价,绝无假货";"华宝"空调定位于"高贵不贵"。

⑦ 生活方式定位策略。这是将品牌人格化,把品牌当作一个人,赋予其与目标消费群十分相似的个性。如百事可乐以"年轻、活泼、刺激"的个性形象在一代代年轻人中产生共鸣。

（5）市场定位的方法

① 初次定位。初次定位是指新企业初入市场、企业新产品投入市场,或者企业产品进入新市场时,企业必须从零开始,运用所有的营销组合,使产品特色确实符合所选择的目标市场。

② 迎头定位/对峙定位。这是一种与在市场上占据支配地位的,亦即最强的竞争对手"对着干"的定位方式。

③ 避强定位/回避定位。这是一种避开强有力的竞争对手的市场定位方法。例如七喜饮料采用了避开可乐的一种定位,即"非可乐"。又如,"白加黑"在产品颜色和服药方式上进行回避定位,避开竞争对手,以"白天服白片,不瞌睡"为利益点,明显与其他产品不同,产品投放市场仅半年,就创下 1.6 亿元的销售额,分割了全国 15% 的感冒药市场。

④ 重新定位。这是对销路少、市场反应差的产品进行二次定位。

同步案例 3-4

青春—北仑港—雅戈尔

改革开放似春风,一夜间吹绿了华夏大地。在宁波,数十名知青拿到当时的县知青安置办公室(如今并入劳动局)共计 2 万元的安家费后开始盘算,是大家平分回家安分过日子,还是轰轰烈烈干翻事业?合计后,当时的知青毅然决定做服装加工生意,并挂出"宁波青春服装厂"的招牌,此时的服装厂还是乡镇企业。

1986 年,在春暖花开之际,伴随着市场的开放,为迅速抢占市场,打造自己的品牌,青春服装厂打造出自己的品牌——北仑港,随即将北仑港衬衫推向市场。由于服装厂前期良好的积累和过硬的生产技术,北仑港衬衫迅速得到广大消费者和经销商的青睐,当年销售量达到 300 万件。

就在北仑港逐渐打开市场的时候,伴随着改革开放的逐步深入,青春服装厂毅然决定与澳门南光国际贸易有限公司合资组建雅戈尔制衣有限公司,放弃"北仑港",申请注册"雅戈尔"(YOUNGOR)商标。"YOUNGOR"衍变自英文"younger",既突破了地域制约,又巧妙契合了青春服装厂的历史,寄寓品牌青春永驻、活力长青。主品牌"雅戈尔"多年来持续保持国内男装领域主导品牌地位。2021 年度雅戈尔实现销售收入 1 439 亿元,利润总额 68 亿元,实缴税款 46 亿元,居中国民营企业 500 强第 68 位;男衬衫品类连续 25 年获得全国市场综合占有率第一,男西服品类连续 22 年获得全国市场综合占有率第一。

【知识点】重新定位。

【育人目标】培养学生树立敢为人先的创业精神、立足本土的自主创新精神、开放合作的战略眼光、实业报国的责任担当。

资料来源:

① 衣朋华,张娣.寻找——品牌人物背后的故事[N].中国知识产权报,2009-04-24(14).

② 雅戈尔集团官网(http://www.youngor.com/about/1.html)。

3.2.3　行业竞争格局分析工具

(1) 识别竞争对手

企业在开展市场营销活动和制定竞争战略时,仅仅了解其顾客是远远不够的,还必须了解自身所处的环境,即行业结构和竞争对手。只有知己知彼(竞争对手),才能取得竞争优势,在商战中获胜。根据迈克尔·波特的观点,影响一个产业内部竞争激烈程度的力量有五种,即潜在新进入者的竞争能力、替代品的威胁、买方的讨价还价能力、供应商的讨价还价能力,以及行业现有竞争者之间的竞争(见图 3-5)。竞争对手主要是指那些与本企业提供的产品或服务相似,并且所服务的目标顾客也相似的其他企业。例如,美国可口可乐公司把百事可乐公司作为主要竞争对手,通用汽车公司把福特汽车公司作为主要竞争对手。识别竞争对手的关键是,将行业和市场两个方面结合起来综合考虑。

(2) 确定竞争对手的经营目标

识别了主要竞争对手之后,就要确定竞争对手的经营目标。我们可以这样假设,所有竞争对手都只是为了追求利润最大化,从而采取适当的行动。但是这种做法会出现很大的偏差,因为各企业对短期利润和长期利润的重视程度并不相同。有的竞争对手可能倾向于市场份额的最大化,而不是利润的最大化,甚至是"满意"的利润。

因此,企业市场营销决策者还必须考虑竞争对手除利润目标以外的其他事情。每个竞争对手均有目标组合,其中每一个目标有不同的重要性。企业要知道竞争对手对其目前的"位置"是否满意,包括目前的利润水平、市场份额、技术领先程度等。另外,企业还要监视其竞争对手对不同产品市场细分的目标。如果企业得知竞争对手发现了一个新的细分市场,这可能就是一个机会,如果得知竞争对手计划进入本企业所服务的细分市场,企业就应做好充分的准备。

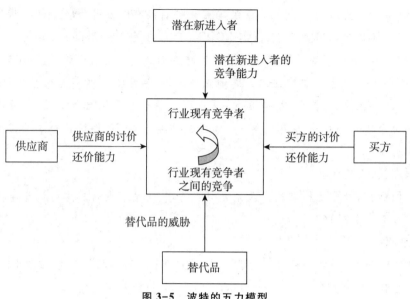

图 3-5　波特的五力模型

（3）确定竞争对手的策略

企业之间的策略越相似，它们之间的竞争就会越激烈，在多数行业里，竞争对手可分为几个追求不同策略的群体。策略群体（Strategy Group）是指在一个行业里采取相同或类似策略且在一个特定的目标市场上的一群企业。显然，策略群体内的竞争一定非常激烈，但各个群体间的竞争有时也相当激烈。其一，交叉市场的客户争夺。不同策略群体可能争夺同一客户细分市场。例如，在汽车行业中，豪华品牌（如奔驰、宝马）与经济型品牌（如丰田、大众）均通过推出中端车型渗透对方市场。其二，消费者认知的同质化。当客户难以感知群体间的产品差异时（如快消品行业的包装饮用水），价格战可能打破群体边界。其三，战略延伸引发的边界重构。群体成员通过技术创新或商业模式变革拓展市场（如特斯拉从高端电动车市场下沉至大众市场），直接冲击其他群体的竞争壁垒。

（4）确定竞争对手的优势与劣势

企业要充分考虑并评估每个竞争对手的优势与劣势，企业可收集有关对手过去几年的关键资料，包括销量、市场份额、利润率、现金流量及技术领先水平等。当然，有些信息可能不易获得。企业一般会通过二手资料来了解有关竞争对手的优势与劣势。企业可以通过与顾客、供应商和经销商合作进行原始（特指企业通过直接调查获取的一手数据）的市场营销研究。当前，越来越多的企业采用优胜基准法在产品和工序方面与竞争对手相对比，以便找出改进业绩的方法。

（5）确定竞争对手的反应模式

仅仅知道竞争对手的经营目标和优势与劣势是远远不够的，关键是要通过各种渠道来获知对手可能采取的行动，如削价、加强促销或推出新产品等。另外，还需充分考虑和分析主要竞争对手的企业文化（包括经营哲学、经营理念等）。企业文化将直接影响企业在市场营销中的经营策略，这对分析和预测竞争对手的行为将有重要的参考价值。

每个竞争对手对事情的反应各不相同，这主要取决于竞争对手自己的战略意图、竞争对手所具有的战略能力、竞争对手是否对自己目前的形势满意,以及竞争对手受到威胁的程度等。另外,还取决于竞争对手的实力和信心,即它是否有足够的信心依靠现有的条件来消除他人对它的威胁。具体来说可分为五种反应模式:

第一,从容不迫型。某些竞争对手对某一特定竞争对手的行动没有迅速做出反应或反应不强烈,而只是坐观事变。这可能是因为它们认为某顾客是忠诚于它们的,也可能是因为它们没有做出反应所需的资金,还可能是因为它们认为还未到"出击"的时机。企业一定要先弄清楚竞争对手"镇静"的原因,以防止它们的突然袭击。

第二,全面防守型。这类竞争对手会对外在的威胁和挑战做出全面反应,以确保其现有地位不被侵犯。但这样会使战线拉得过长,若企业资源不雄厚,则会被竞争对手拖垮。

第三,选择型。这类竞争对手可能只对某些类型的攻击做出反应,而对其他类型的攻击视而不见。例如,竞争对手会对削价做出积极反应,以防止自己的市场份额减少(目前中国家电市场上就是这种情况,各企业对价格极为敏感,只要有一家降价,其他竞争对手都会不约而同地做出反应)。而它们可能对对手大幅增加的广告费不予理睬,认为这并不能构成实质性威胁。为此,企业应了解这种类型的竞争对手的敏感部位,避免与其发生不必要的正面冲突。

第四,强烈反击型。这类竞争对手对其所占据的所有领域受到的任何攻击都会做出迅速而强烈的反应。例如,宝洁公司(P&G)绝不会允许一种新洗涤剂轻易投放市场。这种类型的企业一般都是实力较强的企业,占有的市场份额具有绝对优势,否则没有实力对任何外在威胁采取行动。

第五,随机型。这类竞争对手并不表露自己将要采取的行动。它们在任何特定情况下可能做出也可能不做出反击,而且根本无法预测它们会采取何种行动。

(6) 选择竞争对手

在进行上述分析后,企业应能够意识到在市场上可以与谁进行有效的竞争。企业决策者必须决定与哪个竞争对手进行最有力的竞争,企业就可以把注意力集中在这一竞争对手上。

第一,区分强大或弱小的竞争对手。大部分企业愿意选择比较弱小的企业作为竞争对手。因为这样做比选择强大的企业作为竞争对手所需的资金和精力要小得多。但从长远来看,企业则很难提高它们的能力,易于造成盲目乐观的心理。为此,从理论上讲,企业还应选择比较强大的企业作为竞争对手,以便有压力来磨炼自身的能力。在选择强大的企业展开竞争时,关键是要努力发现竞争企业潜在的及现在的弱点(即使再强大的企业也有弱点),并对其弱点采取有效行动,以便取得更多的回报。评估竞争对手强弱的一种有用工具是顾客价值分析。在分析时,企业首先要识别顾客的重要属性和这些属性对顾客的重要性排序。其次要评估企业和竞争对手在有价值属性上的业绩。如果通过比较发现企业在所有重要属性方面均超过竞争对手,企业就可以通过制定高价策略获得更多的利润,或者在相同的价格条件下占有更多的市场份额;如果企业在主要属性方面表现不如竞争对手,则企业必须想方设法加强这些属性,并且再挖掘其他能够领先竞争对手的主要属性。

第二,靠近或疏远竞争对手。大部分企业会与那些和自身实力接近的企业竞争。同时,企业还要尽量避免"摧毁"实力接近的竞争对手,否则会促使它与其他企业联合起来组成更强大的企业,成为自己更难对付的竞争对手。

第三,区分"品行良好"与"品行低劣"的竞争对手。每个行业中都有"品行良好"和"品行低劣"的竞争对手。一个企业应积极支持前者而攻击后者。从某种意义上讲,企业能够受益于竞争对手。例如,它们可以增加总需求、形成产品差异化、分担市场开发及产品开发成本、协助推出新技术等。

易于掌握的行业竞争格局分析表格、主要竞争对手分析表格见表 3-9 和表 3-10。

表 3-9　行业竞争格局分析

五种力量	行业竞争格局分析
行业现有竞争者之间的竞争	
潜在新进入者的竞争能力	
替代品的威胁	
买方的讨价还价能力	
供应商的讨价还价能力	
分析结论	
应对策略	

表 3-10　主要竞争对手分析

竞争对手	竞争对手具体分析项目	
对手 1	战略意图	
	产品分析	
	营销分析	
	网络平台分析	
	服务分析	
对手 2	战略意图	
	产品分析	
	营销分析	
	网络平台分析	
	服务分析	
对手 3	战略意图	
	产品分析	
	营销分析	
	网络平台分析	
	服务分析	

3.2.4　SWOT 分析工具

SWOT 矩阵是进行企业外部环境和内部条件分析,从而寻找二者最佳可行战略组合的一种分析工具。

"S"代表优势(Strength),是指组织机构的内部有利因素,具体包括有利的竞争态势、充足的资金来源、良好的企业形象、雄厚的技术力量、良好的规模经济、较高的产品质量、较大的市场份额、成本优势、广告攻势等。

"W"代表劣势(Weakness),是指组织机构在竞争中相对弱势的内部因素,具体包括设备老化、管理混乱、缺少关键技术、研究开发落后、资金短缺、经营不善、产品积压、竞争力差等。

"O"代表机会(Opportunity),是指组织机构的外部有利因素,具体包括新产品、新市场、新需求、市场壁垒解除、竞争对手失误等。

"T"代表威胁(Threat),是指组织机构的外部不利因素,具体包括新竞争对手进入、替代品增多、市场紧缩、行业政策变化、经济衰退、客户偏好改变、突发事件等。

SWOT 矩阵见图 3-6。

	优势(S) ……	劣势(W) ……
机会(O) ……	扩张型战略(SO) 发挥内部优势、利用外部机会	扭转型战略(WO) 利用外部机会来弥补内部弱点
威胁(T) ……	多元化战略(ST) 利用自身优势、规避或减轻外部威胁	防御型战略(WT) 减少内部劣势、规避外部威胁

图 3-6　SWOT 矩阵

对于每一种外部环境与企业内部条件的组合,企业可能采取的一些战略原则如下:

(1) 扩张型战略(SO)

扩张型战略是一种发挥企业内部优势、利用外部机会的战略,是一种理想的战略模式。当企业具有特定方面的优势而外部环境又为发挥这种优势提供了有利机会时,可以采取该战略。

(2) 扭转型战略(WO)

扭转型战略是一种利用外部机会来弥补内部弱点、使企业改变劣势而获取优势的战略。当存在外部机会但企业存在一些内部弱点而妨碍其利用机会时,可以采取措施先克服这些弱点。

(3) 多元化战略(ST)

多元化战略是一种企业利用自身优势、规避或减轻外部威胁的战略。如竞争对手利用新技术大幅降低成本,给企业以很大的成本压力;同时,材料供应紧张,价格可能上涨;消费者要求大幅提高产品质量;企业还要支付高额的环保成本等。但若企业拥有充足的资金、熟练的技术工人和较强的产品开发能力，便可利用这些优势开发新工艺，简化生产过程，提高原材料利用率，从而减少材料消耗和降低生产成本。

（4）防御型战略（WT）

防御型战略是一种旨在减少内部劣势、规避外部威胁的战略。当企业存在内忧外患时，往往面临生存危机，降低成本也许成为改变劣势的主要措施。

需要指出的是，在任何一种组合内可能会出现多种因素，它们之间形成了多种错综复杂的组合，而这些组合又成为战略选择的基础。M品牌的SWOT矩阵实战案例见图3-7。

	优势（S）	劣势（W）
	S1.M品牌国内产品生产能力较强，生产成本较低 S2.M品牌属于中低端市场，消费者偏好价低质优的产品品牌 S3.M品牌产品品质优异，售后保障优势较明显 S4.国内电商平台具备规模优势，高科技提升了顾客体验	W1.M品牌原属外国品牌，国内未引入，品牌知名度低 W2.M品牌产品原创设计能力薄弱，科技水平较低，难以跟上潮流 W3.M品牌电商运营经验不足，技术性营销策略难以实施 W4.国内企业品牌意识不足，溢价能力差，文化内涵等附加值过低
机会（O）	**扩张型战略（SO）**	**扭转型战略（WO）**
O1.3C产业利好政策全面铺陈，东莞等属于改革试点城市 O2.经济增长平稳，B2C规模大，网购消费向移动端转移 O3.智能手机普及影响消费者生活方式，手机配件产品发展潜力巨大 O4.跨境电商衔接"一带一路"，海外市场需求不断扩大，国内外贸手机配件产品优势突出	• 借助政策优势，加速企业转型，选择适合的电商平台，提升流量转换率（S1、S2、O1） • 整合品牌理念与企业文化，打造中国的民族优势品牌，提升品牌体验（S2、S3、O3） • 营销环节融入数据思维，运用互联网技术优化营销策略，实现精准营销（S4、O2、O4）	• 在政策指引下参加各类电商行业峰会与能力培训活动，提升全球化视野（W1、W3、O1） • 加快推进企业差异化营销战略，注重打造原创科技产品与特色产品（W2、W4、O3） • 加强客户关系管理，整合营销传播活动，生产符合需求的产品（W2、O3、O4）
威胁（T）	**多元化战略（ST）**	**防御型战略（WT）**
T1.手机配件产业需求平稳，非创新型企业易被市场淘汰 T2.中国手机配件外贸出口占比相对进口呈逐年下降趋势 T3.手机配件品类竞争激烈，营销能力薄弱，顾客体验一般 T4.优势品牌早已深入人心，其他国产品牌美誉度较低	• 利用国内低成本优势，加快传统出口贸易转型，打造柔性化制造工厂（S1、T1、T2） • 建设电子商务体系，优化运营环节，全网搜索引擎优化（S2、S4、T3） • 完善媒体传播规划，洞悉媒体传播效益（S3、T4）	• 利用社交媒体、营销活动、社群思维等打造企业与消费者之间的社群（W1、W4、T4） • 采用众筹式生产，降低生产风险，强化参与过程，创造用户价值（W2、T2、T3） • 建立内部人才成长计划，提高员工软实力（W3、T1）

图3-7　M品牌的SWOT矩阵

3.2.5　PEST 分析工具

（1）政治和法律环境（Political）

政治和法律是影响企业营销活动的重要宏观环境因素。政治因素像一只有形之手，调节着营销活动的方向，法律则为企业规定了营销活动的行为准则。政治与法律相互联系，共同对企业的营销活动发挥作用和施加影响。

政治环境因素

政治环境是指企业市场营销活动的外部政治形势和状况以及国家方针政策的变化，其可能对营销活动带来影响。

第一，政治局势指企业营销活动所在国家或地区的政治稳定状况。一个国家的政局稳定与否会给企业的营销活动带来重大影响。如果政局稳定，社会发展，人民安居乐业，就会给企业带来良好的营销环境；相反，如果政局不稳，社会矛盾尖锐，秩序混乱，则不仅会影响到经济发展和人民的购买力，而且会对企业的营销心理产生重大影响。战争、暴乱、罢工、政权更替等政治事件都可能对企业的营销活动产生不利影响，能够迅速改变企业的生存环境。例如，一个国家的政权频繁更替，尤其是通过暴力改变政局，会给企业投资和营销带来极大的风险。特别是在对外营销活动中，企业一定要考虑东道国政局变动和社会稳定情况可能造成的影响。像中东地区的一些国家虽然有较大的市场潜力，但可能政治不稳定，国内经常发生宗教冲突、派系冲突甚至恐怖活动，国家之间也可能有战事，所以这样的市场有较大的风险，企业需要认真评估。

第二，方针政策主要指各个国家在不同时期、根据不同需要颁布的一些经济政策和经济发展方针。这些政策和方针不仅会影响本国企业的营销活动，而且会影响外国企业在本国市场的营销活动。例如，根据《国务院关于发布实施〈产业结构调整暂行规定〉的决定》（国发〔2005〕40 号），《产业结构调整指导目录》（以下简称《目录》）是引导社会投资方向、政府管理投资项目，制定实施财税、信贷、土地、进出口等政策的重要依据。《目录》作为一项基础性、综合性产业政策，涉及行业多、涵盖领域广，自制订发布以来，在加强和改善宏观调控、引导社会资源流向、促进产业结构调整和优化升级等方面发挥了重要作用。还有诸如人口政策、能源政策、物价政策、财政政策、金融与货币政策，都给企业研究经济环境、调整自身的营销目标和产品构成提供了依据。从对本国企业的影响来看，一个国家制定的经济与社会发展战略、各种经济政策等，企业都是要执行的，而执行的结果必然要影响市场需求，改变资源供给。相关政策和方针在扶持与促进某些行业发展的同时，又限制了另一些行业的发展。从对外国企业的影响来看，市场国的方针政策是外国企业营销活动的重要环境因素，会直接和间接影响外国企业在市场国的营销活动。例如，中国在改革开放之初的外贸政策还比较谨慎，有关外贸的法律制度既不健全又缺乏稳定性和连续性，因此外资来华投资很多表现为短期行为，投资期限短，抱着"捞一把算一把"想法的投资者不乏其人。随着中国改革进一步深入和对外开放进一步扩大，特别是对外开放政策的进一步明朗化和外贸、外商投资法律制度的完善，外资看到了在华投资的前景，因而扩大投资规模，延长投资期限（由最初的 1—3 年，延长到 5 年以上，甚至 10 年、20 年、50

年），来华投资的外国企业也越来越多。这说明市场国的政治环境对外来投资有非常大的影响。

目前，国际上各国政府采取的对企业营销活动有重要影响的政策和干预措施主要有以下几种：其一，进口限制。指政府所采取的限制进口的各种措施，如许可证制度、外汇管制、关税、配额等。进口限制包括两类：一类是限制进口数量的各项措施，另一类是限制外国产品在本国市场上销售的措施。政府实施进口限制的主要目的在于保护本国工业，确保本国企业在市场上的竞争优势。其二，税收政策。政府在税收方面的政策措施会对企业的经营活动产生影响。比如对某些产品征收特别税或高额税，则会使这些产品的竞争力减弱，给经营这些产品的企业带来一定影响。其三，价格管制。当一个国家发生了经济问题如经济危机、通货膨胀等时，政府就会对某些重要物资以至于所有产品采取价格管制措施。政府实行价格管制通常是为了保护公众利益，保障公众的基本生活，但这种价格管制直接干预了企业的定价决策，影响了企业的营销活动。其四，外汇管制。指政府对外汇买卖及一切外汇经营业务所实行的管理。它往往是对外汇的供需与使用采取限制性措施。外汇管制对企业的营销活动特别是国际营销活动具有重要影响。例如，外汇管制使企业生产所需的原材料、设备和零部件等不能自由地从国外进口，利润和资金也不能随意汇回母国。其五，国有化政策。指政府出于政治、经济等原因对企业所有权采取的集中措施。例如，为了避免本国工业受到外国势力阻碍等，将外国企业收归国有。

第三，国际关系指国与国之间的政治、经济、文化、军事等关系。发展国际经济合作和贸易关系是人类社会发展的必然趋势，企业在生产经营过程中会或多或少地与其他国家发生往来，开展国际营销活动的企业更是如此。因此，国家间的关系也就必然会影响到企业的营销活动。这种国际关系主要包括两个方面的内容：其一，企业所在国与营销对象国之间的关系。在国外经营的企业要受到市场国也就是营销对象国对企业所在国外交政策的影响。如果营销对象国与企业所在国的关系良好，则对企业在该国经营有利；反之，如果营销对象国对企业所在国政府持敌对态度，企业就会遭遇不利的对待，甚至是攻击或抵制。比如，中美两国之间的贸易关系就经常受到两国外交关系的影响，美国经常在贸易上对中国企业采取一些歧视政策，如配额限制、所谓的"反倾销"等，阻止中国产品进入美国市场。这对中国企业在美国市场上的营销活动是极为不利的。其二，国际企业的营销对象国与其他国家之间的关系。国际企业对于营销对象国来说是外来者，但其营销活动同样受到营销对象国与其他国家之间关系的影响。例如，中国与伊拉克很早就有贸易往来，后者曾是中国钟表和精密仪器进口的较大客户，海湾战争后，由于联合国对伊拉克实施经济制裁，中国企业有很多贸易往来不能正常进行。阿拉伯国家也曾联合起来抵制与以色列有贸易往来的国际企业，当可口可乐公司试图在以色列办厂时，引起了阿拉伯国家的普遍不满，因为阿拉伯国家认为，这样做有利于以色列发展经济。而当可口可乐公司在以色列销售成品饮料时，却受到阿拉伯国家的欢迎，因为它们认为，这样做会消耗以色列的外汇储备。这说明国际企业的营销对象国与其他国家之间的关系也是影响国际企业营销活动的重要因素。

法律环境因素

法律是体现统治阶级意志、由国家制定或认可,并以国家强制力保证实施的行为规范的总和。对企业来说,法律是评判企业营销活动的准则,只有依法进行的营销活动才能受到国家法律的有效保护。因此,企业开展市场营销活动,必须了解并遵守国家或政府颁布的有关经营、贸易、投资等方面的法律法规。如果从事国际营销活动,则企业除了要遵守本国的法律制度,还要了解与遵守营销对象国的法律制度及有关国际法规、国际惯例和准则,因为这方面的因素对国际企业的营销活动有深刻影响。

(2) 经济环境(Economic)

经济环境是指企业营销活动所面临的外部经济因素,其运行状况及发展趋势会直接或间接地对企业的营销活动产生影响。经济环境一般包括经济发展阶段、社会购买力、消费者收入、消费者支出、消费者储蓄和信贷等。

经济发展阶段

企业的营销活动要受到整个国家或地区的经济发展阶段的制约,处在不同经济发展阶段的目标市场,会呈现不同的市场需求和消费方式,因而会对企业的营销活动产生直接或间接的影响。如在经济发展水平较高的地区,消费者更注重产品的款式、性能和特色,品质竞争多于价格竞争;而在经济发展水平较低的地区,消费者往往更注重产品的功能及实用性,价格因素显得比产品品质更为重要。因此,对于处在不同经济发展阶段地区的消费者,企业应采取不同的营销策略。

社会购买力

社会购买力是指一定时期内社会各方面用于购买产品或服务的货币支付能力。市场规模的大小归根结底取决于社会购买力的大小,因此从企业市场营销的角度来看,社会购买力是经济环境最主要的要素。而社会购买力取决于国民经济发展水平以及由此决定的国民平均收入水平。经济发展快,人均收入高,社会购买力大,企业的营销机会就随之扩大;反之,经济衰退,市场规模小,则会给企业的营销活动带来威胁,迫使许多企业不得不缩小经营规模。

消费者收入

消费者收入是指消费者个人从各种来源中所获得的全部收入,包括消费者个人的工资、退休金、红利、租金、赠予等收入。消费者的购买力来自消费者的收入,但消费者并不是把全部收入都用来购买产品或服务,购买力只是收入的一部分。因此,在研究消费者收入时,要注意以下几个概念:

第一,国民生产总值。它是衡量一国经济实力与购买力的重要指标。从国民生产总值的增长幅度,可以了解一国经济发展的状况和速度。国民生产总值增长越快,一个国家对产品的需求和购买力就越大,反之就越小。

第二,人均国民收入。它是国民收入总量与人口总数的比值。这个指标大体反映了一个国家人民生活水平的高低,也在一定程度上决定了产品需求的构成。一般来说,人均收入增长,对产品的需求和购买力就大,反之就小。

第三,个人可支配收入。它是指个人能够自由支配的收入,是个人可用于最终消费支出和储蓄的总和,是影响消费者购买力和消费者支出的决定性因素。

第四,个人可任意支配收入。它是指个人可支配收入减去用于购买生活必需品的固定支出(如房租、保险费、分期付款等)后所剩下的那部分收入。这部分收入是消费变化中最活跃的因素,也是企业开展营销活动时所要考虑的主要对象。因为这部分收入主要用于满足人们基本生活需求之外的开支,所以它是影响奢侈品、汽车、旅游等非生活必需品和服务销售的主要因素。

第五,家庭收入。家庭收入的高低会影响很多产品的市场需求。一般来说,家庭收入高,对消费品需求大,购买力也大;反之,需求小,购买力也小。

消费者支出

消费者支出主要受消费者收入的影响。随着收入的变化,消费者支出也会相应地发生变化,从而影响到消费结构,即消费支出在各类产品上的比例分配。德国统计学家恩斯特·恩格尔(Ernst Engel)根据长期观察和大量统计资料,于1875年发现了家庭收入变化与各种支出之间比例关系的规律性,提出了著名的恩格尔定律:随着家庭收入的增加,用于购买食品的支出占家庭收入的比重将下降,用于住房和家庭日常开支的费用的比重保持不变,用于服装、娱乐、保健和教育等方面的支出及储蓄的比重将上升。人们把食物支出占总支出的比重称为恩格尔系数。

恩格尔系数是衡量一个国家、地区、城市、家庭生活水平高低的重要参数。食物支出占总支出的比重越大,恩格尔系数越高,生活水平就越低;食物支出占总支出的比重越小,恩格尔系数越小,生活水平就越高。

优化消费结构是优化产业结构和产品结构的客观依据,也是企业开展营销活动的基本立足点。

消费者储蓄和信贷

在一定时期内,储蓄的多少对消费者的购买力和消费支出有一定的影响。当收入一定时,储蓄越多,现实消费量就越小,而潜在消费量就越大;储蓄越少,现实消费量就越大,而潜在消费量就越小。此外,储蓄目的不同,也往往会影响到潜在需求量、消费模式、消费内容和消费发展方向。这就要求企业营销人员在调查、了解储蓄动机与目的的基础上,制定不同的营销策略,为消费者提供有效的产品和服务。

另外,消费者信贷对购买力的影响也很大。消费者信贷是指消费者凭信用先取得商品使用权,然后按期归还贷款,以购买商品。信贷消费允许人们购买超过自己现实购买力的商品,它可以创造更多的需求。

(3)社会环境(Social)

社会环境又称社会文化环境,任何企业都处在一定的社会文化环境中,它的经营活动必然要受到各种社会文化因素的影响和制约。

社会文化环境一般是指在一种社会形态下已经形成的价值观念、宗教信仰、道德规范、审美观念以及风俗习惯等的总和。在主流文化的基础上,依据具体的文化因素又可以细分为若干不同的文化分支,即亚文化。亚文化包括民族、宗教、种族团体和地理区域的文化。具有亚文化特征的人群被称作亚文化群,如民族亚文化群、宗教亚文化群、种族亚文化群、地理亚文化群、特殊亚文化群等。

同步案例 3-5

"传统"的再造与流行——对青年汉服文化演变逻辑的考察

衣袂飘飘、褒衣博带,曾经只存在于中国历史和影视剧中古代风格的服装,21 世纪开始出现在当代中国,活跃于中国青年群体。这种具有鲜明中国传统风格的服装被统称为汉服,穿汉服的青年人在现代社会身着古代服装,传统与现代在此充满张力。汉服的出现可以追溯至 2001 年,当时正值中国第二次互联网大潮,网络论坛等社交媒体开始兴起。正是在互联网论坛上关于"什么是中国传统服装"的讨论,促使汉服的概念被建构出来。汉服被明确定义为汉民族的传统服装而非汉朝的服装。汉服被认为是从黄帝即位到明末清初,在汉族为主体的聚居区逐渐演化而成的明显区别于其他民族的服装风格。其中,交领右衽、宽袍大袖、隐扣系带是汉服的典型特征(见图 3-8)。

图 3-8　汉服样式

在新媒介商业环境下,汉服吸引了越来越多的中国青年,也吸引了资本的介入。2013 年前后,汉服产业迎来爆发式增长。在以淘宝为代表的电商平台的助推下,2019 年中国汉服爱好者已经达到 356.1 万人,同比增长 74.4%,其中 85% 为青少年。汉服已经超过卫衣和衬衫跃居淘宝时尚搜索关键词第三名。

异国情调、复古主义和世界主义被认为是后现代社会亚文化实践的三种典型形式。作为中国"复古"风格的典型代表,汉服自兴起至今,已有二十多年的发展历程。在此期间,其象征意义与价值地位经历了显著的变化,这种变化也反映在学界对汉服的关注视角从民族主义到消费主义的转向。

在文化自信和文化自觉的双重作用下,中国传统的文化元素被青年一代挖掘出来,成长为"文化高地",媒介场景和族群场景向内部流转,富有标志性的中国传统文化符号开始成为被模仿的对象。

【知识点】亚文化。

【育人目标】培养学生坚定文化自信，树立对中华优秀传统文化的历史自豪感。

资料来源：杨雪，张冉，孔令旭."传统"的再造与流行——对青年汉服文化演变逻辑的考察[J].当代青年研究，2022(2)：40-47.

企业应了解、研究和分析社会文化环境，针对不同的文化环境市场，制定不同的营销策略。社会文化环境主要包括以下几个方面：

教育状况

受教育程度会影响到消费者对产品的需求。通常文化素质高的国家或地区的消费者要求产品包装典雅华贵，对附加功能也有一定的要求。消费者的受教育程度也会影响到企业的市场调研、分销等营销活动的进行。

宗教信仰

宗教是影响人们消费行为的重要因素，宗教影响着信徒的消费需求和消费行为。对市场营销而言，在产品进入一国或一个地区之前，企业必须认真研究当地的宗教信仰，否则产品万一与当地的宗教信仰相冲突，企业将受到巨大的损失。

风俗习惯

一般而言，风俗是指世代相袭固化而成的一种风尚，习惯则指因重复或练习而巩固下来并变成需要的行动方式，两者合称习俗。不同的国家，不同的民族，有着不同的风俗习惯。中国地域辽阔，民族众多，长期以来形成了形形色色的风俗习惯。各地的习俗不同，要求市场营销必须有针对性。同时，习俗也给企业提供了机会，可以说，当今假日经济的火热与各地习俗就有着密切联系。

价值观念

价值观念是指人们对社会生活中各种事情的态度和看法。在不同的国家或民族之间，甚至是同一国家或民族的不同群体之间，人们的价值观念都可能存在很大的差异。不同的价值观念会影响人们的消费需求和消费行为。

人口统计特征

人口统计特征是社会文化环境的另一重要因素。现代市场营销学认为，市场是由具有购买欲望和购买能力的消费群体组成的。企业在进入市场时，首先要按某种标准对市场进行细分，然后再确定目标市场，而这种细分实质上就是按消费群体即人口进行划分的。人口的多少直接决定了市场潜在容量的大小，人口越多，市场规模就越大，而人口的年龄结构、地理分布、婚姻状况、出生率、死亡率、密度、流动性及其文化教育等特性，会对市场格局产生深刻的影响，并直接影响到企业的市场营销活动和经营管理。因此，人口统计特征成为市场营销的主要环境因素。企业必须重视对人口环境的研究，密切注视人口特性及其发展动向，适应人口环境的变化，不失时机抓住市场机会。

第一，人口数量。人口数量是决定市场规模和潜在市场容量的基本要素，如果收入水平不变，则人口越多，对食物、衣物、日用品的需求越多，市场也就越大。随着经济全球化的发展,不少跨国公司纷纷在中国投资,将中国市场作为未来经济发展的增长点,其原因就是看中了中国这个巨大的市场。此外,企业也应充分关注人口数量的变化,人口数量的变化会影响到对某些生活必需品的需求,如衣物、食物、住房、交通等。特定年龄段人口数量的变化也会影响到某些行业的发展,如人口老龄化必将影响到老年人消费品、保健品等行业,并促进它们的兴旺发展。

第二,人口结构。人口结构包括自然结构和社会结构。自然结构主要包括人口的年龄结构、性别结构、家庭结构,社会结构主要包括民族结构和职业结构。人口结构对市场营销工作极其重要,因为在不同的人口结构中,人们的收入水平、生理需求、生活方式和价值观念会有所不同,表现出的需求也就不同,就会出现不同的市场,而大多数产品都是针对某一特定市场展开的。企业应根据各个市场的容量及自身条件,确定目标市场,从而实现营销目标。

第三,人口地理分布。人口地理分布是指人口在不同地区的密集程度。人口的这种地理分布表现在市场上,就是各地人口密度不同,其市场大小不同,地区消费群体习惯不同,市场需求特性不同。当前中国正处于城市化进程之中,一个突出的现象就是农村人口向城市或工矿地区流动,内地人口向沿海经济开放地区流动。人口流入较多的地方由于劳动力增多,就业问题突出,行业竞争较激烈,但人口增多也使当地的基本需求量增加,消费结构发生了一定的变化,从而带来了较多的市场份额和营销机会。

第四,家庭单位和家庭生命周期。现代家庭仍是社会的细胞,也是商品采购的基本单位,一个国家或地区家庭单位的数量,直接影响着许多消费品的市场需求量。如果家庭单位数量多,对家电、家具等生活必需品的需求就会大。同时,家庭生命周期状况对企业的市场营销活动也有重大影响。

(4) 技术环境(Technological)

作为营销环境的一部分,技术环境不仅直接影响着企业内部的生产和经营,同时还与其他环境因素互相依赖、相互作用,科学技术的发展深刻地影响着企业的市场营销活动。一方面,企业可以不断地利用新技术,开发新产品,满足消费者的需求;另一方面,新技术的出现也使得企业现有产品陈旧,企业如果不及时跟上科学技术发展的步伐,就很有可能被淘汰。

目前,科学技术发展的趋势是科技成果转化为产品的周期缩短,产品更新换代加快,企业研发费用急剧增加,技术创新的机会增多,技术贸易的比重加大,以微电子技术为代表的新技术在企业管理和市场营销中广泛应用,降低了企业成本,提高了企业效益。因此,企业应密切关注科学技术发展的新动向,注意市场对新技术和新产品的需求,积极利用科学技术发展给企业带来的营销机会。另外,企业还应分析科学技术发展的长期后果,以便预测可能带来的市场机会或威胁。

3.2.6　基于 SMART 原则的营销目标管理分析工具

目标管理由管理学大师彼得·德鲁克提出,首先出现于他的著作《管理实践》一书中,该书于 1954 年出版。根据德鲁克的说法,管理人员一定要避免"活动陷阱"(Activity

Trap)，不能只顾低头拉车，而不抬头看路，最终忘了自己的主要目标。管理层收购（Management Buy-Outs，MBO）的一个重要概念是企业战略规划不能仅由几个高管来执行，所有管理人员都应该参与进来，这将更有利于战略的执行。另一个相关概念是，企业要设计一个完整的绩效系统，它将帮助企业实现高效运作。由此，可以将目标管理视为价值管理（Value Management）的前身。制定目标看似一件简单的事情，每个人都有过制定目标的经历，但是如果上升到技术层面，管理人员必须学习并掌握 SMART 原则。

- 绩效指标必须是具体的（Specific）。指绩效考核要切中特定的工作指标，不能笼统。
- 绩效指标必须是可以衡量的（Measurable）。指绩效指标是数量化或行为化的，验证这些绩效指标的数据或信息是可以获得的。
- 绩效指标必须是可以实现的（Attainable）。指绩效指标在付出努力的情况下是可以实现的，要避免设立过高或过低的目标。
- 绩效指标要与其他目标具有一定的相关性（Relevant）。指绩效指标与工作的其他目标是相关联的，与本职工作是相关联的。
- 绩效指标必须具有明确的截止期限（Time-bound）。目标是有时间限制的，要注重完成绩效指标的特定期限。

SMART 原则为我们有效制定营销目标提供了多维度可量化的分析工具，详见表 3-11。

表 3-11　基于 SMART 原则的营销目标管理分析工具

维度	目标内容
S—具体 （Specific）	
M—可测量 （Measurable）	
A—可实现 （Attainable）	
R—相关性 （Relevant）	
T—有时限 （Time-bound）	

3.3　整合营销策划文案典型任务

整合营销策划是一个促使社会公众认同和理解企业营销行为的过程，整个营销策划文案可分为以下四大部分。

任务 1　市场分析

（1）企业目标和任务

重点是企业资源整合的策划，明确企业营销策划文案的重要目标和任务，并有合理性分析。

（2）市场现状与策略

总结企业所运营的整个市场状况和目前所运用的营销策略。企业需要确定让自身运作得更好的相关营销活动有哪些,提供足够的信息,真实反映实际情况,清晰阐述企业目前采用的策略。

（3）主要竞争对手分析

作为营销策划方案的一个重要组成部分,企业需要对提供相同产品或类似服务的竞争对手做一个细致的分析,有针对性地评估它们的优势和劣势,以帮助企业在竞争中取胜。明确界定竞争对手,并利用理论工具进行优劣势分析,需注意工具运用要得当。

（4）外部环境分析

外部环境分析通过 PEST 模型扫描宏观层面政治和法律(如政策扶持或贸易限制)、经济(如消费能力波动)、社会文化(如健康消费趋势)、技术(如数字营销工具迭代)等要素的演变方向,结合行业竞争格局评估(如现有竞争对手市场份额、潜在进入者门槛、替代品威胁、供应链议价能力及客户需求分化程度),系统性识别外部机会(如政策驱动的市场需求扩张、技术赋能下的精准营销场景)与威胁(如经济下行导致预算缩减、替代品挤占市场空间或行业价格战激化),旨在帮助企业前瞻性捕捉市场增长窗口(如借势新兴技术优化用户体验),同时预警潜在风险(如政策合规成本上升或客户黏性下降),从而动态调整营销策略,在复杂的环境中平衡资源投入,强化竞争优势并降低外部冲击的负面影响。

（5）内部环境分析

内部环境分析是评估企业自身资源和能力(如管理效率、技术实力、资金储备、团队协作、品牌价值等),识别内部优势(如创新力强、成本控制优)和劣势(如流程僵化、资源不足),从而优化资源配置、强化核心竞争力,为抓住市场机会和应对挑战提供内部支撑。

（6）SWOT 矩阵分析

将各种主要的内部优势、劣势和外部机会、威胁,通过调查列举出来,并依照矩阵形式排列,然后用系统分析的思想,把各种因素相互匹配起来加以分析,从中得出一系列相应的结论,而结论通常带有一定的决策性。

🌀 任务 2　目标市场营销战略和营销策略

目标市场营销战略和营销策略包括对所服务目标市场及相应市场营销组合的详细描述。

（1）市场细分

综合利用市场细分分析工具。确定企业进入的市场领域,并陈述企业选择该业务领域的理由;选择最具需求差异的两个参数进行细分市场分析;选择次级需求差异参数,继续细分市场,锁定目标市场。

（2）目标市场描述

明确目标市场,清晰阐述市场需求及消费特征,描述目标市场客户决策过程的每个阶段。利用选择目标市场分析工具,评估企业目标市场的吸引力以及企业与目标市场的匹配度。

（3）市场定位

目标市场定位要准确、合理，并能体现差异性、排他性原则。定位点的选择过程是，先进行利益定位，然后进行价值定位，最后进行属性定位。

（4）营销策略

它包括对每一个营销组合要素的完整描述。在营销策划中，可以使用 4Ps、4Cs、4Ss、4Rs 等常用的市场营销组合管理工具。

任务3　行动计划

整合营销策划方案的最后一个部分是指出完成营销策略所需的具体活动有哪些，并评估最终的营销策略。

（1）活动/安排/预算

营销策略需要一系列的营销活动来实现，活动安排包括明确活动开展的时间和方式。需要指派特定人员参与具体的营销活动，这些人既可能来自企业内部，又可能来自企业外部。此外，需要制作一个详细的营销活动预算。活动应可操作性强，有明确的风险控制说明，预算应人、财、物资源运用合理。

（2）评估流程

评估流程是对营销活动是否按时完成以及营销活动开展的方式是否正确等问题的具体描述，也可以由是否实现了营销目标以及目标市场是否满意来决定。使用售后顾客调查来确定顾客满意度，调查方法要合理，评估方法要不存在偏见。

任务4　执行效果

执行整合营销策划方案的主体（通常为企业市场部门、项目团队或相关机构）能够按照整合营销策划方案中的行动计划执行，能够提供执行过程中的实证材料（图片、照片、视频、合作文件等），能够对执行结果进行例证与说明（整合的具体资源、建立的合作关系、销售业绩等）。

3.4　整合营销策划文案设计范例与评析

整合营销策划文案设计范例属于典型的案例教学范畴，设定的目的是为学习者提供一个真正可以模仿的蓝本，这个蓝本始终贯穿整个项目任务。请读者扫描左方的二维码阅读《慕夕洗涤产品整合营销策划文案》（全案）。

《慕夕洗涤产品
整合营销策划
文案》（全案）

3.5　整合营销策划专项实训

整合营销策划专项实训属于典型的实验教学范畴，按照项目实验教学的要求，由学员团队按任务要求自主完成。

整合营销策划专项实训由学员在当地挑选一个具有一定知名度的企业作为实训的合作品牌,事先取得企业的认可和支持,由学员逐步完成整合营销策划。

任务 1　市场分析

1. 实战演练任务

以学习小组为单位,对企业所面临的市场状况进行分析,主要包括企业目标和任务、市场现状与策略、主要竞争对手分析、外部环境分析、内部环境分析和 SWOT 分析。

2. 实战演练要求

企业目标和任务重点是企业资源整合的策划;市场现状与策略要求总结企业所运营的整个市场状况和目前所运用的营销策略;主要竞争对手分析作为营销策划方案一个很重要的部分,需要对提供相同产品或类似服务的竞争对手做一个细致的分析;外部环境分析主要进行 PEST 分析;内部环境分析总结企业自身的优势和劣势;SWOT 分析主要运用 SWOT 分析方法,对企业内部的优势和劣势以及外部的机会和威胁进行系统性的审视、评估与判断,并明确地做出战略选择。

3. 实战演练成果评价

利用一周的时间完成市场分析,提交文案并进行 PPT 演讲,现场由企业、行业专家和课程老师担任评委。

任务 2　目标市场营销战略和营销策略

1. 实战演练任务

目标市场营销战略和营销策略包括对所服务目标市场及相应市场营销组合的详细描述。以学习小组为单位,详细进行 STP 分析和制定营销策略。

2. 实战演练要求

借助细分市场分析工具评价选择细分市场。明确目标市场,描述目标市场客户决策过程的每个阶段。目标市场定位要准确、合理,并能体现差异性、排他性原则。营销组合策划要对营销组合要素进行完整策划。

3. 实战演练成果评价

利用一周的时间完成营销战略和营销策略,提交文案并进行 PPT 演讲,现场由企业、行业专家和课程老师担任评委。

任务 3　行动计划

1. 实战演练任务

整合营销策划的行动计划主要包括活动、安排、预算和评估流程。以学习小组为单位,制定整合营销策划的行动计划。

2. 实战演练要求

营销策略需要一系列的营销活动来实现。活动安排要求明确活动开展的时间和方式，需要制作一份详细的营销活动预算。评估流程要求对营销活动是否按时完成以及营销活动开展的方式是否正确等问题进行具体的描述。

3. 实战演练成果评价

利用一周的时间完成行动计划，提交文案并进行 PPT 演讲，现场由企业、行业专家和课程老师担任评委。

任务4　执行效果

1. 实战演练任务

以学习小组为单位，按照整合营销策划方案中的行动计划执行。

2. 实战演练要求

能够提供执行过程中的实证材料（图片、照片、视频、合作文件等），能够对执行结果进行例证与说明（整合的具体资源、建立的合作关系、销售业绩等）。

3. 实战演练成果评价

利用四周的时间完成执行效果评估，提交文案并进行 PPT 演讲，现场由企业、行业专家和课程老师担任评委。

3.6　整合营销策划课后巩固（单元测试题）

一、单项选择题（10 道题）

1. 整合营销策划就是通过对全局的考虑，合理安排各种营销活动和营销工具的使用，使整个营销活动处于有组织、有秩序的状态，发挥整体营销的力量，达到最佳效果。整合营销策划整个过程可分为（　　）阶段。

　　A. 两个　　　　　　B. 三个　　　　　　C. 四个　　　　　　D. 五个

2. 4Rs 营销理论是由美国学者唐·舒尔茨在 4Cs 营销理论的基础上提出的新营销理论。4Rs 营销理论的 4Rs 分别指关联、反应、关系和（　　）。

　　A. 满意　　　　　　B. 服务　　　　　　C. 速度　　　　　　D. 回报

3. 目标市场定位主要由利益定位、价值定位与（　　）定位决定。

　　A. 产品　　　　　　B. 品牌　　　　　　C. 需求　　　　　　D. 属性

4. 根据迈克尔·波特的观点，影响一个产业内部竞争激烈程度的力量有（　　）种。

　　A. 两　　　　　　　B. 三　　　　　　　C. 四　　　　　　　D. 五

5. SWOT 矩阵是进行企业外部环境和内部条件分析，从而寻找二者最佳可行战略组合的一种分析工具。其中，"S"代表（　　）。

　　A. 优势　　　　　　B. 劣势　　　　　　C. 机会　　　　　　D. 威胁

6. 4Ps 营销理论产生于 20 世纪 60 年代的(　　),是随着营销组合理论的提出而出现的。

A. 美国　　　　　B. 英国　　　　　C. 法国　　　　　D. 比利时

7. 4Ss 营销理论强调从消费者需求出发,打破企业传统的市场占有率推销模式,建立一种全新的"消费者占有"的营销导向。4Ss 营销理论的 4Ss 分别指满意、服务、速度和(　　)。

A. 便利性　　　　B. 沟通　　　　　C. 需求　　　　　D. 诚意

8. 传统的 4Ps 营销理论在产品中心主义框架下的单向输出模式,逐渐难以适应消费者主权时代的价值共创需求。在此背景下,美国学者罗伯特·劳特朋于 1990 年系统提出 4Cs 营销理论,该理论的 4Cs 分别指消费者需求、消费者所愿意支付的成本、消费者的便利性和与消费者(　　)。

A. 属性　　　　　B. 沟通　　　　　C. 价格　　　　　D. 诚意

9. 市场定位的实质是指根据竞争者现有产品在细分市场上所处的地位和顾客对产品某些属性的重视程度,塑造出本企业产品与众不同的个性形象并传递给目标顾客,使之在细分市场上占有强有力的竞争位置。市场定位的方法主要包括初次定位、迎头定位、避强定位和(　　)。

A. 重新定位　　　B. 利益定位　　　C. 价值定位　　　D. 属性定位

10. 4Ds 智慧营销模型涵盖 4 个关键要素,即需求、数据、传递和(　　)。

A. 价格　　　　　B. 品牌　　　　　C. 渠道　　　　　D. 动态

二、多项选择题(5 道题)

1. 对于每一种外部环境与企业内部条件的组合,企业可能采取的一些战略原则有(　　)。

A. 扩张型战略　　B. 扭转型战略　　C. 多元化战略　　D. 防御型战略

2. PEST 分析工具包括(　　)。

A. 政治和法律环境　B. 经济环境　　C. 社会环境　　　D. 技术环境

3. SMART 原则为我们有效制定营销目标提供了多维度可量化的分析工具,绩效指标要与其他目标具有一定的相关性,同时绩效指标必须是(　　)。

A. 具体的　　　　　　　　　　　B. 可以衡量的

C. 可以实现的　　　　　　　　　D. 具有明确的截止期限

4. 整合营销策划就是通过对全局的考虑,合理安排各种营销活动和营销工具的使用,使整个营销活动处于有组织、有秩序的状态,发挥整体营销的力量,达到最佳效果。整合营销策划整个过程包括的阶段有(　　)。

A. 市场分析　　　B. 营销策略　　　C. 行动计划　　　D. 执行效果

5. 市场营销在企业中地位的演变经历了五个阶段,包括营销作为一般功能和(　　)。

A. 营销作为一个比较重要的功能　　B. 营销作为主要功能

C. 顾客作为核心功能　　　　　　　D. 顾客作为核心功能和营销作为整体功能

三、简答题(5 道题)

1. 整合营销与整合营销传播的区别和联系是什么?

2. 整合营销策划的特征有哪些？

3. 营销组合主要有哪些理论？

4. 简述市场定位的依据和市场定位的方法。

5. 整合营销策划文案典型任务包括哪些部分？请阐述各部分的具体任务。

第4单元 品牌策划

思维导图

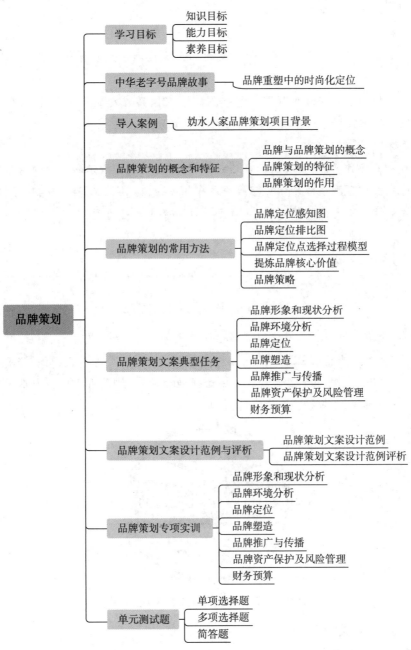

学习目标

知识目标

1. 掌握品牌策划的概念和特征。

2. 理解品牌策划文案设计的典型任务。

3. 掌握品牌策划的常用方法。

能力目标

1. 以企业品牌策划问题为导向，通过学习示范案例和完成实训任务，熟悉品牌策划的工作过程（典型任务），撰写品牌策划文案。

2. 能综合应用品牌定位感知图、品牌定位排比图、品牌定位点选择过程模型、提炼品牌核心价值等品牌策划分析工具和理论进行品牌策划。

素养目标

1. 能够参与协作学习，具有团队合作意识，能够进行成果展示和有效沟通与交流。

2. 能够在品牌策划实践活动中理解并遵守相关营销职业道德和规范，履行相关责任。

3. 养成勤于思考的学习习惯，培养自主学习和终身学习的意识。

中华老字号品牌故事

品牌重塑中的时尚化定位

1931 年，上海富贝康化妆品有限公司由顾植民创立，生产以花露水、胭脂、香粉为主要产品。1940 年，公司推出有很强的滋润性和浓郁香气的百雀羚冷霜，吸引了当时的社会名媛和女星，百雀羚冷霜成为上海百货公司的时尚畅销品。同时，百雀羚经典的蓝色小铁盒包装给那个时代的人们留下了美好的记忆（见图 4-1）。

图 4-1　百雀羚经典的蓝色小铁盒包装

1956 年，百雀羚进行公私合营。1962 年，公司改名为"上海日用化学品二厂"，百雀羚成为该厂旗下一个品牌。改革开放后，百雀羚迎来了引资和改制的机遇。1990 年，百雀羚先后引入英国联合利华、德国巴尔斯多夫并建立了合资公司，生产"旁氏"及"妮维雅"品牌产品。20 世纪 90 年代，外资品牌强势进入我国之后，本土化妆品品牌受到很大的冲击，再加上消费者对化妆品的需求发生了改变,百雀羚与谢馥春、孔凤春、双妹等本土化妆品被贴上"老化""低价"等标签,逐渐被排挤出主流销售市场。2000 年之前,百雀羚在市场夹缝中生长,虽然不断地开发出护肤品、护发素等产品线,但在市场上起色不大。2000 年,百雀羚改制成功,上海百雀羚日用化学有限公司成立,公司引入产业资本及专业团队,开启了百雀羚的品牌转型之路。

百雀羚采用广告、代言人等传播方式来传递新的品牌形象。在传播策略上,一方面唤起消费者的怀旧情结,保持部分产品的传统包装,比如经典的百雀羚护肤脂采用老的铁盒包装形式和图标特征,甚至保留了小铁盒和盒内的锡铂,以唤起人们对传统品牌的识别;另一方面新增传统元素,并赋予传统元素时尚意义,比如新产品水嫩倍现系列、草本精粹系列、气韵草本系列等采用了典型的中国传统元素,包装以绿色为主要基调,配以植物图案。

作为经典老字号国货,百雀羚在品牌传播的过程中提出"传承"的概念,强调"东方美学"的理念,将品牌产品与东方之美相互联系。2011 年,百雀羚签约明星莫文蔚代言草本精粹系列产品,将明星莫文蔚的"国际范儿"与百雀羚的品牌理念"东方美学"相结合,推广品牌新形象。2014 年,百雀羚邀请周杰伦与李冰冰为产品代言,增加了品牌的时尚、青春元素。

2013 年,百雀羚作为"国礼"被彭丽媛带到坦桑尼亚,让民族品牌广受关注。由此,作为国礼送出的百雀羚迅速走红,被贴上"国货骄傲"和"国货第一"等标签。"国礼"套装把传统文化元素形象地融入品牌,展现了东方大国的文化底蕴和民族气质,满足了消费者的精神需求,提升了百雀羚民族品牌的形象。

百雀羚针对不同年轻群体推出了不同的个性化定制跨界产品。比如,针对二次元爱好者,跨界合作设计了洛天依限量产品(见图 4-2);针对传统文化爱好者,与故宫跨界合作设计了东方簪(见图 4-3)和燕来百宝奁礼盒(见图 4-4)。百雀羚用个性化定制的方式将产品打造成艺术品,以满足年轻群体对个性和品质的追求。

图 4-2　百雀羚跨界设计推出洛天依限量产品

图 4-3　百雀羚与故宫跨界合作设计东方簪

图 4-4　百雀羚与故宫跨界合作设计燕来百宝奁

品牌重塑（Brand Rebuilding）是品牌的再塑造，是企业为修正或重新确定品牌定位、建立新的品牌形象而发生的活动及过程。品牌重塑可以改变原品牌在消费者心中的旧形象，并能提高品牌知名度进而产生品牌感召力，从而实现品牌核心价值。百雀羚面对市场的变化，重新塑造了品牌形象，拉近了与年轻一代消费群体的距离，实现了时尚化转型，成为老字号回归市场的代表品牌，实现了成功的老字号品牌重塑。在 Brand Finance"全球最有价值的 50 个化妆品和个护品牌"排行榜中，百雀羚连续 3 年入选，并于 2021 年成为唯一跻身全球前 15 的中国美妆品牌。

　　【知识点】品牌重塑。

　　【育人目标】文化根脉传承，筑牢民族精神根基，培育创新精神，构建情感共同体，坚定文化自信。

　　资料来源：

　　① 白玉苓.老字号品牌重塑中的时尚化定位及策略研究［J］.品牌研究，2018（6）：16-19.

　　② 百雀羚官网（http://www.pechoin.com）。

导入案例

妫水人家品牌策划项目背景

　　北京妫水人家农业发展有限公司位于北京市延庆区八达岭经济开发区，旗下有妫水人家餐饮品牌、石峡古堡客栈品牌、贺姥姥小馆品牌、营养主食坊品牌、凤龙居嘉主题量贩KTV 品牌。其中，石峡古堡客栈位于北京市延庆区石峡村，四周长城环绕，毗邻石峡古堡遗址。经过近十年的精心打造和经营，妫水人家品牌积累了众多忠实客户，在业内赢得了良好的口碑，创下了不俗的业绩。但由于北京妫水人家农业发展有限公司旗下子品牌众多，品牌凝练度较低，在系统规划、品牌形象塑造、品牌定位、品牌内涵挖掘以及品牌宣传方面仍存在诸多问题，致使妫水人家品牌在经历了几年快速成长后，陷入发展瓶颈期。因此，如何挖掘品牌内涵，突出品牌特色，进而给妫水人家品牌发展注入新鲜活力，吸引目标人群，成为策划组着力要解决的问题。

4.1　品牌策划的概念和特征

4.1.1　品牌与品牌策划的概念

　　品牌是名字、术语、标识、设计及其组成的集合，是能够使品牌拥有者的产品或服务区别于竞争对手并带来增值的无形资产，是社会公众对品牌拥有者的组织、产品及服务认知的总和。

　　品牌策划是指人们为了达成某种特定的目的，借助一定的科学方法和艺术技巧，为决策、计划而构思、设计、制作策划方案的过程。品牌策划可以帮助品牌拥有者在进入市场前精准判断需求,依托系统性战略规划,规避定位偏差与资源错配等风险,显著降低试错成本与市场机会损失,为品牌入市提供成功保障。

品牌策划注重的是意识形态和心理描述,即对消费者的心理进行引导和激发,是把人们对品牌的模糊认识清晰化的过程。

所以,品牌策划就是使企业品牌或产品品牌在消费者脑海中形成一种个性化的区隔,并使消费者与企业品牌或产品品牌之间形成统一的价值观,从而建立起企业或产品的品牌声誉。

4.1.2 品牌策划的特征

(1) 首位性

从品牌运营过程的角度来看,策划先行于其他过程。品牌策划通过对消费者和市场进行调查,为决策提供依据,并贯穿于品牌成长的各项活动中。

(2) 科学性

无论做何种决策,都要遵循客观事实,符合事物发展的规律,不能脱离现实条件任意杜撰,随意想象。从事品牌策划工作,一是必须有实事求是的科学态度,一切从实际出发,量力而行;二是必须有可靠的科学依据,包括准确的信息、完整的数据资料等;三是必须有科学的方法,如科学预测、系统分析、综合平衡、方案优化等。只有这样才能使品牌的运营不仅富有创造性,而且具有可行性。

(3) 有效性

品牌策划不仅要确保品牌目标的实现,而且要从众多的方案中选择最优的方案,以求合理利用资源和提高效率;不仅要用时间、金钱或生产来衡量策划的结果,而且要衡量品牌拥有者和消费者的满意程度。

(4) 前瞻性

策划必须具有前瞻性。这就要求策划人员有"眼光",看得远,看到他人没有看到的,只有这样才能抢占先机,出奇制胜。"不谋万世者,不足谋一时;不谋全局者,不足谋一域",说的就是这个道理。例如,很多企业没有做品牌策划,就忙着请广告公司发布广告,投入大量的资金之后,虽然会有一定的收益,但必然是事倍功半。

(5) 兼顾性

策划必须考虑周到,兼顾各方利益。策划不能欺诈消费者,不能损害消费者的利益,更不能有悖于社会道德和伦理。每年"3·15"被曝光的企业,以及其他出现类似品牌危机的企业,尽管在一定时期内取得了经济效益,但从长远来看往往得不偿失。

(6) 时效性

做品牌策划,要确保其时效性。市场环境瞬息万变,在品牌运营过程中,要随时监控品牌运营的实际效果,要有"掘地三尺"的精神和能力,洞穿问题的本质,找到问题的根源,然后结合现有的资源进行统筹安排,及时解决品牌运营过程中存在的问题。

4.1.3 品牌策划的作用

策划的作用是以最低的投入和最小的代价达到预期目的。策划人员在科学调查的基础上,运用熟练的策划技能、新颖超前的策划创意,对现有资源进行优化整合,并进行全面、细致的构思谋划,从而制订出详细、可操作性强的方案,让策划对象赢得经济利益和社会效益。品牌策划在品牌运营过程中具有特殊的重要作用。

（1）品牌策划是品牌生存与发展的纲领

我们正处在一个政治、经济、技术、社会变革与发展的时代。在这个时代,变革与发展不仅给人们带来了机遇,还带来了风险。如果品牌拥有者在看准机遇和利用机遇的同时,又能最大限度地降低风险,即在朝着目标前进的道路上建设一座便捷而稳固的桥梁,品牌拥有者就能立于不败之地,在充满机遇与风险的复杂环境中得到生存与发展。而如果策划不周,就会遭受灾难性后果。

（2）品牌策划是品牌组织协调的前提

现代社会的各种组织及其内部的各个组成部分之间分工越来越精细,过程越来越复杂,协调关系更趋严密。要把这些复杂的有机体科学地组织起来,让各个环节和部门的活动都能够在时间、空间和数量上既相互衔接（围绕整体目标）又互相协调,就必须有一个严密的策划方案,保证品牌目标的实现。

（3）品牌策划是品牌运营的准则

策划的实质是确定目标以及规定实现目标的途径和方法。因此,为了朝着既定的目标步步迈进,并最终实现目标,策划无疑是品牌运营活动中所有行为的准则。它指导不同空间、不同时间、不同岗位上的人们,围绕一个总目标,秩序井然地去实现各自的分目标。

（4）品牌策划是品牌反馈活动的依据

策划为品牌运营活动确定了数据、尺度和标准,为品牌的发展指明了方向。未经策划的活动是无法控制的,更不可能得到确切的来自客户的反馈信息。在策划活动中,策划人员不断地通过反馈信息纠正偏差,使品牌运营活动与目标的要求保持一致。

4.2　品牌策划的常用方法

品牌策划的常用方法

4.2.1　品牌定位感知图

品牌定位过程中的共同点和差异点相辅相成。品牌要在众多品牌中独树一帜,需要寻求或提炼差异点,使消费者在同类品牌中能够有一个不同的选择理由和依据。一般情况下,消费者的选择会注重四个方面的利益,即功能性利益、财务性利益、情感性利益和社交性利益。寻找差异点就主要围绕这四个方面展开。在寻找差异点的过程中,不一定要四个方面都面面俱到,可以在各种利益中确定消费者最关心的一个或两个属性,从而确定差异点。品牌定位感知图是在两个维度上寻找差异点的一种技术方法。首先,通过市场调查了解影响消费者购买的关键属性,然后统计分析这些属性的重要性,确定两个重要性较高的属性作为感知图的两个维度。两个属性的确定非常关键,它们基本上决定了品牌定位点的选择。其次,在二维感知图中,找到每个竞争品牌的相应位置,如果需要,可以以标定的位置为圆心,以一定的半径画圆,用圆的半径或面积表示其市场份额等市场势力因素,这样二维图可以变为三维图,更有利于差异点和定位点的确定,消费者对两个属性的期望就可以在感知图上表达出来(见图 4-5)。通过感知图,企业可以避开竞争品牌的位置或其他品牌实力较强的位置,找到竞争空白点,结合目标消费者的需求,确定品牌定位。

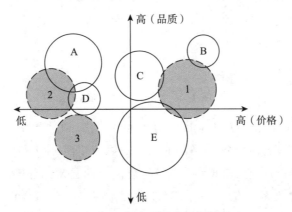

图 4-5 三维度品牌定位感知图

例如,图 4-5 表示了一个企业面对的同类品牌的定位情况。企业在品牌定位中,选择品质和价格作为关键属性,构建了一个三维度品牌定位感知图。圆的大小表示市场份额:圆 A 表示一个追求高品质,但由于规模可以接受较低价格的细分市场;圆 B 表示一个追求高品质、高价格的细分市场;圆 C 表示一个中档品质、中档价格的细分市场;圆 D 表示一个可以接受中档品质、较低价格的细分市场;圆 E 表示一个较低品质却有较高价格的细分市场。

从各品牌的定位点和势力范围来看,企业的品牌定位有三个区域可供选择(图中虚线圆部位):在圆 1 和圆 2 附近已经有好几个品牌占据,竞争很激烈,唯有圆 3 附近还是一个空白区。圆 3 的品牌定位是以较低的价位提供具有一般质量的产品,是一个大众消费品牌,市场空间相对较大。如果企业想控制品牌的制高点,而且在生产和销售方面已经有相当的经验基础,并且想为高收入、高消费的目标群体提供产品和服务,那么圆 1 附近的定位也是一个很好的选择,该品牌定位是较高的品质、较高的价格,但如果 B、C 品牌扩大规模、拓展市场空间,竞争就会比较激烈。

4.2.2 品牌定位排比图

随着经济社会的发展,消费者的需求日益多元化,消费者对产品的要求也越来越高,两个属性已不能满足判断消费者购买决策的需要,多个属性的分析和品牌定位方法十分必要。排比图就是多属性品牌定位的一种技术方法。

首先,根据专家意见和消费者调查,确定所有影响消费者购买决策的属性;其次,根据调查结果对影响属性进行重要性排序;最后,根据消费者对本品牌及竞争品牌的属性评价分值,在排比图中标出各品牌的位置,从中得知各品牌的差距,进而明确本品牌未来的定位方向(见图 4-6)。

影响属性	1	2	3	4	5	权重	
质量	A	B	C	E	D	1	低
性能	A			B C	D E	2	
耐用性	D E			C B	A	3	
款式	A	E		B	D C	4	
操作方便性	A			B E	C D	5	高
售后服务	A	B		E C	D	6	

图 4-6   品牌定位排比图

例如,市场上有五个竞争品牌 A、B、C、D、E 可供参考,通过调查,影响品牌购买决策的属性按照重要性依次是售后服务、操作方便性、款式、耐用性、性能、质量,权重依次是 6、5、4、3、2、1,品牌在各个属性上的表现划分为 5 个层次,5 个层次的分值依次是 1、2、3、4、5,由此可以得到每个品牌的评价值。假设各属性被关注的程度是平等的,即每一个属性都要受到关注,则 E 的品牌定位分值为:

$$(4 \times 1) + (5 \times 2) + (1 \times 3) + (2 \times 4) + (4 \times 5) + (4 \times 6) = 69$$

在这种定位计算中,既可以通过市场调查法或层次分析法等获得各属性的权重值,又可以细分质量等属性的计量单位,使其得分更准确,进而品牌定位的分值也会更准确。

事实上,消费者认知的品牌属性是有限的,企业要按照消费者关注的属性和市场空间进行品牌定位。假设消费者最关注操作方便性和性能,则 D 品牌的定位就比较合适,但 D 品牌其他属性的分值就不会引起消费者的关注;考虑到成本和效益,企业不应在质量、款式、售后服务上倾注过多的资源,只要确保行业平均状态,就不会影响消费者的购买决策。

4.2.3   品牌定位点选择过程模型

定位点是指企业选择、确定并提供给目标顾客的营销要素的某一特征,这一特征是目标顾客较为关注并且具有比较竞争优势的利益或价值点。因此,品牌定位点必须具备两个特征:一是目标顾客关注;二是具有比较竞争优势。同时,市场定位既不是指在所有营销组合要素上实现差异化,也不是指在一个营销组合要素上实现差异化,而是在某个要素所体现的某个利益或价值点上实现差异化。因此,选择定位点包括两层含义:一是把定位点确定在哪一个营销组合要素上,二是定位在这个营销组合要素的哪一个利益或价值点上。

(1)定位点选择的标准

定位点选择的标准有三个,即独特性、必要性和可信性。定位就是"在目标顾客心目中占有独特位置的行动",因此是否与竞争对手形成差异化是选择定位点的第一标准。同时,这个独特性必须有意义,必须是顾客比较关注的利益或价值点,即具有必要性。最后,这个具有独特性和必要性的定位点,还必须具有可信性,而不仅仅是一种宣传和口号。

为了确保定位的有效性,必须满足以下四个条件:第一,必须对目标顾客有一个清晰的认识,同一产品属性对不同的顾客会有不同的定位认知;第二,定位确定的利益点必须是目标顾客最为看重的属性之一,低价利益点对于价格不敏感的顾客来说就属于非重要属性;第三,定位必须建立在企业和品牌现有竞争优势的基础上;第四,定位应该是可以向目标顾客传播的,即应该简单、可修正,这样才便于转化为有吸引力的广告。

(2) 定位点选择的范围

定位点选择的范围实际上就是产品、价格、渠道、沟通四要素在属性、利益和价值三个方面的具体表现。

属性方面,定位点选择的范围可以是营销组合要素的各个维度,只要能够产生利益的方面都可以成为属性定位点的备选对象。产品属性包括原材料、工艺、形态等内部属性和品牌、包装、服务等外部属性。价格属性包括价格高低、价格调整和促销酬宾等。渠道属性包括渠道长度、宽度、广度、系统等。沟通属性包括信息内容、传播形式、传播时间和传播媒体等(见表 4-1)。

表 4-1　四个营销组合要素的属性内容

产品属性	价格属性	渠道属性	沟通属性
原材料、工艺、形态、品牌、包装、服务等	价格高低、价格调整、促销酬宾等	长度、宽度、广度、系统等	信息内容、传播形式、传播时间、传播媒体等

利益方面,定位点选择的范围可以是营销组合要素各个维度带来的利益。利益可进一步分为功能利益和财务利益,以及相应的结果利益和过程利益。实际上,这里的利益不仅仅是在产品方面,而应该是营销组合各个要素带来的效用,包括价格、渠道和沟通等方面(见表 4-2)。不过,有的是一个营销组合要素带来的利益,例如佳洁士儿童牙膏的利益定位点为防止蛀牙,属性定位点为单一的含氟;有的是几个营销组合要素带来的综合利益,例如星巴克独特体验的定位点需要由独特的咖啡香味、艺术化的店铺环境设计、周到的人员服务等多种营销组合要素属性来实现。健康、舒适、时尚、省钱、省时、省精力、省体力等利益,常常是营销组合要素属性综合作用的结果。

表 4-2　四个营销组合要素的利益内容

营销组合要素	增加顾客获得的利益		
	利益类型	结果利益	过程利益
1. 产品方面	功能利益	产品使用后的好处	产品使用过程中的好处
	财务利益	省钱	节省修理和替代品费用
2. 价格方面	财务利益	省钱或增加价值	花更少的钱
3. 渠道方面	功能利益	节省时间、体力和精力成本	便利、舒适、美感
	财务利益	省钱	节省车费、时间和学习费用
4. 沟通方面	功能利益	便利、心情好、有面子等	节省时间、体力和精力成本
	财务利益	省钱	节省信息搜集和使用费用

价值方面,心理学家米尔顿·罗克奇(Milton Rokeach)认为,个人价值分为最终价值和工具价值。最终价值是指人们渴望实现的最终状态,工具价值是指人们为实现最终价值而遵守的理想行为规范。二者分别包括 18 项内容(见表 4-3),这些都是价值定位点的备选内容。

表 4-3　最终价值和工具价值

最终价值	工具价值
1. 舒适的生活;2.刺激的生活;3.成就感;4.和平的世界;5.美丽的世界;6.平等;7.家庭安全;8.自由;9.幸福;10.无内心冲突;11.成熟的性爱;12.国家安全;13.快乐;14.互相帮助;15.自尊;16.社会认同;17.真挚的友谊;18.智慧	1.雄心勃勃;2.心胸开阔;3.有能力;4.愉快;5.整洁;6.勇敢;7.宽恕;8.乐于助人;9.诚实;10.创造力、想象力;11.独立;12.理智;13.符合逻辑;14.博爱;15.孝顺;16.礼貌;17.负责;18.自我控制

（3）选择定位点的具体步骤

属性定位点和利益定位点有着密切的因果关系,因此确定了利益定位点,就自然会产生属性定位点,又由于利益定位点是指给目标顾客带来的效用本身,所以在定位点的选择过程中,利益定位应该在属性定位之前。

利益定位点和价值定位点不存在直接的因果关系,但有着一定的逻辑关系,即通过利益定位点的实现可以让顾客感觉到相应的价值定位点。同样,利益定位点带来的价值可以有很多选择,价值定位点也可以由若干利益来体现。这样找到的主要的利益—价值链,就成为利益定位和价值定位的核心。由于价值定位是为了满足目标顾客的精神感受,而这个感受也必须通过利益来体现,因此在选择定位点的过程中,利益定位也应该在价值定位之前。

价值定位点除了通过利益定位点来体现,表现各营销组合要素的属性定位点也可以发挥必不可少的作用,例如产品材质、工艺、价格、零售终端档次、广告代言人等都会直接影响顾客对精神感受的评价,因此在选择定位点的过程中,价值定位应该在属性定位之前。

这样,选择定位点的过程应该是:先进行利益定位,然后进行价值定位,最后进行属性定位。整个定位过程又可以详细地分为 18 个步骤,如图 4-7 所示。

4.2.4　提炼品牌核心价值

品牌的核心价值是品牌资产的主体部分,它让消费者明确、清晰地识别并记住品牌的利益点与个性,是驱动消费者认同、喜欢乃至爱上一个品牌的主要力量。核心价值是品牌的终极追求,是一个品牌营销传播活动的原点,即企业的一切营销传播活动都要围绕品牌的核心价值而展开,是对品牌核心价值的体现与演绎,并丰富和强化品牌的核心价值。在提炼品牌核心价值的过程中,要遵从下列原则:

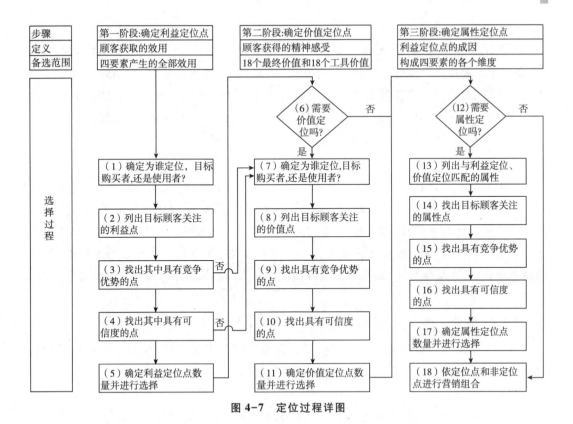

图 4-7　定位过程详图

（1）高度的差异化

只有开阔思路、发挥创造性思维,才能提炼个性化的品牌核心价值。如果一个品牌的核心价值与竞争品牌没有鲜明的差异,就很难引起公众的关注,从而石沉大海,更别谈认同与接受了。缺乏个性的品牌核心价值是没有销售潜力的,不能给品牌带来增值,或者说不能创造销售奇迹。高度差异化的品牌核心价值一亮相市场,就能够成为"万绿丛中一点红",以低成本吸引眼球,引发消费者的内心共鸣。此外,高度差异化的品牌核心价值还是避开正面竞争、以低成本营销取胜的有效策略。

（2）富有感染力

品牌的核心价值要能深深触动消费者的内心世界,如果能够引发消费者的内心共鸣,那么花较少的广告传播费用也能使消费者认同和喜欢上品牌。

（3）核心价值与企业的资源和能力相匹配

尽管传播能够让消费者知晓品牌的核心价值并且为核心价值加分,但品牌的核心价值就其本质而言不是一个传播概念,而是一个价值概念。核心价值不仅要通过传播来体现,更要通过产品和服务不断地把价值长期一致地交付给消费者,只有这样才能使消费者真正认同核心价值。否则,核心价值就成了空洞的概念,不能成为打动消费者的主要力量。而企业的产品与服务需要相应的资源和能力的支持,确保产品与服务达到核心价值的要求。因此,在提炼品牌核心价值的过程中,必须把企业的资源和能力能否支持品牌的核心价值作为重要的衡量标准。

（4）具备广阔的包容力

不少企业期望通过品牌延伸来提高品牌无形资产的利用率从而获得更高的利润。因此，在提炼品牌核心价值的过程中，企业要充分考虑前瞻性和包容性，预埋好品牌延伸的管线。否则，想延伸时发现核心价值缺乏应有的包容力，就要"伤筋动骨"地改造核心价值。这意味着前面付出的大量品牌建设成本有很大一部分可能会被浪费，就像市政工程中造路时没有预设好煤气管线，等到要铺煤气管道时必须"掘地三尺"，损失有多大可想而知。

（5）有利于获得较高溢价

品牌的溢价能力是指对于同样的或类似的产品，本品牌能够比竞争品牌卖出更高的价格。品牌的核心价值对品牌的溢价能力有直接而重大的影响。一个能产生高溢价的品牌的核心价值，在功能方面有明显优于竞争对手的地方，如技术上的领先乃至垄断、原料的精挑细选、原产地优势等，而在情感性方面往往突出"豪华、经典、时尚、优雅、有活力"等特点。

4.2.5 品牌策略

品牌策略是一系列能够产生品牌积累的企业管理与市场营销方法，主要包括品牌化决策、品牌使用者决策、品牌名称决策、品牌战略决策以及品牌更新战略。

（1）品牌化决策

品牌化决策是指企业决定是否给产品起名字、设计标志的活动。使用品牌对企业有如下好处：有利于订单处理和对产品的跟踪，保护产品的某些独有特征不被竞争对手模仿，为吸引忠诚顾客提供机会，有助于市场细分，有助于树立产品和企业形象。尽管品牌化是商品市场发展的大趋向，但对于单个企业而言，是否使用品牌还必须考虑产品的实际情况，因为在获得品牌带来的上述好处的同时，建立、维持、保护品牌也要付出巨大的成本，如包装费、广告费、标签费和法律保护费等。

一般来说，对于那些在加工过程中无法形成一定特色的产品，由于产品同质性很高，消费者在购买时不会过多地注意品牌。此外，品牌与产品的包装、产地、价格及生产厂家等一样，都是消费者选择和评价商品的一种外在线索，对于那些消费者只看重式样和价格而忽视品牌的产品，品牌化的意义也就很小。企业一旦决定建立新的品牌，就不仅是为产品设计一个图案或取一个名称，还必须通过各种手段来使消费者识别品牌，否则这个品牌的存在也是没有意义的。未加工的原料产品以及那些不会因生产厂家不同而形成不同特色的产品仍然可以使用无品牌策略，这样可以节省费用，降低价格，扩大销售。

（2）品牌使用者决策

品牌使用者决策是指企业决定是使用制造商的品牌，还是使用经销商的品牌，或两种品牌同时使用。

一般情况下，品牌是制造商的产品标记，制造商决定产品的设计、质量、特色等。享有盛誉的制造商还将其商标租借给其他中小制造商，并收取一定的特许权使用费。近年来，经销商的品牌日益增多。西方国家许多享有盛誉的百货公司、超级市场、服装商店等使用的都是自己的品牌,有些著名的商家(如美国的沃尔玛)经销的很多商品使用的都是自己的品牌。同时,强有力的批发商中也有许多使用自己品牌的,以增强对价格、供货时间等的控制能力。

当前,经销商品牌已经成为品牌竞争的重要因素。但使用自身品牌对于经销商而言会带来一些问题:经销商需大量订货,占用大量资金,承担的风险较大;同时,经销商为扩大自身品牌的声誉,需要大力宣传其品牌,经营成本提高。经销商使用自身品牌也会带来诸多利益,比如因进货数量较大而进货成本较低,因而销售价格较低,竞争力较强,可以获得较高的利润;同时,可以较好地控制价格,在某种程度上控制其他中间商。

在现代市场经济条件下,制造商品牌和经销商品牌之间经常会展开激烈的竞争,也就是所谓的"品牌战"。一般来说,制造商品牌和经销商品牌之间的竞争,本质上是制造商与经销商之间实力的较量。在制造商具有良好的市场声誉、拥有较大的市场份额的条件下,应多使用制造商品牌,无力经营自己品牌的经销商只能接受制造商品牌。相反,当经销商品牌在某一市场领域中拥有良好的品牌信誉及庞大、完善的销售体系时,利用经销商品牌也是有利的。因此,企业在进行品牌使用者决策时,要结合具体情况,充分考虑制造商与经销商的实力对比,以求客观地做出决策。

(3)品牌名称决策

品牌名称决策是指企业决定是所有的产品使用一个或几个品牌,还是不同的产品分别使用不同的品牌。具体有以下四种决策模式:

• 个别品牌名称,即企业决定每种产品使用不同的品牌。采用个别品牌名称,为每种产品寻求不同的市场定位,有利于增加销售额和对抗竞争对手,还可以分散风险,使企业的整体声誉不致因某种产品表现不佳而受到影响。例如宝洁公司的洗衣粉使用了"汰渍""碧浪"品牌,肥皂使用了"舒肤佳"品牌,牙膏使用了"佳洁士"品牌。

• 对所有的产品使用共同的家族品牌名称,即企业所有的产品都使用同一个品牌。对于那些享有较高声誉的著名企业,所有的产品都使用同一品牌名称可以充分利用其品牌效应,使企业所有的产品畅销。同时,企业宣传介绍新产品的费用开支也相对较低,有利于新产品进入市场。例如美国通用电气公司的所有产品都使用"GE"作为品牌名称。

• 各大类产品使用不同的家族品牌名称。企业采用这种策略,一般是为了区分不同大类的产品,一个产品大类下的产品再使用共同的家族品牌,以便在不同大类产品领域中树立各自的品牌形象。例如 LVHM 集团奢侈皮具取名为路易威登,酒类取名为轩尼诗。

• 个别品牌名称与企业名称并用,即企业决定其不同类别的产品分别使用不同的品牌名称,且在品牌名称之前都加上企业的名称。企业多把这种策略用于新产品的开发。在新产品的品牌名称上再加企业的名称,可以使新产品享受企业的声誉,而使用不同的品牌名称又可以使各种新产品显示出不同的特色。例如海尔集团就推出了"探路者"彩电、"大力神"冷柜、"大王子""小王子"和"小小神童"洗衣机。

(4)品牌战略决策

品牌战略决策有五种,即产品线扩展策略、品牌延伸策略、多品牌策略、新品牌策略、合作品牌策略。

● 产品线扩展策略。产品线扩展是指企业现有的产品线使用同一品牌，当增加该产品线的产品时，仍沿用原有的品牌。这种扩展产品往往都是现有产品的局部改进，如增加新的功能、包装、式样和风格等。通常企业会在这些产品的包装上标明不同的规格、不同的功能特色或不同的使用者。产品线扩展的原因是多方面的，如为了充分利用过剩的生产能力；满足新的消费者的需要；率先成为产品线完整的公司以填补市场空隙，与竞争对手推出的新产品竞争或得到更多的货架位置。产品线扩展的好处有：扩展产品的存活率高于新产品，通常新产品的失败率在80%—90%；满足不同细分市场的需求；完整的产品线可以防御竞争对手的袭击。产品线扩展的弊端有：可能使品牌名称丧失其特定的意义，随着产品线的不断延长，会淡化品牌原有的个性和形象，增加消费者认识和选择的难度；有时因为原来的品牌过于强大，致使产品线扩展造成混乱，加上扩展产品销量不足，难以冲抵其开发和促销成本；如果消费者未能在心目中区别出各种产品，就会造成同一个产品线上新老产品自相残杀的局面。

● 品牌延伸策略。品牌延伸是指将一个现有的品牌名称使用到一个新类别的产品上，即品牌延伸策略是指一种将现有成功的品牌用于新产品或修正过的产品上的战略。品牌延伸是实现品牌无形资产转移和发展的有效途径。品牌也受生命周期的约束，存在导入期、成长期、成熟期和衰退期。品牌作为无形资产是企业的战略性资源，如何充分发挥企业的品牌资源潜能并延续其生命周期便成为企业的一项重大战略决策。品牌延伸一方面在新产品上实现了品牌无形资产的转移，另一方面又以新产品的形象延续了品牌的寿命，因而成为企业的现实选择。

品牌延伸策略具有以下好处：

第一，品牌延伸可以加快新产品的定位，保证新产品投资决策的快捷准确。

第二，品牌延伸有助于降低新产品的市场风险，如可以大大缩短被消费者认知、认同、接受、信任的过程，极为有效地防范了新产品的市场风险，并且可以有效地降低新产品推广的成本及费用。新产品从一开始就与同类产品站在了同一起点上，甚至略优于对手，具备立于不败之地的竞争能力。

第三，品牌延伸有助于强化品牌效应，增加品牌这一无形资产的经济价值。

第四，品牌延伸能够增强核心品牌的形象，提高整体品牌组合的投资收益。

品牌延伸策略具有以下弊端：

第一，损害原有品牌形象。当某一类产品在市场上取得领导地位后，这一品牌就成为强势品牌，它在消费者心目中就有了特殊的形象定位，甚至成为该类产品的代名词。将这一强势品牌进行延伸后，由于近因效应（最近的印象对人们的认知影响具有较为深刻的作用）的存在，就有可能对强势品牌的形象起到巩固或减弱的作用。如果运用不当的品牌延伸，就会使原有强势品牌所代表的形象信息被弱化。

第二，有悖消费者的心理定位。一个品牌取得成功的过程，就是消费者对企业所塑造的这一品牌的特定功用、质量等特性产生特定的心理定位的过程。当企业把强势品牌延伸到和原市场不相容或毫不相干的产品上时，就有悖消费者的心理定位。

第三，容易造成品牌认知的飘忽不定。当一个名称代表两种甚至更多的差异化产品时,必然会导致消费者对产品的认知模糊化。当延伸品牌的产品在市场竞争中处于绝对优势时,消费者就会把原强势品牌的心理定位转移到延伸品牌上。这样一来,就在无形中削弱了原强势品牌的优势。

第四,株连效应。将强势品牌冠名于其他产品上,如果不同产品在质量、档次上相差悬殊,就会使原强势品牌产品和延伸品牌产品产生冲突,这不仅会损害延伸品牌产品,还会株连原强势品牌产品。

第五,淡化品牌特性。一个品牌在市场上取得成功后,在消费者心目中就有了特殊的形象定位,消费者的注意力也集中到该产品的功用、质量等特性上。如果企业用同一品牌推出功用、质量相差无几的同类产品,就会使消费者晕头转向,使该品牌的特性被淡化。

品牌延伸策略应结合品牌延伸原则来考虑,着重对已有品牌资产进行调查以及对新产品的适应性进行系统分析。具体决策步骤包括:

第一,品牌资产调查阶段。这个阶段的任务是探测存在于公众头脑中的与品牌有关的所有联想,推测哪些产品符合品牌意义。我们要得到的认识包括品牌的属性、个性、意图、内心、承诺和隐藏的潜力。

第二,新产品构想测试阶段。测试新产品的构想,不但要识别适合品牌延伸的相关产品,确定延伸是否与品牌保持一致,而且要确定产品是否被认为超越了竞争对手,即延伸是否创造了一种市场需求。

因为品牌延伸是战略决策的结果,因此还要结合生产、营销、财务和人力资源等因素进行综合考虑。品牌延伸通常也涉及某种风险,没有一种研究能够精确地预测品牌延伸在一段时间里的效果。因此,企业在实施品牌延伸策略时,一定要着眼于长远利益。

- 多品牌策略。在相同的产品类别中引进多个品牌的策略被称为多品牌策略。证券投资者往往同时投资多种股票,一个投资者所持有的所有股票集合就是所谓的证券组合。为了降低风险,增加盈利机会,投资者必须不断地优化证券组合。一个企业建立品牌组合,实施多品牌策略,往往也是基于同样的考虑,并且这种品牌组合中各个品牌的形象之间是既有差别又有联系的,不是"大杂烩",组合的概念蕴含着整体大于个别的意义。

第一,培植市场的需要。没有哪一个品牌单独可以培植一个市场。尽管某一品牌起初可能一枝独秀,但是一旦等它辛辛苦苦地开垦出一片肥沃的市场后,其他人就会蜂拥而至。众多市场竞争者共同开垦一个市场,有助于该市场的快速发育与成熟。当市场分化开始出现时,众多市场贡献者的"广告战"往往不可避免,其效果却进一步强化了该产品大类的共同优势。有的市场开始时生机勃勃,最后却没有形成气候,其原因之一就在于参与者寥寥。一个批发市场如果只有两三间小店,冷冷清清,该市场就不是什么市场了。多个品牌一同出现是支持一个整体性市场所必需的条件。以个人计算机市场为例,如果只有苹果一家公司唱独角戏,而没有其他电脑厂家跟进,则绝对不可能形成今天这样广阔的市场局面。

第二,多个品牌使企业有机会最大限度地覆盖市场。没有哪一个品牌能够单枪匹马地占领一个市场。随着市场的成熟,消费者的需求逐渐细化,一个品牌不可能保持其基本意义不变而同时满足几个需求。这就是为什么有的企业要创造数个品牌以对应不同细分市场的初衷。另外，近年来西方零售商自我品牌的崛起向制造商发出了强有力的挑战，动摇着制造商在树立和保持品牌优势上的主动与统治地位。多品牌策略有助于制造商遏制中间商和零售商控制某个品牌进而左右制造商的能力。多品牌提供了一种灵活性，有助于限制竞争对手的扩展机会，使得竞争对手感到在每一个细分市场中的现有品牌都是进入的障碍。在价格大战中捍卫核心品牌时，多品牌是不可或缺的策略。把那些次要品牌作为小股部队，给发动价格战的竞争对手以迅速的侧翼打击，有助于使挑衅者首尾难顾。与此同时，核心品牌的领导地位则可以毫发无损。核心品牌肩负着保证整个产品大类盈利能力的重任，其地位必须得到捍卫；一旦它的地位下降，产品的单位利润就难以复升，最后该品牌将遭到零售商的拒绝。

第三，突出和保护核心品牌。当需要保护核心品牌的形象时，多品牌的存在更显得意义重大，核心品牌在没有把握的革新中不能盲目冒风险。例如，为了捍卫品牌资产，迪士尼公司在其电影制作中使用多个品牌，使得迪士尼公司可以生产各种类型的电影，从而避免了损伤声望卓著的迪士尼的形象。在西方，零售系统对品牌多样化的兴趣浓厚，制造商运用多品牌策略来提高整体市场份额，以此增加自己与零售商较量的砝码。

总之，多品牌策略有助于企业培植、覆盖市场，降低营销成本，限制竞争对手和有力地回应零售商的挑战。

多品牌策略虽然有着很多优越性，但同时也存在诸多局限性。

第一，随着新品牌的引入，其净市场贡献率将呈一种边际递减趋势。经济学中的边际效用理论告诉我们，随着消费者对一种商品消费的增加，该商品的边际效用呈递减趋势。同样，对于一个企业来说，随着品牌的增加，新品牌对企业的边际市场贡献率也将呈递减趋势。这一方面是由于企业的内部资源有限，支持一个新品牌有时需要缩减原有品牌的预算费用；另一方面是由于企业在市场上创立新品牌会因竞争对手的反抗而达不到理想的效果，它们会针对企业的新品牌推出类似的竞争品牌，或加大对现有品牌的营销力度。此外，另一个重要的原因是，随着企业在同一产品线上品牌的增多，各品牌之间不可避免地会侵蚀对方的市场。在总市场难以骤然扩张的情况下，很难想象新品牌所吸引的消费者全部是竞争对手的顾客或是从未使用过该产品的人，特别是当产品差异化较小或同一产品线上不同品牌定位差别不甚显著时，这种品牌间相互蚕食的现象尤为显著。

第二，品牌推广成本较大。企业实施多品牌策略意味着不能将有限的资源分配给获利能力强的少数品牌，各个品牌都需要一个长期、巨额的宣传预算。对于有些企业来说，这是可望而不可即的。

● 新品牌策略。为新产品设计新品牌的策略被称为新品牌策略。当企业推出一个新产品时，可能发现原有的品牌名称已不适合它，或是对新产品来说有更好、更合适的品牌名称，这时企业需要设计新品牌。海尔集团以白色家电制造闻名全球，当其战略布局医疗级智能健康设备领域时，"海尔"名称与冰箱、洗衣机等传统家电的强关联性，难以支撑其专业医疗设备的技术权威形象。为此，集团独立推出"智愈"品牌，其命名源自"科技治愈生命"的核心理念，通过搭载无创血糖实时监测芯片与人工智能病理预测算法，突破传统医疗器械功能边界。

● 合作品牌策略。合作品牌(也称双重品牌)是指两个或更多的品牌在一个产品上联合起来,每一个品牌都期望另一个品牌能够强化整体的形象或消费者的购买意愿。

合作品牌的形式有多种:一种是中间产品合作品牌,如联想 ThinkPad 的广告说它使用了英特尔的芯片;另一种是同一企业合作品牌,如淘宝和天猫都使用了支付宝,这三者都是阿里巴巴公司旗下品牌;还有一种是合资合作品牌,这种形式在汽车行业较为常见,如一汽大众、上海大众和长安福特等。

(5)品牌更新战略

品牌更新战略主要涉及形象更新、定位修正或再定位、产品更新和管理创新四个方面。

● 形象更新。形象更新,顾名思义,就是品牌不断创新形象,适应消费者心理的变化,从而在消费者心目中形成新的印象的过程。其具有以下几种情况:

第一,消费观念变化导致企业积极调整品牌战略,塑造新形象。如随着人们环保意识的增强,消费者开始把无公害作为选择不同商品、品牌的标准,企业这时即可采用避实就虚的方法,重新塑造品牌形象,避免涉及环保内容,或者采用迎头而上的战略,更新品牌形象为环保形象。

第二,档次调整。企业要开发新市场,就需要为新市场塑造新形象。如日本汽车在美国市场的形象就经历了由小巧、省油、耗能低、价廉车到高科技概念车的转变,给品牌的成长注入了新的生命力。

● 定位修正或再定位。从企业的角度来看,不存在一劳永逸的品牌,从时代发展的角度来看,品牌的内涵和形式也应该不断变化。品牌从某种意义上讲就是从商业、经济和社会文化的角度对这种变化的认识和把握。所以,企业在建立品牌之后,会因竞争形势而修正自己的目标市场。如竞争对手可能继企业品牌之后推出其品牌,并削减企业的市场份额;顾客偏好发生转移,对企业品牌的需求减少;或者企业决定进入新的细分市场。因此,企业有时会因时代特征、社会文化的变化而进行品牌定位修正或再定位。

企业在做出品牌定位修正或再定位决策时,首先要考虑将品牌转移到另一个细分市场所需的成本,包括产品品质改变费、包装费和广告费等。一般来说,定位修正或再定位的跨度越大,所需成本越高。其次要考虑品牌定位于新市场后可能产生的收益。收益大小是由以下因素决定的:某一目标市场的消费者人数,消费者的平均购买力,同一细分市场中竞争对手的数量和实力,以及在该细分市场中为品牌定位修正或再定位要付出的代价。

第一,竞争环境使得企业避实就虚,扬长避短,修正定位。如七喜公司在进入软饮料市场后研究发现,可乐饮料总是和保守型的人结合在一起,而那些思想新潮者总是渴望找到象征自己狂放不羁思想的标志物。对此七喜公司进行了一次出色的营销活动,标榜自己是生产非可乐饮料的,品牌的新市场定位给公司带来了生机,从而获得了非可乐饮料市场的领先地位。

第二,时代变化使得企业修正定位。例如,创立于 1908 年的英国李库珀(Lee Cooper)牛仔裤是世界上著名的服装品牌之一,也是欧洲领先的牛仔裤生产商。近百年来,其品牌形象在不断地变化：就 20 世纪来说，40 年代——自由无拘束；50 年代——叛逆；60 年代——轻松时尚；70 年代——豪放粗犷；80 年代——新浪潮下的标新立异；90 年代——返璞归真。

● 产品更新。在现代社会，科学技术是第一生产力、第一竞争要素，也是品牌竞争的实力基础。企业的品牌要想在竞争中处于不败之地，就必须重视技术创新，不断地进行产品的更新换代。

● 管理创新。企业与品牌是紧密结合在一起的，企业的兴盛发展必将推动品牌的成长与成熟。品牌的维系从根本上说是企业管理的一项重要内容。管理创新是指从企业生存的核心内容来指导品牌的维系与培养，它包含多项内容，如与品牌有关的观念创新、技术创新、制度创新以及管理过程创新等。

4.3　品牌策划文案典型任务

品牌策划是一个把人们对品牌的模糊认识清晰化的过程。整个过程可分为以下七个阶段。

任务 1　品牌形象和现状分析

品牌形象和现状分析可以从企业概况、企业品牌创始人简介、企业品牌起源与发展、企业品牌现状、企业品牌存在的主要问题和规划企业品牌策划目标（如整合提升、品牌改造）等几个方面加以阐述。

任务 2　品牌环境分析

品牌环境分析是指对品牌组织所处的内部、外部竞争环境进行分析，以发现品牌组织的核心竞争力，明确品牌组织的发展方向、途径和手段。品牌环境分析一般按照由外到内的顺序依次进行。

（1）外部环境分析

外部环境分析的目的是评价品牌战略与组织外部的机会、威胁和趋势的匹配性，它包括宏观环境分析、产业环境分析、消费者环境分析和竞争环境分析四个部分。

● 宏观环境分析。宏观环境是指对所有品牌组织的经营管理活动都会产生影响的环境方面的各种因素，需要从政治法律环境、经济环境、技术环境、社会文化环境等方面进行分析，找出这些因素对品牌的影响。

● 产业环境分析。产业环境是品牌进行角逐的"沙场"，不同的产业通常具有不同的结构特征、关键成功要素和变革驱动力，企业品牌策划必须及时而深入地做出有针对性的响应才能占据有利地位。

● 消费者环境分析。消费者环境分析就是根据消费者信息数据来分析消费者特征，评估消费者价值。通过合理、系统的消费者分析，品牌组织可以发现不同消费者的不同需求，挖掘潜在消费者，从而进一步扩大商业规模，使品牌组织得到快速的发展。消费者环境分析可以从消费者行为、消费者特征、消费者忠诚度、消费者注意力、消费者营销、消费者收益率六个方面进行。

● 竞争环境分析。竞争环境是指品牌组织所在行业的竞争程度,它代表了品牌市场成本及进入壁垒的高低。竞争环境分析常用的工具是五力模型。这五种竞争力分别是行业中现有竞争者的竞争能力、潜在新进入者的竞争能力、替代品的替代能力、供应商的讨价还价能力以及消费者的讨价还价能力。

(2) 内部环境分析

内部环境分析的目的是评价品牌战略与组织内部的优势、劣势和期望的匹配性,可以从技术素质、经营素质、人员素质、管理素质、财务素质等方面加以分析。

● 技术素质分析:

第一,生产能力。分析生产的组织与计划稠度,技术质量保证与工艺装备,人员操作水平,消耗定额管理,在制品、半成品及产成品流程管理,运输工具,劳动生产率,环境保护与安全生产等。

第二,技术开发能力。分析科研设计、技术开发的物资与设备水平、技术人员数量、技术水平与合理使用程度,以及获取新技术情报的手段、技术计量检测手段。

● 经营素质分析:

第一,销售能力。分析销售力量是否充足,市场调研和市场开发能力如何,现有销售渠道状况如何。此外,分析品牌组织的销售组织是否健全,推销手段是否有效,售后服务如何,交货能力、回款能力及运输能力如何等。

第二,获利能力与经济效益。分析品牌组织获利能力的大小与途径、目标利润与目标成本、各种资金利润率以及盈亏平衡点。

第三,产品、市场状况。分析品牌组织现在的经营业务范围、主要产品的技术性能与技术水平、产品结构和发展前景、市场占有率、产品获利能力与竞争能力、产品所处生命周期阶段。

第四,物资采购供应能力。分析品牌组织在物资资源组织、计划、采购、仓储、资金、管理等一系列工作方面的能力与存在的问题。

● 人员素质分析:分析领导人员素质、管理人员素质和职工素质。人员素质分析就是分析现有工作人员的受教育程度及所受的培训状况。

● 管理素质分析:分析品牌组织的领导体制及组织机构设置是否合理,信息沟通、传递、反馈是否及时,日常业务性的规章制度是否健全可行等。

● 财务素质分析:以会计核算和报表资料及其他相关资料为依据,采用一系列专门的技术和方法,分析与评价品牌组织过去和现在有关筹资活动、投资活动、经营活动、分配活动的盈利能力、营运能力、偿债能力和成长能力等。

(3) 战略选择(SWOT 分析)

品牌策划需要进行战略分析,并明确战略选择。在环境分析的基础上,对当前内外部环境的关键影响因素进行系统性的审视、评估和判断,并明确地做出战略选择。

战略分析中常用的工具是 SWOT 分析法,就是将与研究对象密切相关的各种主要内部优势、劣势和外部机会、威胁,通过调查列举出来,并依照矩阵形式排列,然后用系统分析的思想,把各种因素相互匹配起来加以分析,从中得出一系列相应的结论的分析方法;也就是对品牌组织内外部环境各方面内容进行综合和概括,确定品牌组织应该采取何种战略的分析工具(具体内容详见第3单元SWOT分析工具)。

任务3 品牌定位

品牌策划的第三步是品牌定位。品牌定位是指为品牌确定一个适当的市场位置,使该品牌在消费者的心目中占领一个有利的位置,并与某种需求建立一种内在的联系,当消费者产生这种需求时,首先会想到该品牌。例如,当我们有去头屑的需求时,首先会想到海飞丝;当我们有让头发变得柔顺的需求时,就会想起飘柔。

(1)品牌定位的原则

品牌定位是品牌成功的关键。在品牌定位中应该遵循以下原则:

• 心智主导原则。品牌定位是根据目标消费者的需求而设计的一种传播策略,目标是利用简洁的定位口号,通过品牌传播活动拨动消费者需求的心弦,激发、引导消费者的购买欲望,并赢得消费者的忠诚。所以,品牌定位必须根据消费者需求和消费者心智变化的规律来确定。

• 差异化原则。品牌定位的本质就是塑造品牌的差异性。在同质化的时代,差异化成为企业制胜的法宝,如果品牌定位不能凸显品牌的差异性特征,在众多的竞争品牌中就无法区别竞争对手。品牌差异化定位的塑造需要分析消费者的需求和市场状况,从而在市场上找到未实现的消费者诉求,结合企业自身情况,确定品牌定位点。

• 稳定性原则。除非原定位不合时宜,否则品牌定位不能随意更改,要确保品牌定位的相对稳定性。品牌定位为消费者提供了一个购买的理由,这种购买的理由会随着经济的发展和时代的变迁而发生变化,但定位不能随时变化,因此品牌定位点不能过窄,要在稳定的同时为品牌定位的动态变化预留空间。

• 资源优化原则。品牌定位的最终目的在于让产品占领市场,为企业带来最佳经济效益。因此,品牌定位要充分考虑企业的资源条件,以优化配置、合理利用各种资源为宜,既不要造成资源的闲置或浪费,又不要超越现有的资源条件,追求过高的定位,否则会使企业最后陷入心有余而力不足的被动境地。将品牌定位于尖端产品,就要有尖端的技术;定位于高档产品,就要有确保产品品质的能力;定位于全球性品牌,就要有全球化的运作能力和管理水平。

• 简明原则。品牌定位是品牌传播的基础,在信息爆炸的时代,品牌定位信息最终反映为口号,因此必须简明扼要、朗朗上口,只有这样才能抓住消费者的注意力,便于消费者接收、记忆和相互传播,提高定位的传播效率。

(2)品牌定位的流程

品牌定位流程的核心是STP,即市场细分(Segmentation)、选择目标市场(Targeting)和品牌具体定位(Positioning)。

• 市场细分。市场细分是指企业根据自身条件和营销意图把消费者按照不同的标准分为一个个较小的、有着某些相似特点的子市场的做法。

第一,市场细分的依据。消费者人数众多,需求各异,企业可以根据需求按照一定的标准对消费者进行细分,确定自己的目标人群。市场细分的依据主要有地理标准、人口标准、心理标准和行为标准,根据这些标准进行的市场细分分别是地理细分、人口细分、心理细分和行为细分。

首先,地理细分。地理细分就是将市场分为不同的地理单位,地理标准可以选择国家、省、地区、市、县或居民区等。地理细分是品牌组织经常采用的一种细分方法。小规模的厂商为了集中资源占领市场,也往往会对一片小的区域再进行细分。

其次,人口细分。人口细分是指根据消费者的年龄、性别、家庭规模、家庭生命周期、收入、职业、受教育程度、宗教信仰、种族以及国籍等因素将市场细分为若干群体。由于消费者的需求结构和偏好、产品品牌的使用率与人口因素密切相关,同时人口因素比其他因素更易于量化,因此人口细分是细分市场中使用最广泛的一种细分方法。年龄、性别、收入是人口细分最常用的指标。当然,许多品牌组织在进行人口细分时,往往不是仅依照一个因素,而是使用两个或两个以上因素的组合。

再次,心理细分。心理细分是指根据消费者的生活方式、个性特征及其所处的社会阶层对市场加以细分。在同一地理细分市场中的人们可能会显示出迥然不同的心理特征。在进行心理细分时主要考虑的因素是社会阶层和个性特征等。

最后,行为细分。行为细分是指根据消费者对品牌的了解、认知、使用情况及反应对市场加以细分。这方面的细分因素主要有时机、购买利益、使用者状况、品牌了解程度、态度等。

第二,市场细分的要求。品牌组织根据所提供产品或服务的特点选择一定的细分标准,并按此标准进行调查和分析,最终对感兴趣的细分市场进行描述和概括。当分别使用上述四种细分标准都无法概括出细分市场时,品牌组织就必须考虑综合使用上述四种标准,资料越详细越有利于目标市场的选择。最终概括出来的细分市场至少应符合以下要求:细分后的市场必须是具体、明确的市场,不能似是而非或泛泛而谈,否则就失去了意义;细分后的市场必须是有潜力的市场,而且有进入的可能性,这样对品牌组织才有意义,如果市场潜力很小或者进入的成本很高,品牌组织就没有必要考虑这样的市场。

● 选择目标市场。选择目标市场是指在市场细分的基础上对细分出来的子市场进行评估,以确定品牌应选择的目标市场。

第一,评估细分市场。品牌组织评估细分市场的核心是确定细分市场的实际容量。评估时应考虑细分市场的规模、细分市场的内部结构吸引力和品牌组织的资源条件三个方面的因素。

首先,细分市场的规模。潜在的细分市场要具有适度的需求规模和规律性的发展趋势。潜在的需求规模是由潜在消费者的数量、购买能力、需求弹性等因素决定的,一般来说,潜在的需求规模越大,细分市场的实际容量也就越小,对品牌组织而言,市场容量并非越大越好,"适度"才是上策。

其次，细分市场的内部结构吸引力。细分市场的内部结构吸引力取决于该细分市场潜在的竞争力，竞争对手越多，竞争越激烈，该细分市场的吸引力就越小。如果细分市场竞争品牌众多且实力强大，或者进入壁垒和退出壁垒较高，同时存在替代品牌，则该细分市场就会失去吸引力。

最后，品牌组织的资源条件。决定细分市场实际容量的最后一个因素同时也是关键性的一个因素是品牌组织的资源条件。品牌经营是一个系统工程，有长期目标和短期目标，企业行为是有计划的战略行为，企业每一步发展都是为实现长期目标服务，进入一个子市场只是品牌发展的一步。

对细分市场的评估应从上述三个方面综合考虑，全面权衡，只有这样评估出来的市场才有意义。

第二，选择进入细分市场的方式。通过评估，品牌组织会发现一个或几个值得进入的细分市场，也就是品牌组织所选择的目标市场，下面要考虑的就是进入目标市场的方式，即品牌组织如何进入的问题，经常采用的方式有五种，分别是集中进入、有选择的专门化进入、专门化进入、无差异进入和差异进入。

首先，集中进入。品牌组织集中所有的力量在一个目标市场上进行品牌经营，满足该市场的需求，在该品牌获得成功后再进行品牌延伸。这是中小型企业在资源有限的情况下进入市场的常见方式。

其次，有选择的专门化进入。品牌组织选择了若干目标市场，在几个市场上同时进行品牌经营，这些市场之间或许很少或根本没有联系，但企业在每个市场上都能获利。这种进入方式有利于分散风险，企业即使在某一市场上失利也不会全盘皆输。

再次，专门化进入。品牌组织集中资源生产一种产品提供给各类顾客，或者专门针对某个顾客群的需求提供各种服务。

复次，无差异进入。品牌组织对各细分市场之间的差异忽略不计，只注重各细分市场之间的共同特征，从而推出一个品牌，采用一种营销组合来满足整个市场上大多数消费者的需求。无差异进入往往采用大规模配销和轰炸式广告的办法，以达到快速树立品牌形象的效果。无差异进入的策略能够降低企业的生产经营成本和广告费用，不需要进行细分市场的调研和评估。但是这种方式的风险也比较大，毕竟在需求日益多样化、个性化的现代社会，以一种产品、一个品牌满足大部分需求的可能性很小。

最后，差异进入。品牌组织将多个细分市场作为目标市场，分别设计不同的产品，提供不同的营销组合以满足各目标市场不同的需求。这是大型企业经常采用的进入方式。差异进入由于针对特定目标市场的需求，因而成功的概率更高，能够取得更高的市场占有率，但其营销成本也比无差异进入要高。

● 品牌具体定位。品牌定位的关键是品牌组织要设法在自己的品牌上找出比竞争对手更强的特性。准确地选择相对竞争优势，就是一个企业各方面的实力与竞争对手的实力相比较的过程。比较的指标应是一个完整的体系，只有这样才能准确地选择相对竞争优势，通常的方法是分析、比较品牌组织与竞争对手在下列六个方面究竟哪些是优势以及哪些是劣势,包括:经营管理方面的经营者自身的素质、领导能力、决策能力、计划能力、组织协调能力以及个人应变能力等;技术开发方面的技术资源能力和资金来源等;采购方面的采购方法、存储及物流系统、供应商合作以及采购人员能力等;生产作业方面的生产能力、技术装备、生产过程控制以及职工素质等;品牌营销方面的营销网络控制、市场研究、服务与销售战略、广告投入以及市场营销能力等;财务方面的长期资本和短期资本的来源及资本成本、支付能力以及财务制度与理财素质等。

品牌要展示其独特的竞争优势,就是要创造品牌差异,形成品牌特色。拥有专属品牌特色并与竞争对手区分开来,是品牌组织在进行品牌定位时不可忽视的一环。

品牌的差异具体体现在产品、技术、质量或服务上,但最终要定位在消费者的内心,以创造心理优势。

任务 4　品牌塑造

企业形象识别系统(Corporate Identity System, CIS)主要是指企业主动与利益相关者沟通企业的经营理念和精神文化,并使利益相关者能够识别和重视企业所传播的具体价值的系统。通过将企业形象设计和业务概念相结合,企业可以创建独特的企业形象并强调个性精神。CIS 理论由理念识别(Mind Identity, MI)系统、行为识别(Behavior Identity, BI)系统和视觉识别(Visual Identity, VI)系统三个方面组成。这三个方面相互联系,共同形成独特的企业形象。

CIS 由理念识别系统、行为识别系统、视觉识别系统这三个系统组成金字塔的形状。CIS 的核心是理念识别系统,它不仅位于整个 CIS 理论的最顶层,还是整个系统的决策者。从理念识别系统中延伸出行为识别系统、视觉识别系统两种不同的形式,行为识别系统是理念识别系统的物化表现,视觉识别系统是 CIS 中特有信息的可视载体。其中,行为识别系统是执行的方式,视觉识别系统是元素表达的直观方式,多种多样的视觉识别系统使企业独特的经营理念和精神文化以最直观的方式呈现在外部人员的视线范围内。完整统一的 CIS 缺少这三个子系统中的任何一个都不行,它们有机地组合在一起,相互影响、相互促进,形成了独特的企业形象。

钟育赣(2001)研究了品牌与 CIS 的关系以及二者与竞争优势的关系,认为品牌与 CIS 既有联系又有区别,CIS 的价值需要通过品牌价值来体现。CIS 理论是一套成熟的品牌管理理论,将该理论应用于企业品牌策划在强化品牌识别、塑造品牌形象等方面具有重要的工具价值。

品牌塑造(Brand Building)一般指一个企业在确定品牌定位之后,为实现该定位而采取一系列行动的过程或活动。品牌塑造不是一蹴而就的,而是一个以建立品牌知名度、树立品牌美誉度和培养品牌忠诚度为核心内容的长期活动。消费者通过品牌的名称和标志来完成品牌认知,进而形成对品牌形象的认识。品牌塑造可从理念识别系统、行为识别系统、视觉识别系统三个方面对品牌形象进行整体设计。

同步案例 4-1

"百雀羚"的品牌名称和品牌标志

品牌名称"百雀羚"好听、响亮、易记,同时寓意百鸟朝凤、灵巧可爱,流淌着一种优雅的诗意。百雀羚的品牌标志(见图 4-8)采用了象征健康安全的绿色,意在给消费者带来安全感,传达了绿色、草本、安全的企业理念,代表企业欣欣向荣并充满生机和希望,图案中间是蓝色的百雀羚品牌名称,与原来的经典铁盒包装中的蓝色相呼应,这种继承和发展式的 LOGO(徽标、商标)设计(见图 4-9),既保留了消费者对百雀羚的老印象,容易识别品牌,又展现了品牌的新形象和品牌内涵。以隶书形式书写的"百雀羚"品牌展现了隶书字体的古朴、典雅、方圆相济之美,显示出生动活泼、风格多样的气息。同时,蓝白色的色调对比强烈,形成视觉冲击,引发消费者的憧憬和联想,促进购买动机的形成。

图 4-8　百雀羚的品牌标识　　　图 4-9　百雀羚的新包装

资料来源:白玉苓.老字号品牌重塑中的时尚化定位及策略研究[J].品牌研究,2018(6):16-19.

⚛ 任务 5　品牌推广与传播

品牌推广与传播就是以品牌的核心价值为原则,在品牌识别的整体框架下,选择广告、公关、销售等传播方式,将特定品牌推广出去,以树立品牌形象,促进市场销售。品牌传播是企业满足消费者需求、培养消费者忠诚度的有效手段。

有效的品牌传播可以使品牌为广大消费者和社会公众所认知,使品牌得以迅速发展。同时,有效的品牌传播还可以实现品牌与目标市场的有效对接,为品牌及产品进入市场、拓展市场奠定基础。品牌传播既是表现品牌个性的手段,又是形成品牌文化的重要组成部分。

品牌推广与传播包括品牌传播者、品牌信息、品牌受众、品牌媒介和品牌传播效果五个要素。

（1）品牌传播者

品牌传播者是品牌信息传播过程中的"信源",即品牌传播行为的引发者,是以发布与品牌有关的信息的方式主动作用于他人的人或组织。

（2）品牌信息

品牌信息是指由与品牌相互关联的意义符号组成，能够表达有关品牌的完整意义的信息。

第一，品牌名称。品牌名称是指品牌中可以用语言称呼的部分，品牌名称是品牌的重要组成部分和企业的无形资产。在品牌传播越来越细化的今天，每个环节都对最终的传播结果具有重要影响，而品牌名称更是市场营销工作中一个重要的传播工具。如果不想输在起跑线上，品牌的传播者就一定要重视品牌名称的传播价值。一个好的品牌名称便于受众记忆，能够让受众产生好的联想，进而对品牌报以好感，并最终促使购买行为的产生。

第二，品牌标志。品牌标志是指品牌中可以被认出、易于记忆但不能用语言称呼的部分，一般包括符号、图案或明显的色彩或字体。品牌标志是一种"视觉语言"，它通过特定的图案、色彩向消费者传输某种信息，以达到识别品牌、促进销售的目的。品牌标志自身能够创造品牌认知、品牌联想和消费者的品牌偏好，进而影响品牌体现的品质与消费者的品牌忠诚度。因此，在品牌标志设计中，除了最基本的平面设计和创意要求，还必须考虑营销因素以及消费者的认知和情感心理。

同步案例 4-2

蒙牛 LOGO"焕新"了

2021 年 12 月 18 日，蒙牛对已经使用 22 年的 LOGO 进行焕新升级（见图 4-10），全面开启品牌升级战略。新的 LOGO 由曾设计出苹果公司 LOGO 的罗布·詹诺夫（Rob Janoff）亲自操刀，不仅延续了中国传统风格，而且突出了国际化设计思路，背后则藏着这家全球乳业十强更大的雄心，那就是让全球消费者爱上"乳品中国造"。

图 4-10　蒙牛 LOGO 焕新

经过罗布·詹诺夫数百张手绘草图的精打细磨和精心甄选，新 LOGO"以中国文字为骨，以内蒙古大草原为魂"，最大程度保留了原有的图文结构和基本色调，延续了消费者的主要情感要素。从整体视觉来看，新 LOGO 通过图形、色号、边框等调整，更加凸显了"牛角""母亲河"和"绿色大草原"这三个极具中国特色和蒙牛特点的元素，总体更显亲和、现代、开放和国际化。

具体而言，新 LOGO 的中文毛笔字延续了消费者的主要情感要素，"牛角"和"母亲河"突破原有边框，并以黄金分割比例全新呈现。图形基本色为绿色，象征着天然、健康、品质，代表着抚育蒙牛的摇篮——内蒙古大草原——的颜色，表明蒙牛不忘初心，从内蒙古大草原出发，强壮国人，走向世界（见图 4-11）。

右上角的"牛角"是蒙牛的精神符号，代表着蒙牛一直以来"天生要强，与自己较劲"的企业精神；同时，象征着一个旋转的地球、一片充满无限可能的天空，体现出蒙牛"脚踏草原、放眼全球、仰望星空"的博大胸怀（见图4-12）。

下方的"河流"象征着滋养了土地和民族的母亲河——黄河。蒙牛在黄河几字弯孕育的沃土诞生，在黄河沿岸的黄金奶源带上进行产业链布局，坚守"点滴营养，绽放每个生命"的使命，为消费者带来一杯好牛奶，为"守护人类和地球共同健康"做出更大的贡献（见图4-13）。

图4-11　蒙牛LOGO图解（1）

图4-12　蒙牛LOGO图解（3）

图4-13　蒙牛LOGO图解（2）

实际上，蒙牛除了LOGO焕新，还与中国航天基金会、FIFA世界杯、中国足协中国之队、中超联赛、上海迪士尼度假区、北京环球度假区等国内国际一流文化品牌进行持续性战略合作，实现了顶级IP"大满贯"。而蒙牛的雄心是携手这些IP，把中国乳业的优秀品牌形象呈现给全球消费者。

资料来源：蒙牛22年首换LOGO雄心是让全球消费者爱上"乳品中国造"［N/OL］.2021-12-20［2023-12-01］.经济观察报，https://baijiahao.baidu.com/s？id=171964828 5789752567&wfr=spider&for=pc.

第三，品牌口号。品牌口号是指能够体现品牌理念、品牌利益和代表消费者对品牌的感知、动机和态度的宣传用语。品牌口号一般都突出品牌的功能和给消费者带来的利益，具有较强的情感色彩、赞誉性和感召力，目的是刺激消费者。品牌口号通常通过标语、手册、产品目录等手段进行宣传。品牌口号要突出企业的特色或竞争优势，同时还可以对商品名称进行解释。品牌口号也可以像品牌标志色和标志物那样进行动态调整，以便适应市场需要。但品牌口号不应随意变动，它将运用于广告语、宣传语、海报、条幅、网站等多种多样的场合。

第四，品牌包装。品牌包装是指品牌产品的包装。品牌包装设计应从商标、图案、色彩、造型、材料等构成要素入手，在考虑商品特性的基础上，遵循品牌包装设计的一些基本原则，如保护商品、美化商品、便利使用等，使各项设计要素协调搭配、相得益彰，以获得最佳的包装设计方案。

（3）品牌受众

受众是指信息的接收者。在品牌传播中，我们可以发现，受众是传播反馈的核心环节，传播效果必须从受众的反应中进行评价，受众是决定传播活动成败的关键因素。品牌受众不仅包括品牌产品的消费者，还包括品牌利益的相关者，包括员工、零售商、供应商、竞争对手、公众和其他利益相关者。

从某种程度上讲，品牌传播就是品牌与受众的互动。这种互动可以分为认知互动、态度互动、情感互动和行为互动四种类型。

第一，认知互动。受众首先通过内部感觉和外部感觉认识某种品牌的产品，然后把感觉到的各种信息加以整理形成对品牌的完整印象，从而进一步加深对品牌的认识形成知觉，进而建立起对品牌的整体认知。传播者要结合受众对品牌的认知，不断吸引和维持受众的注意，增强品牌信息对受众的刺激，增加刺激物之间的对比，提高品牌信息的感染力，引发品牌联想，加深受众对品牌的记忆，形成对品牌信息的思维反应，建立对品牌的评价观念。

第二，态度互动。品牌传播就是要让受众在心目中形成对品牌正面的积极态度，从而在竞争中取胜。当品牌信息在传播时与受众对品牌的固有认知趋于一致时，受众会形成积极的态度并引发购买行为，相反则可能产生抵触情绪。所以，品牌的传播者要对受众的具体情况进行分析，避免引起受众的反感和抵触情绪。

第三，情感互动。在品牌信息传播的过程中，品牌获得受众关注并且受众对品牌形成认知，传播者应利用情感因素以情感人，用受众乐于接受的形式与受众进行互动。

第四，行为互动。受众在对品牌认可的过程中会不断经历从认知、态度到情感行为的互动过程，逐步建立起对品牌的忠诚度。当品牌信息更新或推出新的产品时，受众会采取新的行为与传播者互动。

同步案例 4-3

燃动冰雪　要强中国

如今,体育赛事已经成为全球盛典。越来越多的企业把体育赞助作为一种营销策略。2022 年,蒙牛赞助了被称为"金牌收割机"的谷爱凌,并通过在赛前赛后一系列活动,收获了极大的品牌宣传效果。在夺冠接受央视采访时,谷爱凌向大家比了一个手势(见图 4-14),然后说出"中国牛"。这个手势代表的是一种民族自豪感,是一种涌上心头的感叹。"中国牛"既是一种爱国精神,又是一种个人的要强。蒙牛围绕谷爱凌"中国牛"的这个手势,在线上做了一系列和"中国牛"有关的"燃动冰雪　要强中国"微博话题,对"中国牛"这个手势进行二度创作,借势营销。同时,基于这个手势,蒙牛还推出了"谷爱凌中国牛"的周边产品并发布了一系列热点海报。

图 4-14　谷爱凌比"中国牛"手势

谷爱凌比牛的手势与蒙牛的 LOGO 牛角在视觉和情感上形成了彼此的互通。谷爱凌的品牌代言人形象得到了加持,蒙牛的 LOGO 也有了具象的呈现。基于此,有网友创作了一组 LOGO,将谷爱凌和蒙牛很好地融合在一起,趣味地诠释了"谷爱凌中国牛"的内涵(见图 4-15)。

图 4-15　网友创作的 LOGO

谷爱凌比"中国牛"手势,就像一种无声的宣言,向大众传递突破自己、天生要强的精神。顺着这个逻辑,蒙牛把这个手势作为一个支线,在"燃动冰雪　要强中国"这个冬奥传播大主题之下,对谷爱凌展开个性化的传播(见图 4-16)。

图 4-16　蒙牛对谷爱凌展开个性化的传播

在谷爱凌 2022 年 2 月 8 日夺冠后,蒙牛用一个比牛手势推出话题"谷爱凌中国牛"。在 2 月 15 日摘银时,谷爱凌又说出"中国牛上加牛"(见图 4-17),蒙牛则继续升级话题"谷爱凌说中国牛上加牛"。这在承接大众情绪的同时,也得到了央视新闻的官方呼应,将"中国牛上加牛"这个热度推向更高。

图 4-17 谷爱凌说出"中国牛上加牛"

在谷爱凌 2 月 18 日再次夺冠后,蒙牛把话题推至高潮"谷爱凌说牛牛牛",实现了一次品牌借势的完美收官(见图 4-18)。

图 4-18 谷爱凌说"牛牛牛"

【知识点】品牌借势传播。

【盲人目标】培养学生树立爱国精神和民族自豪感。

资料来源:

① 谷爱凌×蒙牛,用心写下一条金句[EB/OL].(2022-02-18)[2024-04-25].https://www.163.com/dy/article/H0GUJJT805178JAN. html.

② 梁之栋.从赞助女足和谷爱凌看蒙牛如何借势营销[J].企业家,2022(2):85-86.

③ 蒙牛官网(https://www.mengniu.com.cn/)。

(4)品牌媒介

媒介是将品牌传播过程中的各种因素相互连接起来的纽带。一切形式的品牌信息最终都必须经过媒介传递出去,所有的品牌传播工具也都必须经过媒介才能使品牌信息与受众接触。

第一,大众传播媒介。大众传播是指专业化的媒介组织运用先进的传播技术和产业化的手段,以社会上的一般大众为传播对象而进行的大规模信息生产和传播活动。具体来说,大众传播是特定社会集团利用报纸、杂志、书籍、广播、电影、电视等大众媒介向社会大多数成员传送消息、知识的过程。目前公认的大众传播媒介包括报纸、杂志等纸介印刷媒体,广播、电视等电子媒体,以及互联网、手机等新兴媒体。

第二,小众传播媒介。小众传播媒介是相对于大众传播媒介而言的,是指传播范围相对较小、受众群体相对较少的那些传播媒介。这些媒介往往可以直接影响消费者的购买行为,进行促销,弥补和配合大众传播媒介的传播活动,满足消费者的整体需求。小众传播媒介包括一些小众化的传播载体,如进行品牌传播的图书、期刊、科技报告、专利文献、学位论文、产品资料、档案等,以及车身广告、舞台表演、DM(直接邮寄)广告、灯箱广告、展览等。

同步案例 4-4

看看国货怎么玩营销:老字号品牌百雀羚的社交化传播

在以互联网为主导的信息时代,社交媒体为品牌传播提供了更广阔的平台。老字号品牌可以通过社会化传播途径宣传老字号品牌文化,与消费者直接对话,拉近老字号品牌与消费者之间的距离。

化妆品行业的社交媒体类型多样,主要包括微博、微信、贴吧、论坛、视频平台、直播平台等。百雀羚联合不同的社交媒体平台,打造热点内容,吸引了年轻的消费群体,如独家冠名爱奇艺年度 IP 大剧《幻城》(见图 4-19)。

图 4-19　百雀羚冠名《幻城》

为了推进年轻化进程,百雀羚频繁地推出各种活动,抓热点、搞跨界,想出现在更多年轻人的视野中。例如,国产动画片《大鱼海棠》上映后,一度成为话题焦点,百雀羚及时跟进,推出了《大鱼海棠》定制套装(见图 4-20)。

图 4-20　百雀羚定制《大鱼海棠》套装

百雀羚善于借助节日推出颇具创意与情怀的内容,引发网络热议。2017 年 5 月,百雀羚针对母亲节发布了《一九三一》广告,借助微信这一传播媒介,巧妙地使用符合手机受众浏览习惯的长图形式,重现了国人历史记忆中旧上海的生活状态和社会面貌,加深了消费者对品牌的认同感,是百雀羚社交媒体传播中的标志性事件。"一镜到底"的长图形式适应了手机屏幕,符合手机受众向下滑动的阅读习惯,受众阅读体验好。另外,长图形式让叙述的故事情节有连续性,通过不断设置悬念吸引读者往下拉探知故事的发展。百雀羚还借助母亲节开展了"周杰伦———听妈妈的话"主题活动,一度跃居新浪微博的热点话题榜,引发全网热烈讨论。百雀羚借助妇女节策划的"选择百雀羚,美过黄永灵"活动,一度引发网友热议,其借助平凡的小人物将"自然、自信、独立"的品牌主张传递出去,引来很多女性消费者的支持。

此外,百雀羚利用多个平台与消费者开展互动,其微信公众号设置了"互动吧"板块,邀请消费者参与护肤知识竞猜活动,将草本理念和护肤知识融入与消费者的互动之中,此外还会定期开展新品免费试用活动,跟踪记录消费者的使用体验并在线分享给其他消费者。

资料来源:

① 曹林荫,樊丽.新媒体环境下老字号品牌的社交化传播策略研究:以百雀羚为例[J].新媒体研究,2018,4(11):42-43.

② 张薇.国产护肤品运用传统元素重构品牌形象案例分析:以百雀羚《一九三一》为例[J].声屏世界,2021(5):89-90.

(5)品牌传播效果

品牌传播效果是品牌传播活动给品牌带来的效果。品牌传播是使品牌与消费者建立关系的桥梁,能够使企业的目标受众接触到清晰、明确的品牌信息,并且形成强有力的品牌识别,从而达成有效的品牌传播;能够帮助传播者成功地区别于竞争对手,在品牌的整体建设和维护过程中具有重要的战略意义。

为了有效地掌控品牌传播的效果,企业应注重搜集来自公众的品牌认知信息,并将其与品牌机构发布的品牌信息进行比对,查找品牌认知差距以进行有针对性的修补。公众会通过购买行为或者态度、意见的表达等对接收到的品牌信息进行反馈。

同步案例 4-5

三只松鼠打造国潮品牌新符号

三只松鼠股份有限公司于 2012 年 2 月在安徽芜湖注册成立,是一家以坚果、干果、茶叶、休闲零食等食品的研发、分装及销售为主营业务的新型互联网企业,也是中国第一家定位于纯互联网食品品牌的企业。2012 年,章燎原带领三只松鼠在淘宝天猫商城上线 65 天后就成为中国坚果类电商食品第一名。

2012 年创业后,章燎原悟出一个道理:口碑营销是最好的营销。公司要有很好记的名字,要让人愿意为你传播。那么怎样才能使大家喜欢,又拟人化互动性强呢?章燎原认为,没人会拒绝可爱的小动物,最后选择了松鼠。为什么选择三呢?章燎原表示:"就因为'三'这个数字中国人都很喜欢,三个火枪手、三只小猪,于是就有了三只松鼠。"今日资本创始人兼总裁徐新做过调研,90%消费过三只松鼠的用户能记住这个品牌。

三只松鼠的品牌定位是多品类的互联网森林食品品牌。其品牌名称诠释了公司的产品以及服务:松鼠的最爱是坚果,而且松鼠是大自然中勤勤恳恳劳作的形象代表,表明三只松鼠的产品全部精选自原产地农场,严防质量问题,此外其态度为勤恳劳作,服务于顾客。三只松鼠的优势在于紧跟电子商务发展的大潮流,将品牌定位为互联网食品品牌,以及让人联想到自然、生命、健康、新鲜的"森林系"的概念,再以电商食品市场的主力消费者——年轻人——为目标消费群,设计出符合其审美和情感需要的视觉形象,快速打开市场。

品牌形象的基本要素根据品牌名称"三只松鼠"和品牌文化理念来展开设计,公司以"萌文化"为特色,在三只松鼠的 LOGO 中(见图 4-21),三只小松鼠不仅色彩鲜艳、灵动可爱,而且每只都有自己的名字,同时被赋予了一种典型性格。松鼠小美是最受宠爱的公主,温柔娴静、美丽大方;松鼠小酷是拥有知性气息的新一代男神,同时还是带来知性问候和贴心关怀的暖男一枚,是松鼠家的门面;松鼠小贱吃得了美食也吃得了苦,耍得了贱也耍得了深沉,同时乐观向上。这三只松鼠的个性涵盖了当下 85 后、90 后中最主要的几大人群。可爱的卡通形象设定赋予它们更高的辨识度,它们的服饰、毛发、颜色各异,而且眼睛、手的动作也不一样。三只松鼠小美、小酷和小贱,它们或张开双手,或紧握拳头,或手势朝上,表现出欢迎每一位顾客的热情,也彰显出品牌的青春活力和勇往直前的态度。

图 4-21　三只松鼠的 LOGO

作为一个在电商时代成长起来的休闲零食品牌,三只松鼠深知品牌的重要性,也格外重视对品牌的维护和宣传。随着民族文化的复兴和国潮趋势的流行,三只松鼠也把握住了品牌发展的机会,注重民族文化的传播,与民族文化一起深入国民的心。随着三只松鼠的发展壮大以及一步步进军海外市场,这烙印着深深民族文化的国潮品牌也在世界的舞台上展示其磅礴的生命力。

在三只松鼠的发展历程中,给我们留下的最深刻印象就是浓浓的民族味道。现如今的三只松鼠,在国潮的大趋势下,凭借其在人们心中的深刻的国潮品牌印象,也趋势而起又大火了一把。在一份《国潮印象——国潮来袭,你怎么看?》的调查问卷中,三只松鼠在零食或特产品牌领域排名第一。此外,在 2019 年人民网研究院联合百度发布的《百度国潮骄傲大数据》中,三只松鼠也上榜了"最火"国货垂直细分品牌。可见在国民的心中,三只松鼠这个品牌已经与"国潮"的符号紧紧地联系在了一起。

三只松鼠的品牌形象一直是三只小松鼠,而在这些年中,三只小松鼠不断地与传统文化元素相结合,取得了非常惊艳的效果。通过年兽、孔明灯等传统文化元素,三只松鼠的年货礼盒把传统文化中的浓厚年味传播到了千家万户,让这些年来早已褪色不少的年味再一次焕发生机。除了在包装上别出心裁,三只松鼠还在礼品上花了不少心思,在年货礼盒中放入独具中华文化特色的利是封和春联礼品,让过年的气息更加浓厚。通过打造三只小松鼠的传统文化服装造型,三只松鼠的民族文化形象也不断地向外界传播,现在的三只小松鼠已经成为一个具有浓厚民族文化气息的大 IP 形象。此外,三只松鼠成立子公司安徽松鼠萌工厂动漫文化有限公司,推出首部同名动画片《三只松鼠》(见图 4-22)。

广告植入对于三只松鼠品牌知名度的建立也起着重要作用,仅在 2016 年一年,三只松鼠的形象就出现在国内多部火热的影视剧中(见图 4-23 至图 4-25)。

图 4-22　动画片《三只松鼠》

图 4-23　《小丈夫》中出现三只松鼠

图 4-24　《欢乐颂》中出现三只松鼠

图 4-25　《小别离》中出现三只松鼠

三只松鼠公司十几年潜心耕耘,已发展成为年销售额破百亿元的上市公司,正加速向数字化供应链平台企业转型。依托品牌、产品、物流及服务优势,三只松鼠先后被新华社和《人民日报》誉为新时代的"改革名片""下一个国货领头羊"。2019年"双十一",公司以10.49亿元销售额刷新中国食品行业交易纪录,被《华尔街日报》、路透社、彭博新闻社等外媒称为"美国公司遭遇的强劲对手""中国品牌崛起的典范"。2021年,三只松鼠获"CCTV·匠心坚果领先品牌"称号。

资料来源:

① 郑刚,郑青青.三只松鼠:如何凭借创新异军突起?[J].清华管理评论,2017(6):106-112.

② 梁淑敏.电子商务下三只松鼠的品牌形象设计与推广研究[J].包装工程,2018,39(20):90-94.

③ 三只松鼠打造国潮品牌新符号[EB/OL].(2021-11-23)[2024-04-25].https://baijiahao.baidu.com/s?id=1717188508149958461&wfr=spider&for=pc.

④ 7年时间,市值百亿,三只松鼠如何成为超级网红的?[EB/OL].(2019-07-19)[2023-12-01].https://new.qq.com/omn/20190719/20190719A0IMEZ00.html.

⑤ 三只松鼠官网(http://www.3songshu.com/)。

任务6　品牌资产保护及风险管理

（1）品牌资产保护

品牌资产保护就是对品牌的所有人、合法使用人的品牌实行资格保护措施,以防范来自各方面的侵害和侵权行为。

品牌资产保护包括品牌资产的法律保护、品牌资产的经营保护和品牌资产的自我保护三个组成部分。为了维护品牌LOGO的独创性和不可替代性,申请LOGO专利权是重要的品牌资产保护措施之一,一旦发生剽窃及模仿行为,企业能够通过法律手段来保护品牌资产。

● 品牌资产的法律保护。品牌资产的法律保护即从法律制度上对品牌所有人、合法使用人的品牌实行资格保护措施,以防范来自各方面的侵害和侵权行为。

● 品牌资产的经营保护。品牌资产的经营保护是指品牌经营者在具体的营销活动中所采取的一系列维护品牌形象、保持品牌市场地位的活动。不同的品牌由于所面临的内部环境和外部环境存在差异,其经营者所采取的保护活动也各不相同。

● 品牌资产的自我保护。品牌资产的自我保护是指品牌所有人在品牌经营过程中通过可控的方法维护自身的合法权益,使品牌免遭侵害的管理过程。品牌资产自我保护的类型有技术方面的自我保护、生产方面的自我保护、市场方面的自我保护等。

同步案例 4-6

老干妈开启品牌保卫战:"国民女神"能否依旧笑傲江湖

　　贵阳南明老干妈风味食品有限责任公司(以下简称"老干妈")创办于 1996 年,法定代表人为陶华碧,注册资本为 1 000 万元,经营范围包含风味食品系列、豆豉、豆腐乳、火锅底料等。

　　自品牌推出至今,老干妈和不少其他主业为辣酱的公司存在过商标上的法律纷争。以持续四年的"老干妈"大战"老大妈"的商标案为例,2009 年,南京市阿庆嫂食品有限责任公司(以下简称"阿庆嫂")曾向商标局申请注册"老大妈"商标。2012 年 3 月,老干妈向商标局提出近似商标申请,商标局驳回了老干妈的申请,对争议商标"老大妈"予以核准注册。此后,老干妈展开了多年的上诉。几番波折后,案件被上诉到北京市高级人民法院。2016 年,北京市高级人民法院做出终审判决,阿庆嫂申请注册的"老大妈"商标构成对老干妈持有的驰名商标"老干妈及陶华碧头像"与"老干妈"的摹仿,在腌制蔬菜、花生酱等其他指定使用商品上的注册申请不予核准。此外,老干妈还曾与同为贵州辣酱品牌的"老干爹"(见图 4-26)因商标问题而对簿公堂。

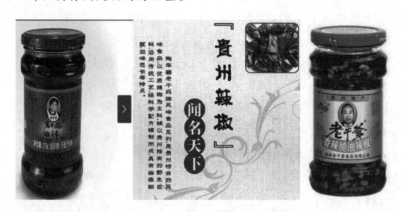

图 4-26　"老干妈"与"老干爹"

　　老干妈经历过多次商标纠纷案后,已经意识到注册防御商标的重要性。为了维护"国民辣酱"称号,老干妈正在建造一条长长的品牌护城河。除了对核心商标"老干妈"进行全类别注册,老干妈还注册了"老姨妈""干儿女""干儿子""老干爸""老干娘""老干爹""老乾妈"等老干家属系列以及"老千妈""老于妈"等相似字的防御商标。

　　2014 年老干妈进入"后陶华碧时代",舍弃了原配方的贵州辣椒,转而选择更为便宜的河南辣椒,导致老干妈产品口味发生变化。众多消费者反映,老干妈味道不如从前。由于"老干妈"品牌承载着游子情怀、家乡情怀及以陶华碧为代表的工匠精神,这使得老干妈经历了最大的信任危机。一些商家瞅准了这一时机,虎邦、饭爷、佐大狮等多个网红新品牌(见图 4-27)应运而生,想方设法在辣酱市场抢占市场份额,对老干妈造成了一定的威胁。

图 4-27 网红新品牌

数据显示,2014 年老干妈实现销售收入 40 亿元,2016 年达到 45.49 亿元。不过在 2017 年,老干妈出现销售收入下滑的情况,当年销售收入为 44.47 亿元,2018 年销售收入再次下滑至 43.89 亿元。由于业绩低迷,2019 年老干妈创始人陶华碧回归,她将老干妈的调料改为原来的材料,还将老干妈的制作配方重新调配。产品经过改良后,2019 年、2020 年老干妈重回增长通道,2019 年老干妈实现销售收入 50.23 亿元,同比增长 14%,再创历史新高;2020 年,销售收入达到 53 亿元。

2019 年,老干妈推出了一段魔性的视频广告《拧开干妈》(见图 4-28)。在视频中,中国人用老干妈蘸馒头、蘸榴梿,吃了之后创业成功、升职加薪,走上事业巅峰;非洲人用老干妈做实验,搭配互联网上魔性的黑人问号表情,每个画面都十分吸引眼球。2020 年年初,老干妈官方旗舰店与淘宝合作,推出了"老干妈情话瓶",每个瓶盖上都印着一句土味情话,如"爱到足不出户,拌它!"(见图 4-29)。活动结束后,老干妈天猫旗舰店的销售额增长了 20%。

图 4-28 视频广告《拧开干妈》   图 4-29 "老干妈情话瓶"

虽然"国民女神"老干妈渐渐意识到了满足新消费需求的重要性,但要想再一次占领消费者心智还有很长一段路要走。在挑战者的围追堵截下,老干妈能否依旧笑傲江湖,还需要拭目以待。

【知识点】品牌资产保护。

【育人目标】保护品牌资产,杜绝剽窃及模仿行为,诚信经营。

资料来源:

① 钱瑜,白杨,王晓."狂注"商标 老干妈开启品牌保卫战[J].中国食品,2021(5):94-95.

② 孙志成,王嘉琦,易启江.老干妈涨价登上热搜 "国民女神"能否依旧笑傲江湖[J].中国食品,2022(6):122-123.

③ 谭诗异."老干妈"失宠原因及发展建议[J].现代商业,2020(24):9-10.

④ 老干妈官网(http://www.laoganma.com.cn/)。

(2) 品牌风险管理

防患于未然是风险管理的最高境界,为防范未来可能出现的问题给品牌造成的风险以及品牌自身可能出现的风险,企业可以采取日常防范措施,以规避风险及回应紧急事件。日常防范措施主要包括:

• 关注新闻信息的传播。在互联网时代,信息传播迅速,企业一旦有负面消息,就会以非常快的速度向大众传播,如果被竞争对手过度渲染,就会引起大众更高的关注度。为了避免外界误解或疑虑,企业在信息的传播上要予以重视,保持良好的公众形象,树立规避风险的后盾。

• 举行月度内部检查会。企业每月定期举行内部检查会,员工畅所欲言,进行批评与自我批评;针对具体问题进行讨论,提出解决问题的建议及措施,预先商量对策,以减少对品牌造成的风险与伤害,维护企业的品牌声誉。

• 进行周密详尽的市场调查。在品牌推广前后进行周密详尽的市场调查,了解市场对品牌的想法与看法,遇到问题及时做出反应,达到品牌传播的最大效果,避免市场对企业品牌所传达的信息产生错误认知的风险。

• 积极防范活动风险。举办活动要以安全性为第一原则,安全至上。策划活动要考虑全面,以降低活动举办时可能产生的风险。

• 定期进行员工培训。为了提供高品质服务,企业要定期对所有员工进行培训和考核,增强员工面对突发情况的应变能力,以降低企业品牌遭受侵害的可能性。

• 培养员工法律意识。定期对员工进行普法教育,提升员工的法律意识,预测可能遇到的法律问题并提出解决方案,当企业面临可能发生的法律问题或纠纷时,能够迅速寻求法律途径解决。

◉ 任务7　财务预算

企业应编制品牌策划书以及实施相关的财务预算,并保证其合理性;依据历史数据和企业运营情况,对财务状况进行预测分析,主要包括品牌推广活动预算(为实现品牌推广目标,以企业文化、广告、LOGO、海报等方式进行推广)、效益评估(根据前期的品牌推广活动预算,做出相应的效益评估)、销售额与利润率预测、财务预测等。

4.4　品牌策划文案设计范例与评析

《妫水人家品牌
策划文案》
（全案）

品牌策划文案设计范例属于典型的案例教学范畴,设定的目的是为学习者提供一个真正可以模仿的蓝本,这个蓝本始终贯穿整个项目任务。请读者扫描左方的二维码阅读《妫水人家品牌策划文案》(全案)。

4.5　品牌策划专项实训

品牌策划专项实训属于典型的实验教学范畴,按照项目实验教学的要求,由学员团队按任务要求自主完成。

品牌策划专项实训由学员在当地挑选一个具有一定知名度的品牌作为实训的合作品牌,事先取得企业的认可和支持,由学员逐步完成品牌策划。

任务1　品牌形象和现状分析

1. 实战演练任务

以学习小组为单位,对企业品牌形象和现状展开分析。品牌形象和现状分析可从企业概况、企业品牌创始人简介、企业品牌起源与发展、企业品牌现状、企业品牌存在的主要问题和规划企业品牌策划目标等几个方面加以阐述。

2. 实战演练要求

品牌形象和现状分析要求以问题为导向,系统梳理企业品牌起源与发展状况,明确企业品牌存在的主要问题,规划企业品牌策划目标,目标应具体、可实现。

3. 实战演练成果评价

利用一周的时间完成品牌形象和现状分析,提交文案并进行 PPT 演讲,现场由企业、行业专家和课程老师担任评委。

任务2　品牌环境分析

1. 实战演练任务

以学习小组为单位,对企业品牌所处的环境进行分析。品牌环境分析是指对品牌组织所处的内部、外部竞争环境进行分析,以发现品牌组织的核心竞争力,明确品牌组织的发展方向、途径和手段。品牌环境分析一般按照由外到内的顺序依次进行。

2. 实战演练要求

外部环境分析的目的是评价品牌战略与组织外部的机会、威胁和趋势的匹配性,可以从宏观环境、产业环境、消费者环境和竞争环境等方面加以分析。内部环境分析的目的是评价品牌战略与组织内部的优势、劣势和期望的匹配性。在环境分析的基础上,对当前内外部环境的关键影响因素进行系统性的审视、评估和判断,并明确地做出战略选择。

3. 实战演练成果评价

利用一周的时间完成品牌环境分析,提交文案并进行 PPT 演讲,现场由企业、行业专家和课程老师担任评委。

任务 3 品牌定位

1. 实战演练任务

以学习小组为单位,运用 STP 理论进行市场细分、目标市场选择和品牌具体定位,提炼品牌的核心价值。

2. 实战演练要求

市场细分要求具有可衡量性、可盈利性、可进入性、差异性。可衡量性是指各细分市场的购买力和规模能被衡量的程度。如果细分变量很难被衡量的话,就无法界定市场。可盈利性是指企业新选定的细分市场容量足以使企业获利。可进入性是指所选定的细分市场必须与企业自身状况相匹配,企业有优势占领这一市场。差异性是指细分市场在观念上能够被区别并对不同的营销组合因素和方案有不同的反应。

品牌定位要求将本企业与其他企业严格区分开来,使顾客能够明显地感觉和认识到这种差别,从而在顾客心目中占有特殊的位置。

品牌核心价值的提炼需要具有高度的差异化,并富有感染力,需要与企业的资源能力相匹配,具备广阔的包容力,而且要有利于获得较高溢价。

3. 实战演练成果评价

利用一周的时间完成品牌定位,提交文案并进行 PPT 演讲,现场由企业、行业专家和课程老师担任评委。

任务 4 品牌塑造

1. 实战演练任务

以学习小组为单位,进行品牌塑造。品牌塑造一般指一个企业在确定品牌定位之后,为实现该定位而采取一系列行动的过程或活动。消费者通过品牌的名称和标志来完成品牌认知,进而形成对品牌形象的认识。

2. 实战演练要求

CIS 理论是一套成熟的品牌管理理论,将该理论应用于企业品牌策划在强化品牌识别、塑造品牌形象等方面具有重要的工具价值。该任务要求从理念识别、行为识别、视觉识别三个方面对品牌形象进行整体设计。

3. 实战演练成果评价

利用一周的时间完成品牌塑造,提交文案并进行 PPT 演讲,现场由企业、行业专家和课程老师担任评委。

任务5　品牌推广与传播

1. 实战演练任务

以学习小组为单位，进行品牌推广与传播。品牌传播是企业满足消费者需求、培养消费者忠诚度的有效手段。

2. 实战演练要求

品牌推广与传播要以品牌的核心价值为原则，在品牌识别的整体框架下，选择广告、公关、销售等传播方式，将特定品牌推广出去，以建立品牌形象，促进市场销售。

3. 实战演练成果评价

利用一周的时间完成品牌推广与传播，提交文案并进行 PPT 演讲，现场由企业、行业专家和课程老师担任评委。

任务6　品牌资产保护及风险管理

1. 实战演练任务

以学习小组为单位，进行有效的品牌资产保护及风险管理。为防范未来可能出现的问题给品牌造成的风险以及品牌自身可能出现的风险，企业可以采取日常防范措施，以规避风险及回应紧急事件。

2. 实战演练要求

品牌资产保护要求从品牌资产的法律保护、品牌资产的经营保护和品牌资产的自我保护三个方面加以设计，同时要规划日常防范的主要措施。

3. 实战演练成果评价

利用一周的时间完成品牌资产保护及风险管理，提交文案并进行 PPT 演讲，现场由企业、行业专家和课程老师担任评委。

任务7　财务预算

1. 实战演练任务

以学习小组为单位，编制品牌策划书以及实施相关的财务预算，并保证其合理性。

2. 实战演练要求

依据历史数据和企业运营情况，对财务状况进行预测分析，主要包括品牌推广活动预算（为实现品牌推广目标，以企业文化、广告、LOGO、海报等方式进行推广）、效益评估（根据前期的品牌推广活动预算，做出相应的效益评估）、销售额与利润率预测、财务预测等。

3. 实战演练成果评价

利用一周的时间完成财务预算，提交文案并进行 PPT 演讲，现场由企业、行业专家和课程老师担任评委。

4.6 品牌策划课后巩固(单元测试题)

一、单项选择题(10 道题)

1. 品牌策划是品牌生存与发展的( )。

A. 前提 B. 进步 C. 纲领 D. 特征

2. SWOT 分析是一种常用的战略分析工具,其中扩张型战略是指( )。

A. 发展内部优势、利用外部机会

B. 利用外部机会来弥补内部弱点

C. 利用自身优势、规避外部威胁

D. 减少内部劣势、规避或减轻外部威胁

3. 某汽车公司为吸引年轻消费者,重新设计了品牌 LOGO 并推出了强调时尚与科技的广告。这一举措属于品牌更新战略中的( )。

A. 定位修正 B. 产品更新 C. 形象更新 D. 管理创新

4. 品牌感知图法是在两个维度上寻找( )的一种技术方法。

A. 共同点 B. 差异点 C. 异同点 D. 价值点

5. 下列不属于定位点选择标准的是( )。

A. 独特性 B. 有效性 C. 必要性 D. 可信性

6. ( )是指企业利用一个现有品牌推出新产品,以便目标消费者将对现有品牌的信任转移到新产品上,如康师傅饼干与康师傅方便面。

A. 品牌营销 B. 品牌策划 C. 品牌延伸 D. 品牌管理

7. 品牌策划是一个把人们对品牌的模糊认识清晰化的过程,整个过程可以分为( )个阶段。

A. 4 B. 5 C. 6 D. 7

8. 品牌再定位的时机包括品牌形象老化、市场环境变化和( )。

A. 产品优化 B. 品牌创新性不足 C. 渠道调整 D. 需求变化

9. 品牌推广与传播是企业满足消费者需求、培养消费者忠诚度的有效手段。品牌推广与传播包括品牌传播者、品牌信息、品牌受众、品牌媒介和( )五个要素。

A. 品牌知名度 B. 品牌美誉度

C. 品牌忠诚度 D. 品牌传播效果

10. 品牌资产保护就是对品牌的所有人、合法使用人的品牌实行资格保护措施,以防范来自各方面的侵害和侵权行为。品牌资产保护包括品牌资产的法律保护、( )和品牌资产的自我保护三个组成部分。

A. 品牌资产的经营保护 B. 品牌资产的商业保护

C. 品牌资产的商誉保护 D. 品牌资产的有效保护

二、多项选择题（5道题）

1. 下列关于品牌策划的概念正确的是（　　）。

A. 品牌策划是企业营销策划中最重要的内容

B. 品牌策划可以建立起企业自己的品牌声浪

C. 品牌策划使消费者与企业品牌或产品品牌之间形成统一的价值观

D. 品牌策划就是使企业品牌或产品品牌在消费者脑海中形成一种个性化的区隔

2. 下列属于品牌策划的特征的是（　　）。

A. 首位性和兼顾性　　　　　　　　　B. 前瞻性和时效性

C. 灵活性和有效性　　　　　　　　　D. 科学性和有效性

3. 品牌策划过程中进行外部环境分析包括（　　）方面。

A. 宏观环境分析　　　　　　　　　　B. 行业环境分析

C. 消费者环境分析　　　　　　　　　D. 竞争环境分析

4. 下列属于品牌定位原则的是（　　）。

A. 心智主导原则　　　　　　　　　　B. 差异化原则

C. 稳定性原则　　　　　　　　　　　D. 资源优化原则

5. 下列属于品牌策略的是（　　）。

A. 品牌化决策　　　　　　　　　　　B. 品牌使用者决策

C. 品牌更新战略　　　　　　　　　　D. 品牌战略决策

三、简答题（5道题）

1. 简述品牌战略决策的概念和品牌战略决策的内容。

2. CIS理论作为一套成熟的品牌管理理论，在强化品牌识别、塑造品牌形象等方面具有重要的工具价值。请阐述CIS理论由哪几个方面组成，它们之间的关系是什么。

3. 营销组合主要有哪些理论？

4. 为防范未来可能出现的问题给品牌造成的风险以及品牌自身可能出现的风险，企业可以采取的日常防范措施主要有哪些？

5. 在品牌传播中，受众是传播反馈的核心环节，传播效果必须从受众的反应中进行评价，受众是决定传播活动成败的关键因素。品牌传播就是品牌与受众的互动，这种互动可以分为哪些类型？

第5单元 公关策划

思维导图

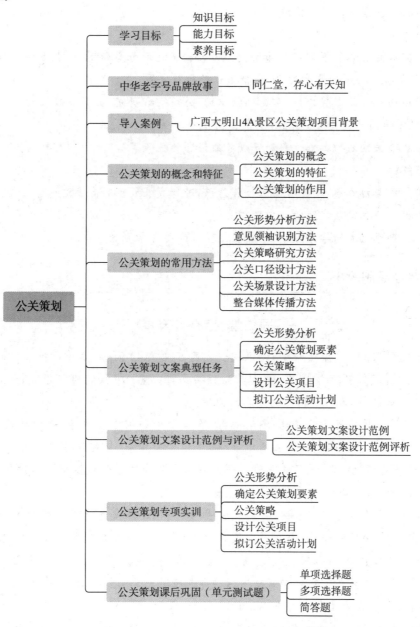

公关策划

- 学习目标
  - 知识目标
  - 能力目标
  - 素养目标
- 中华老字号品牌故事
  - 同仁堂，存心有天知
- 导入案例
  - 广西大明山4A景区公关策划项目背景
- 公关策划的概念和特征
  - 公关策划的概念
  - 公关策划的特征
  - 公关策划的作用
- 公关策划的常用方法
  - 公关形势分析方法
  - 意见领袖识别方法
  - 公关策略研究方法
  - 公关口径设计方法
  - 公关场景设计方法
  - 整合媒体传播方法
- 公关策划文案典型任务
  - 公关形势分析
  - 确定公关策划要素
  - 公关策略
  - 设计公关项目
  - 拟订公关活动计划
- 公关策划文案设计范例与评析
  - 公关策划文案设计范例
  - 公关策划文案设计范例评析
- 公关策划专项实训
  - 公关形势分析
  - 确定公关策划要素
  - 公关策略
  - 设计公关项目
  - 拟订公关活动计划
- 公关策划课后巩固（单元测试题）
  - 单项选择题
  - 多项选择题
  - 简答题

学习目标

知识目标

1. 掌握公关策划的概念和特征。

2. 理解公关策划文案设计的典型任务。

3. 掌握公关策划的常用方法。

能力目标

1. 以完成企业公关策划项目和任务为导向，通过示范案例的学习，积极完成实训任务，重点是掌握公关策划文案的设计、撰写以及执行效果。

2. 能运用好公关形势分析、意见领袖识别、公关策略研究、公关口径设计、公关场景设计、整合媒体传播等公关策划方法，为企业开展公关策划。

3. 掌握公关策划的工作过程和完成实战任务的技巧。

素养目标

1. 能够参与协作学习，具有团队合作意识，进行成果展示和有效沟通与交流。

2. 能够在公关策划实践活动中理解并遵守相关职业道德和规范，履行相关责任。

3. 养成勤于思考的学习习惯，培养自主学习和终身学习的意识。

中华老字号品牌故事

同仁堂，存心有天知

乐显扬于 1669 年(康熙八年)创办同仁堂药室。堂名"同仁"是乐显扬亲自拟定的，他解释说："'同仁'二字，可命堂名，吾爱其公而雅。"同仁堂一开始就确定了"济世养生""诚实无欺""货真价实"等不忘初心的人本行为规范。

乐显扬之子乐梧冈幼承家学，精通医疗，在同仁堂药铺创业伊始，刻意精求丸散膏丹及各类剂型配方，于 1706 年(康熙四十五年)分门汇集成书，并在序言中提出了著名的家训"炮制虽繁必不敢省人工，品味虽贵必不敢减物力"，为同仁堂制作药品的过程建立了坚守道法自然的严格选方、用药、配比等工艺规范。

历代同仁堂人始终恪守家训，以同仁济世为宗旨，最早在医药行业树立了"修合无人见，存心有天知"的用药理念，意思是做药的过程无人了解，但其动机好坏上天自会知晓，以此铸就了同仁堂"配方独特、选料上乘、工艺精湛、疗效显著"的品牌公关形象。

同仁堂经历了时代的更替和家族内部的各种变故，历尽艰辛，最终不仅将品牌保存了下来，还保存下来了大量独有的中成药产品配方，很好地传承了中药技艺和文化(同仁堂门店信息见图 5-1)。对今天的企业来说，同仁堂的历史带来的启示是：成就百年企业，须不忘初心坚守百年不移的正确理念；传承百年企业，须道法自然花费大量时间锤炼德才兼备的接班人；在任何时候，官商和垄断都不是成功的保证，真正的法宝是企业品牌在公众心目中的声誉。

图 5-1　同仁堂门店

【知识点】品牌公关形象。

【育人目标】通过中华老字号同仁堂的品牌公关故事，使学生体会深厚的中华历史文明底蕴和博大的中华优秀传统文化是如何形成深刻的民族记忆的。

资料来源：同仁堂 300 年兴衰史［EB/OL］.［2023-12-06］.https://m.pp918.com/brand-show/brandstoryinfo_12617.html.

导入案例

广西大明山 4A 景区公关策划项目背景

近年来，广西大明山景区的旅游产业取得了长足的进步。但是，随着旅游市场竞争日益激烈，广西大明山的既往旅游规划在市场营销策划方面的不足也日益显露出来，广西区域内其他旅游景区积极运用定位、整合、促销等策略，已经严重冲击着广西大明山景区的旅游市场，广西大明山景区正面临巨大的压力和挑战。

数据表明，南宁市 2012 年接待国内游客 5 221 万人次，实现国内旅游收入 397 亿元、国际旅游收入 10 705 万美元，旅游总收入达到 403 亿元，同比增长 29%。而广西大明山景区 2012 年虽然游客数量同比几乎翻了一倍，旅游收入同比也有了很大的提高，但全年旅游门票总收入尚未超过 1 000 万元，游客数量尚未突破 10 万人次，与广西大明山作为 4A 风景区和国家级自然保护区在南宁旅游圈的核心地位极不相称。2011 年广西南宁奥理可赢企业管理咨询有限公司受广西大明山 4A 景区管委会委托，开展公关策划活动。如何对广西大明山 4A 景区进行公关策划，使大明山 4A 景区摆脱当前的困境，是广西南宁奥理可赢策划团队面临的重要课题。广西大明山景区风貌如图 5-2 所示。

图 5-2　广西大明山景区风貌

5.1 公关策划的概念和特征

5.1.1 公关策划的概念

公关即公共关系，是企业与社会公众之间的沟通和传播关系。企业为树立形象、化解危机、促进销售等，必须有意识地维持和改善与社会公众的关系。因此，企业必须主动进行公关策划，通过拟订并执行各种公关行动方案，增进社会公众对企业的认同和理解，提高企业的知名度和美誉度，防范损害企业形象和品牌的风险。

公关策划即围绕公共关系进行策划，是企业根据营销战略的目标，针对企业公关形象的现状，分析企业所面对的外部环境和内部条件，制定维系或提升公关形象的策略，形成最佳公关行动方案，促使社会公众认同和理解企业行为的过程。

■ ■ ■ ■

知识拓展

"公关"与"攻关"的区别

在 4Ps 营销组合理论中，促销由四项内容（公关、人员推销、营业推广、广告宣传）组成，其中公关和人员推销都是非常重要的内容，推销往往也被称为"攻关"，即市场攻关，而不少人会将公关和攻关混淆。

公关的作用是沟通与传播，攻关的作用是推销产品，前者的主要目标是社会效益，后者的主要目标是经济效益，它们是企业同时追求的两种效益。

长期以来，人们把公关作为攻关的一个辅助工具来使用，好的公关形象确实能为企业在攻关活动中带来有利的话语权和发言的权威性，但公关对攻关的作用不是辅助，而是先导与引领。公关不仅可以让消费者迅速对企业产生好感，还可以引导消费者对企业的产品产生好奇。可见，公关除了在突破市场壁垒这一方面与攻关有相似的含义，在其他方面均与攻关无关。显然，公关的作用是"让消费者对企业产生好感，引导消费者对企业的产品产生好奇"。领会了这一点，我们就理解了企业公关活动与企业销售攻关活动的区别，不会以攻关代替或主导"公关"。

资料来源: 周兆彬.公关与"攻关"？［J］.中国公务员,8:43.

5.1.2 公关策划的特征

（1）求实性

实事求是是公关策划的基本特征。公关策划必须建立在对事实真实把握的基础上，只有这样才能准确判断和把握适时、适度、有利、有节的原则，向公众传递信息时才不会因过于谦虚而被误以为心虚，也不会因过于高调而被误以为隐瞒，而是可以张弛有度地根据事实的变化来不断调整策划的策略和时机。

（2）系统性

公关活动是一个系统工程，必须从企业经营战略和品牌战略的全局来策划，要强化整体的系统控制，综合考察公关活动的使命、目标，以及公关活动的总体作用和运作过程，从而从整体上寻求公关活动的最佳境界。

（3）创造性

公关策划是创造性的智力活动，必须打破传统、刻意求新、别出心裁，使公关活动生动有趣，它不仅需要技巧，更需要智慧和创新，从而给公众留下深刻而美好的印象。这正是公共关系工作富有挑战性、魅力永存的奥秘所在。公关策划的创造性具体表现在四个方面：

第一，能够形成独具一格、不落窠臼的创意。

第二，善于化平凡为神奇，通过对公关活动的内容、形式进行艺术加工，赋予它们浓郁的艺术特色和深刻的文化内涵，对公众产生较强的艺术感染力。

第三，善于运用谋略手段趋利避害、与时俱进、借力造势，敢于独辟蹊径。

第四，能够把科学分析与直观感觉、理性与感性、逻辑思维与形象思维有机地结合起来。

（4）目标性

公关策划首先必须明确公关活动的目标，具体的公关策划方案则应紧紧围绕这个目标展开，只有这样才能因具有针对性而效果突出。

（5）可行性

公关策划不是纸上谈兵，而是为了给公关活动提供科学的指导和切实可行的行动计划，其最终目的是解决现实中客观存在的公共关系问题，在实践中接受检验。因此，公关策划必须有很强的可行性。

（6）效益性

公关策划及其方案应该追求最佳效益。效益是直接经济效益和品牌形象效益的组合，没有效益的公关活动无疑是一种无端的浪费。我们评价任何一项公关策划，不是在进行作文竞赛，看谁的方案写得漂亮，也不是在进行富豪榜排列，看谁的公关费用多，而是在进行企业公关活动效益的比拼，看谁的公关活动带来的效益最高，效益高主要是策划的结果，而不是烧钱的结果。让公众边责备边参加的公关活动不是好策划，让公众连声叫好却不愿意掏一分钱的公关活动也不是好策划。企业应以较少的公关费用取得较佳的公关效果，达到公关目的。

（7）灵活性

公关活动中不可能有足够的时间和信息来 100% 地还原事情的真相，其中涉及的不可控因素有很多，此时的关键是掌控事件的走向。因此，公关决策必须留有余地，达到进退自如的效果。

（8）心理性

公关活动中需要正确地把握公众的心理，按公众的心理活动规律及时做出对策方案，因势利导。

5.1.3 公关策划的作用

（1）品牌维护，不断树立企业形象

企业只有事先有策划、有针对性的策略，才能在公关活动中植入企业形象的内涵，使公众对企业的发展史、产品、服务、企业名称、商标、口号等产生总体认知，促使公众对企业的品牌、文化在心智上产生认可和共鸣的情感倾向，从而取得社会公众的理解和接受，赢得社会公众的信任和支持，促进企业战略目标的实现。

（2）口碑塑造，有效协调公共关系

只有围绕公关目标去整合资源、安排活动，才能更加有效地协调企业与社会公众的关系。这种协调能够避免在时间、人力、物力、财力等方面造成浪费，避免企业在市场营销中造成损失，避免企业形象受到损害，使企业在和谐稳定的环境中健康发展。

（3）产品营销，促进企业效益的提高

协调公共关系最终是为了获得理想的经济效益和社会效益，而公关策划流程以市场调查分析为起点，分析需求和竞争现状，找到正确的公关对象和公关目标，最终使公关活动的项目安排促进企业效益的提高。

（4）危机处置，及时处理企业突发事件

突发事件是企业市场营销和经营管理过程中，因内部失误或外部竞争、环境变化等而产生的一些影响企业形象的情况，公关策划在处理企业突发事件中具有举足轻重的作用：一方面，通过设计危机公关预案，企业可以建立一套科学的监测与反应机制，防患于未然；另一方面，当事件发生以后，企业可以通过策划公关活动，针对公众需求和心理，设计公关流程，精确制定行动方案和发言内容，妥善解决矛盾。

5.2 公关策划的常用方法

公关策划的
常用方法

5.2.1 公关形势分析方法

公关形势就是企业当前所面临的问题和发展趋势，尤其是企业在知名度和美誉度方面的状况。

分析公关形势就是通过公共关系调查，运用定性和定量的研究方法，了解公众对企业的意见、态度和反应，发现影响公众舆论的因素，从中分析和确定社会环境状况、企业的公共关系状态及其存在的问题。

公关形势分析是公共关系调查与分析的重要内容，是公关策划的起点。

5.2.2 意见领袖识别方法

意见领袖是那些经常在公众面前发表有影响力的信息和意见、对公共关系影响较大的人。企业通过意见领袖传播信息，可以影响公众的态度，实现公关目标。

我们可以通过综合评价以下特征来识别意见领袖：

① 意见领袖未必都是大人物，他们可能是我们熟悉的身边人，如亲友、邻居、同事等，因为熟悉且信赖，所以他们的意见更有说服力。

② 意见领袖并不是只存在于某些特定的群体,在任何群体和阶层中都存在。

③ 意见领袖有两类,第一类是"社会型",他们是全社会或社会某个专业领域的专家,他们的意见具有权威性;第二类是"家族型",他们是在其宗族或家族有影响力的人,比如长辈、望族、家族主持人等,他们的意见具有组织性。

④ 意见领袖常常关注身边的事件和新闻,并经常发表自己的观点。

⑤ 具备以上特征且社交范围广,信息获取渠道多,与公众接触频率高、接触量大的才是意见领袖。

5.2.3　公关策略研究方法

公关策略是指企业为实现公关目标,获得公众信赖,加深公众对企业良好的印象,而进行的一系列活动的总称,包括形式、内容、方法、手段等,只有恰当的策略才能迅速解决公关问题。因此,公关策略非常重要,是公关策划人员的经常性工作。

SWOT 分析法是研究公关策略的主要方法,从确定最优的公关对策到选择最合适的公关类型一共有三个步骤:

第一步,分析公关对策。需对企业外部公关条件和内部公关资源进行诊断分析。方法是将调研采集的数据和信息分为两个部分:第一部分是内部公关资源,包括 S 优势和 W 劣势;第二部分是外部公关条件,包括 O 机会和 T 挑战。我们对 S、W、O、T 四要素采取矩阵模型进行分析(见图 5-3),通过交叉配对得出 SO、ST、WT、WO 四种公关对策:

- 优势—机会(SO),发挥资源优势抓住公关机会。
- 优势—挑战(ST),发挥资源优势应对公关挑战。
- 劣势—挑战(WT),克服资源劣势应对公关挑战。
- 劣势—机会(WO),克服资源劣势抓住公关机会。

S 优势	O 机会
W 劣势	T 挑战

图 5-3　SWOT 分析矩阵

第二步,确定公关对策。从四种公关对策中选出最优的一种。

第三步,依据选定的最优公关对策,在十二种公关类型中选择最合适的类型,可以是其中一种,也可以是若干种。十二种公关类型分别是:

(1) 建设型公关

建设型公关是指在品牌建设的初期,品牌形象还没有在公众的头脑中留下什么印象,此时应以正面宣传为主,加大投入,重磅建设品牌形象,形成较大气势的公关"第一印象"。

特点:适用于企业、机构的初创,或者品牌、产品、服务的初创,宜采用高姿态的传播方式,力图尽快打开局面,形成舆论,扩大影响。

方法:创造公关事件,举办大型公关活动、大型宣传活动等,要借力打力、乘势而上,重点在"新""大"和"高"。

同步案例 5-1

从振兴国货到新新人类定位，李宁品牌的爱国之心从未改变

作为中国著名的体操运动员，李宁不仅在自己的职业生涯中收获了 106 枚金牌，在退役以后还毅然选择了之前从未涉足的商业航线，从此在商业圈内扬帆远航。

1984 年洛杉矶奥运会是中国第一次派出大型代表团参加奥运会，同时也是李宁第一次踏上奥运舞台。在洛杉矶奥运会上，李宁自己拿下 3 金 2 银 1 铜的好成绩（见图 5-4），只李宁一人的奖牌数量就占到那一年中国代表团奖牌总数的 1/5，他也是那一届奥运会上荣获奖牌数量最多的运动员。那一年，李宁的名号彻底打响，属于李宁的时代自此到来。

图 5-4　李宁洛杉矶奥运会成绩

后来李宁毅然选择在李经纬的帮助下创建李宁品牌，李宁本人也从体育王子一跃成为商业巨头。"从头再来"是李宁经常说的一句话，从运动员到商人身份的转变，让李宁成功做到了从头再来。李宁品牌创建之初，最重要的事情就是开展品牌的建设型公关。

2004 年，李宁（中国）体育用品有限公司在香港上市，之后李宁做出了一个让所有人都意想不到的事情，竞争北京奥运会体育服装的赞助商。虽然最后赞助商的资格被阿迪达斯拿走，但是李宁"另辟蹊径"，在 2008 年北京奥运会上以空中飞人的方式，点燃了北京奥运会主会场的奥运主火炬台，而且李宁与中央电视台签订合约为所有的电视台人员提供服装，因此 2008 年北京奥运会时，李宁公司的 LOGO 反复出现在亿万观众的眼前。

可以说李宁是同时期体坛明星中最成功的一位。为了将国内品牌打入国际市场，李宁用 1 600 万元创办了李宁品牌，1990 年用 250 万元拿下了北京亚运会火炬接力服装赞助权，从品牌创立到成功李宁仅用了 5 年的时间。虽然期间也有挫折和低谷，但李宁一直坚持自己的国货品牌，终于不负众望，在 2018 年的纽约时装周上以新新人类为定位，将"国潮风"打入了国际市场，全面崛起。2021 年，李宁成功地让自己的身价一天涨 1.4 亿港元，当年身价已经超过 130 亿元人民币。这个数字属实惊人，这是李宁巨大的成功。截至 2022 年 5 月 24 日，李宁公司市值已经超过千亿港元，达到 1 367 亿港元。

成立三十多年来，李宁这一品牌越做越大，从服装到鞋子，再到篮球、运动器械等，李

宁从体操王子的名字成为"炸街国潮"的代名词,从一个默默无闻的小品牌逐步成长为一个尽人皆知、国际领先的运动品牌,不仅赞助了多项体育赛事,还成为第一家亮相纽约时装周的国内运动品牌。

不论是当运动员还是做商人,李宁都做到了极致,这与他不忘初心、坚定道路自信的爱国精神紧密相关。他不仅为中国的体育事业做出了巨大的贡献,在促进中国民族企业的发展上也功不可没。在振兴国货的道路上,中国制造正引领着品质,李宁的爱国之心始终未变。

【知识点】建设型公关。

【育人目标】培养学生树立爱国精神,坚定道路自信。

资料来源:李宁:从体操王子到中国潮牌,打造民族体育品牌,爱国心从未改变[EB/OL].(2022-04-08)[2023-12-06].https://baijiahao.baidu.com/s? id = 1729444089524060842&wfr = spider&for = pc.

（2）维系型公关

维系型公关是指在品牌建设的中期,维系已享有的公关声誉,稳定已建立的公关形象。与建设型公关是拓荒型工作需"花大钱"相比,维系型公关只需"花小钱"就可以了。

特点:采取低投入、低姿态,持续不断地向公众传递信息,使良好的公关形象长期保存在公众的记忆中。

方法:以渐进而持久的方式,针对公众的心理精心设计活动,潜移默化地在公众中产生作用,追求水滴石穿的效果。

（3）防御型公关

防御型公关是指当公共关系出现不协调或者即将出现不协调时,及时采取以防御为主的公关活动,将问题消灭在萌芽状态。

特点:在技巧上以防为主,居安思危,防患于未然;洞察世事,见微知著,避免矛盾尖锐化;积极防御,加强疏导,防御与引导相结合;有较明确的解决问题的步骤;重视信息反馈,及时调整自身的政策或行为;重视调查与预测。

方法:开展公共宣传活动,举办研讨会、鉴定会、同行联谊会等,提供售后服务,加强信息交流与协作,创造和谐的外部环境。

（4）矫正型公关

矫正型公关是指当公共关系失调、公关形象受损时,为了扭转公众对品牌的不良印象而开展的公关活动。矫正型公关是危机公关,是公关的最后一道防线,此时应及时采取措施挽回声誉,重塑形象。公关形象受损一方面可能是企业自身造成的,比如产品质量下降、服务不周、工作失误、环境污染等;另外一方面也可能是公众误解或有人蓄意制造事端,此时应及时查明事实真相,制定积极措施,主动进攻。

特点:及时发现问题,及时纠正问题,及时改善形象受损。

方法:查明原因,澄清事实,恢复信任,重塑形象。

（5）进攻型公关

进攻型公关是指当公关形象受损时，为了摆脱被动局面，采取"出奇制胜、以攻为守"的公关策略，力争变被动为主动，创造新的公关环境。

特点：适用于企业与外部环境的冲突已成为现实，而实际条件有利于企业，此时抓住时机，利用一切可利用的条件、手段，以主动进攻的姿态开展公关活动。

方法：①改变策略，主动改变企业对环境的依赖关系。②交流策略，主动想方设法加强沟通，形成支持企业的社会舆论，既减少公众对企业的对抗情绪，又减少企业与环境的摩擦。

（6）宣传型公关

宣传型公关是指利用新旧各种媒体直接向公众表白，以求尽快将企业信息传播出去，形成有利于己的社会舆论，树立良好的公关形象，目的是让公众了解企业，以获得更多的支持。

特点：主导性强，时效性强，范围广，能快速推广企业形象，迅速实现企业与公众的沟通，获得较大的社会反响。

方法：发新闻稿，登公关广告，开记者招待会、新产品发布会，印发宣传材料，举办路演，发表演讲，制作视频、音频、动画等，编辑出版刊物、板报，建立经营官网、公众号、小程序等。

（7）交际型公关

交际型公关是指在人际交往中开展公关工作的一种公关模式，以人际接触为手段与公众进行沟通，为企业广结良缘，建立广泛的公关网络，形成有利于企业发展的公关环境。

特点：创造直接接触的机会加强情感交流，具有灵活性且富有人情味，可使公关效果直达情感层面。①灵活性，即利用面对面交流的有利时机，充分施展公关人员的交际才能，达到有效沟通和广结良缘的目的。②直达情感层面，以"情感输出"的方式，加强与沟通对象之间的情感交流。一旦与沟通对象之间建立了真正的情感联系，往往会相当牢固，甚至超越时空的限制。

方法：举办各种招待会、座谈会、宴会、茶会，对客户进行慰问、专访、接待，通过个人信函、电话等保持与客户沟通。

（8）服务型公关

服务型公关是指以提供各种实惠而优质的服务为主要手段的公关活动形式，其目的是通过实际行动获取公众的理解和好评，树立良好的形象。对于一个企业或社会组织来说，要想获得良好的社会形象，宣传固然重要，但更重要的在于自己的实际行动，在于提供真实、可靠、优质的服务，从而不断获得公众美誉。企业应秉持"公共关系就是百分之九十要靠自己做好"的精神，始终坚持提供优质的服务，否则再好的宣传也必将是徒劳的。

特点：能够使公关形象直达公众个人，是一种最实在的公关模式。

方法：售后服务、消费引导、便民服务、义务咨询等。

（9）社会型公关

社会型公关是指通过举办各种社会性、公益性、赞助性的活动来塑造良好形象的一种公关模式。一个企业不论经营什么行业,它都是社会整体中的一员,担负着不可推卸的社会责任。社会型公关就是通过履行社会责任的公益活动扩大社会影响、提高社会声誉,赢得公众支持。

特点:公益性、文化性、社会性、宣传性。突出公关的公益性,塑造企业关心社会、关爱他人的良好形象。

方法:举办开业庆典、周年纪念、传统节日活动、电视晚会,赞助文体、福利、公益事业,救灾扶贫等。

(10) 征询型公关

征询型公关是指以征询公众意见为沟通手段,使公众认同企业形象的一种公关模式。征询型公关应成为企业的日常工作,企业要坚持不断地进行下去。

特点:通过信息采集、舆论调查、民意测验等工作,加强双向沟通,向公众传输企业文化,暗示企业形象或意图,使公众印象更加深刻。

方法:建立客户接待制度,进行民意调查,设立热线电话;开展产品试销调查、产品销售调查、市场调查;访问重要用户,访问供应商,访问经销商;征询使用意见,鼓励职工提出合理化建议;开展各种咨询业务,设立监督电话,处理举报和投诉等。

(11) 文化型公关

文化型公关是指企业在公关活动中有意识地进行文化定位,展现文化主题,借助文化载体,进行文化包装,提高文化品位的公关活动。

特点:利用文化对公众产生的积极影响,强调企业文化特色,借助文化形式或文化主题开展公关活动。具有文化内涵的企业形象更鲜明、更绚丽。

方法:①文化包装。文化包装是大多数企业经常采用的公关活动,它运用文化装饰的手段,形成公共关系的文化氛围,以鲜明的文化特色形成企业鲜明的公关形象。②文化导引。文化导引是指向公众倡导和传播某种正面的新文化活动,企业在这些文化活动中扮演新文化的倡导者,从而迅速树立企业新文化引领者的良好形象。

(12) 网络型公关

网络型公关是一种新型公关模式,是指借助计算机互联网、移动互联网、新媒体、自媒体等新型计算机通信和数字交互式媒体,在网络环境下实现企业或社会组织与公众双向沟通、协调公共关系的活动。

互联网具有个性化、互动性、信息共享化和资源无限性等传播优势,集个人传播(如微信、QQ、邮箱、抖音、小红书等)、组织传播(如公众号、官网、小程序、论坛等)和大众传播于一体。因此,网络型公关具有独特的价值效应,日益受到重视,对于希望在激烈的竞争中夺得市场先机的企业来说具有十分重要的意义。

特点:传播迅速,具有很强的时效性;操作便捷,随时随地可以发起传播;开发工具较多,互联网行业已经成熟,专业服务容易获得。

方法:传统的方法是建网站、开发小程序、开发多媒体进行网络宣传和推广,而创新的方法是利用"两微一抖一红"(微信、微博、抖音、小红书),这些平台都提供了方便易用的工具,用户可以快速制作亮眼引流的作品,迅速达到较好的公关效果。

同步案例 5-2

文化如何振兴乡村——李子柒现象思考

习近平总书记在党的十九大报告中提出乡村振兴战略,体现出党对农业农村农民的重视。实施乡村振兴战略的重点是实现产业的振兴、人才的振兴、文化的振兴,而文化振兴是乡村振兴的理论基础和人文底蕴。乡村文化建设是乡村发展的短板,如何振兴乡村文化成为当务之急。李子柒现象启发了我们对文化如何振兴乡村的思考。

李子柒是一个全网几千万"粉丝"的视频博主,因拍摄乡村古风生活、传统美食、传统文化等内容走红。同时,她在海外也有大批"粉丝"。

李子柒的视频内容很特别。这个来自四川深山里的姑娘,以中国传统美食文化为主线,围绕中国农家的衣食住行展开,给网友们展现了一个近乎理想化的田园生活。

有人赞美她拍得令人向往,让外国人深度感知了中国传统文化和美食的魅力,也有人质疑她的视频并不真实反映中国的乡村生活,且加深了外国人对中国的刻板印象。

而央视的热评认为,她讲好中国故事便已足够,这是平常心做出来的国际文化传播奇迹。她的视频总是给人一种恬静治愈之感,也许在生活中追赶了太久,大家都需要放慢一点节奏。但是,慢视频相关主题的内容层出不穷,李子柒为什么能够脱颖而出?其中有个很特别的原因就是她的视频慢到极致,处处是诗。

中国文化故事怎么讲?她选择了一条追溯的路。李子柒拍摄的时间跨度会拉得非常大,展现作品的整个制作过程:拍"酱油酿造",她从种黄豆开始;过冬做"棉被",她从养蚕宝宝开始,展现了手工蚕丝被的制作全过程;介绍活字印刷,她特地找师傅学习了小半年,学习制作文房四宝的视频拍了近两年……文化故事还能怎么讲?从衣食住行逐一落笔。从造面包窑、做竹子家具、做文房四宝、做衣服,到烤全羊、酿酒、酿黄豆酱油……

李子柒把文化细落成了物品,融进了生活的诗。4 月酿枇杷酒,5 月又酿樱桃酒,7 月做七巧饼,8 月做苏式鲜肉月饼……

李子柒像是一个万能手工达人,但姿态并不炫耀;她有浓厚的文化含量,但并不吹嘘干货满满;她像是中国传统文化的体验官,却从未标榜自己。

从李子柒的视频里,人们可以看到悠久的历史,看到美丽的自然,看到动人的传统,看到电影般的画面……

取于自然,心之向往;在中国是桃花源记,在他国是瓦尔登湖。日出而作,日落而息,劳作其身,净其精神。

这一切都是文化的魅力。人们感受得到,无须旁白点睛,这是文化自信,更是道路自信、制度自信。李子柒的视频虽看似简单质朴,却蕴含着深厚的中华文明历史,抒发着中华优秀传统文化,在人们心中形成了深刻的民族记忆。

【知识点】网络型公关能化平凡为神奇。

【育人目标】李子柒将农村生活拍得令人向往,让人深度感知了中国传统文化和美食的魅力,这是平常心做出来的文化传播奇迹,蕴含着深厚的中华文明内涵,展现了中华优秀传统文化,让人们形成了深刻的记忆。培养学生弘扬中华优秀传统文化,坚定文化自信。

资料来源:"李子柒"现象:将"三农"元素织入审美叙事[N].农民日报,2020-06-01.

5.2.4　公关口径设计方法

公关口径是指企业发言人的发言口径或企业发布新闻的新闻口径,是公关策划非常重要的内容,需要提前设计。在公关活动中,企业发言人的发言影响很大,尤其是在突出的焦点事件中,公众目光都会聚焦企业发言人的一言一行、一举一动,而且此时竞争对手和事件发难者会挖空心思寻找发言的破绽。发言得当,可以及时传播积极信息,取得公众的认可和理解;发言不当,反而会加深公众的误解,授人以柄,使企业形象严重受损。

4-2-4-5 法是通常用来设计公关口径的方法。所谓 4-2-4-5 法,是指公关口径设计的"4 个关键,2 个原则,4 种方法,5 种技巧"。

(1)4 个关键

第一个关键是坚持原则。原则由企业领导决定,发言人无论如何都不能突破原则。

第二个关键是让媒体感兴趣。发言人给媒体的新闻资料要让媒体感兴趣,公布的事实要能打动媒体,数字要有说服力,要为媒体的新闻提供一条生动的标题。

第三个关键是不说错话。发言人要先搞清楚本次公关的危机和风险是什么,这样面对记者的发问就能轻松应对而不说错话。

第四个关键是统一说法。由上而下统一说法、统一口径很重要,自相矛盾马上会被媒体炒作成更大的公关危机。

(2)2 个原则

第一个原则是百字原则。发言人给媒体的新闻口径一定要控制在百字以内,字斟句酌,控制在有限而必要的信息,否则说多了就要出错,实话实说但不能全说,这样就能有效控制媒体的传播口径。

第二个原则是善待记者。因为记者与被采访对象是平起平坐的,无论一个人的地位有多高,记者都可以对他进行采访,也有权将采访的内容发表成新闻,所以要善待记者。

(3)4 种方法

一要预测媒体发问。看媒体怎么报道企业,就能预测公关危机后媒体会怎么发问,从而就能很好地把握口径设计。

二要设计关键词。每次公关发言,敏感而关键的词就那几个,分寸最难把握,因此先把这些词设计好,其他的都相对容易了。

三要巧妙回答。企业公关活动的目的是借助媒体把企业的正面形象传播出去,无论面对多么刁难的问题,都可以回答"对,你提的这个问题很重要,不过我要告诉你的是……",此时围绕公关口径重复强调就可以了。

四要防备突然袭击。事先根据领导定下的原则和设计好的关键词,拟定面对各种复杂情况的发言话术,就不怕媒体搞突然袭击了。

（4）5个技巧

一是最小化。面对谣言要想方设法把这个坏消息的负面影响最小化，此时的口径设计方法最好是推到个体身上去，比如"×××的问题是他个人的问题，与企业无关"。

二是回避超出原则的问题。此时只需按预先准备的语句回答即可，比如"我没有听说过×××的这件事，但是我想说，不管是谁，我认为他都不应该那样"。

三是面对具体数字的情况设计概括发言的口径，面对概括的情况设计具体数字发言的口径。

四是多用富有感情色彩的词汇，不然公众会责备企业冷酷、没有人性。

五是适当示弱。做错事要承认，不要怕把企业的困难告诉大家，只要适当示弱，大部分人都是通情达理的，可以理解。

5.2.5 公关场景设计方法

公共关系的对象是人，是企业希望得到认可的那部分目标公众，而公众在公关活动中的感受和反应往往受到此时此地环境氛围的影响。这种环境氛围就是公关场景，是指在一定的时间、地点、设施、人文等条件下构建的空间。

公众在公关活动中的感受和反应往往受到环境氛围的影响，通过有意识地选择地点、设计场景，可以提升公关活动效果，化解消极反应、失调反应。这种方法就叫公关场景设计方法。

传统的公关场景都是呆板的背景板、发言台、记者席"三件套"，仅仅记者发稿、纸媒发文，对公众的影响规模和"粉丝"流量效果有限。因此，面对以互联网生态为基础的新经济时代，公关活动也进入了崭新的场景设计时代。比如图5-5就是为全民K歌活动设计的公关场景，这样的场景极具吸引力。

图5-5 全民K歌公关场景设计

资料来源：公开网络。

当然，公关场景设计不仅有舞台式，还有沉浸式、路演式、展会式、直播式、会议式、座谈式、茶餐式等，多种多样，企业可根据公关活动的主题、对象、目标、效果而选择不同的场景。比如，长春"这有山"商街公共区采用了沉浸式公关场景设计，参见图5-6。

图 5-6　长春"这有山"商街公共区沉浸式公关场景设计

资料来源:公开网络。

5.2.6　整合媒体传播方法

由于公关活动现场的参加人数有限,要让更大规模的社会公众感受到这场公关活动的影响,从而实现企业的公关目标,就必须采用整合媒体传播,这已经是企业公关策划方案的标配内容。

所谓企业公关的整合媒体传播,就是通过科学有效的策划,整合一切能够为企业公关带来更大附加价值的传播媒体,使这些媒体整合之后实现更清晰、更连贯、更具影响力的传播。因此,公关整合媒体传播就是立足企业公关的全局,将各种传播媒体和传播方式进行无缝整合,为企业公关形象创造最大的影响力,实现更大的公关目标。

整合媒体传播方法从以下八个方面实现手段和内容的清晰性、一致性、连续性整合:

① 整合广告媒体,企业在各种媒体上发布的广告,要围绕公关目标进行内容和主题的整合策划。

② 整合促销媒体,优惠券、抽奖券、店头易拉宝、报价单等促销媒体,也都可以围绕公关目标进行整合策划。

③ 整合宣传媒体,企业的宣传册、年报、杂志、海报等宣传媒体,更应该围绕公关目标进行整合策划。

④ 整合人员推广,在企业促销活动中,一对一的人员推销的感染力是很强的,此时要使推销员符合企业公关形象的要求,推销员自身也是整合传播的媒体。

⑤ 整合产品包装,产品包装的影响力非常大,它深入社会生活的每个角落,具有广泛的传播范围,在包装设计上务必围绕企业公关目标进行整合策划。

⑥ 整合植入媒体,就是把公关主题、公关内容、公关形象、公关符号等融入影视剧、文学作品、新闻报道等媒体内容。

⑦ 整合评论媒体,互联网生态下,可以通过多种形式收集公众的评论,比如点评、点赞、星标、打分等,这些接触企业信息后形成的评论,对树立企业良好的公众形象效果明显,这些评论的形式就属于评论媒体。

⑧ 整合网络媒体，新经济时代的特征就是新媒体、自媒体、流媒体、融媒体等网络媒体蓬勃发展，网络媒体相对其他媒体具有裂变快、爆炸力强、穿透力高、影响面广等特点，是非常好的公关传媒。企业要重点注意整合以下几种主要类型的网络媒体：其一，自媒体，自媒体的自发传播像病毒一样蔓延，是目前最高效的传播媒体之一。整合自媒体是因为QQ、微信、微博、抖音、小红书等自媒体的力量越来越大，几乎每个人都可以成为公众新闻的发起者。其二，引擎媒体，公众使用搜索引擎满足需求已经成为一种习惯，可通过付费引擎和竞争排名等方式进行整合策划。其三，平台媒体，指已经具有非常大规模流量资源的媒体，比如微信公众号、视频号、微博、抖音、小红书、马蜂窝、知乎、百度贴吧等。其四，精准媒体，指一些能够精准识别和锁定目标客户资源的工具，也可以作为整合传播的媒体，比如 Cookie、客户画像、大数据分析等。其五，社群媒体，指那些能够满足群体某方面需求而形成的互联网社交人群，比如微信群、QQ群、微博群、抖音群等。整合社群媒体的关键意见领袖，通过他比较容易树立品牌信任感、专业度，传递品牌价值。

5.3　公关策划文案典型任务

公关策划是一个通过沟通或传播促使社会公众认同和理解企业行为的策划过程，公关策划文案可分为以下五个典型任务。

任务1　公关形势分析

公关形势分析是通过社会环境调查、公众调查和企业形象调查，对公关形势做出正确的判断。

第一，社会环境调查。对社会环境进行调查，主要是为了分析、把握与本企业有关的社会政治、经济、科技、文化等方面的动态。

第二，公众调查。调查和分析公众对企业形象的感受与评价。只有抓住公关问题的痛点，下一步才能有针对性地形成公关策略，从而进一步完成公关策划执行计划。公众是一个经常变化的群体，会因企业经营的发展而发生变化，因此公众调查应经常进行，调查内容包括公众构成、公众态度、公众需求、意见领袖等。

第三，企业形象调查。企业形象是企业在社会公众心目中留下的印象，是公众对企业的看法和评价，分成两个方面：一是企业自我期待形象的调查，二是企业实际形象的调查。

公关形势的现状分析包括竞争力分析和知名度调查、美誉度调查。

竞争力是指在公关关系中，社会公众对企业优势的认可和信赖程度，可以先通过市场占比调查和分析得出企业优势被社会公众认可、信赖程度的结论。

美誉度是指在公共关系中，社会公众对一个企业的好感和赞美程度。美誉度调查一般采用不记名问卷统计，统计公式为：美誉度＝赞美人数÷知晓人数×100%。

知名度是指在公共关系中，社会公众对一个企业的知晓和了解程度。知名度调查也采用不记名问卷统计，统计公式为：知名度＝知晓人数÷被调查人数×100%

⊙ 任务2　确定公关策划要素

完成公关形势分析后,为了开展公关策略创意和公关活动设计,首先要确定公关目标、公关对象、公关主题和公关模式。

（1）公关目标

公关目标是指企业通过策划及实施公关活动所追求和渴望达到的一种状态或目的,是整个公关活动的核心和公关工作努力的方向。整个公关工作的过程就可以理解为制定公关目标和实现目标的过程。根据公关工作的主要内容,派生出公关工作的三大基本目标,即形象设计与塑造、关系协调、传播与沟通,其中形象设计与塑造是整个公关工作的核心目标。

● 确定公关目标的依据有:

第一,企业自我期待形象的调查。企业要通过公关调查与分析,客观地认识自身的关系状况,了解自身的类型、性质和地位,以此进行准确的形象定位。尤其是要了解公众对企业的评价,即企业在公众心目中的印象,由此得出企业的实际形象。在此基础上,发现企业关系状态、沟通协调和形象定位存在的问题,科学设定公关目标。

第二,公众的需要及其对企业的要求和期望。企业要注重了解公众的需要,即公关活动要以满足公众的需要,尤其是满足公众日益升华的精神需要为目标。企业还要了解公众对企业的要求和期望,在设定公关目标时要兼顾公众对企业的要求和期望。

第三,企业的总体目标和发展战略。企业的总体目标和发展战略是企业确定公关目标的重要依据。企业的公关目标必须与总体目标保持协调一致,必须为企业的整体发展战略服务。

第四,企业的资源状况及可提供的活动条件和环境条件。企业可以通过广泛的调查研究工作取得及时、准确的上述各项信息,为公关目标的确定提供可靠的依据。企业的公关部门及公关人员应积极主动地收集有关信息,了解与本企业有关及受其影响的个人、组织、社会群体的态度及反应,及时发现企业在公共关系方面存在的问题,以此确定明确的公关目标。

● 确定公关目标的重要意义有:

第一,确定公关工作的方向和一定时期内必须完成的任务。

第二,确定公关目标是制订公关计划的基础。

第三,确定公关目标是安排指导和协调控制公关工作的依据。

第四,确定公关目标是评价公关活动效果的标准与尺度。

第五,确定公关目标是提高公关工作效率、实现公关活动价值的保证。

● 公关目标的分类有以下几种:

第一,按目标的时间跨度可分为长期目标、中期目标、短期目标和具体目标。

长期目标。长期目标是指与企业的总体发展规划和长远利益相一致的目标,是关于企业发展的战略目标。它的时间跨度通常在 5 年以上,对企业的发展具有长远的指导作用,是一个方向性的奋斗目标。

中期目标。中期目标是将企业公共关系长期目标所提出的基本任务进行分析所形成的目标，时间跨度一般为2—5年。企业依据中期目标指导和开展公关工作。

短期目标。短期目标是指年度目标，即企业公关活动在1年内的工作计划和要达到的标准。它是根据企业的年度发展计划和奋斗目标而制定的。短期目标将企业公关工作总目标的有关任务落实到公关活动计划上，对企业在1年内的各项具体公关活动具有指导作用。

具体目标。具体目标是企业针对各项具体问题而开展的专项公关活动的目标。企业为达到与公众沟通的目的，经常会开展一些专项公关活动，如召开一次新闻发布会、处理一次突发的危机事件、开展一项公益活动等。要使这些专项公关活动达到特定效果，企业必须制定各项具体目标以指导活动的顺利开展。

第二，按目标实现的顺序可分为传播信息目标、联络感情目标和改变态度目标。

传播信息目标。传播信息目标是指企业向公众开展传播宣传活动，让公众知晓有关企业的真实情况。传播信息目标是公关工作最基本的目标，是公关策划首先要考虑的问题。连接公关主体与客体的中介就是传播，因此大量的公关工作将要围绕这一目标而开展。在进行公关策划时，企业应对传播信息的手段、方式、场所、人力、财力、物力因素都加以周密思考，妥善安排，只有这样才能保证这一目标的实现。

联络感情目标。联络感情目标是企业的感情投资工作，交际型公关活动模式特别适合这一目标。它是企业依靠某种行为去争取公众对企业的好感和信任的活动，既是一项长期性的任务，又可以在较短的时间内见到成效。在进行公关策划时，企业首先要考虑到它的方式、方法，要区别于一般的人际关系，避免出现不正当的"拉关系""走后门"现象。如果事前策划不当，则会消耗大量的人力、财力、物力，还可能无所作为；反之，按照科学的方法和正当的途径则可以产生事半功倍的效果。

改变态度目标。无论现代公关理论有了什么新发展，企业通过引导、沟通改变公众对企业的某种观念和态度，始终是公关工作的主要目标。

（2）公关对象

公关对象是指与公关主体利益相关并相互影响和相互作用的个人、群体或组织，也称公众。公众是公关主体传播沟通对象的总称，是相对于特定组织而存在的，是因共同利益、问题等而联结起来并与特定组织发生联系或相互作用的个人、群体或组织的总和，是客观存在的。

（3）公关主题

公关主题是统率整个公关活动、联结所有公关项目的核心思想和基本宗旨。每一项公关活动都必须设立一个主题，公关活动围绕这一主题展开，从而使整个公关活动成为一个有机的整体。公关主题应吸引、激励公众，广为公众所知。它的具体表现形式多种多样，既可以是一个简洁的陈述，又可以是一个醒目简短的口号。

公关主题看上去非常简单，但设计起来并不容易。设计一个好的公关主题，必须做到：第一，表述公关主题的信息要独特新颖、个性鲜明，突出本次活动的特色，表述上也要有新意，词句能够打动人心，具有强烈的号召力；第二，公关主题设计还要适应公众心理，主题形象要富有激情并使人有亲切感;第三,公关主题设计要简明扼要,能够高度概括本次活动的宗旨、目的和意义,还要易于记忆,切忌空泛和雷同。

（4）公关模式

公关模式是指按照一定的公关目标和任务以及由此所决定的若干技巧和方法所构成的某种特定公关方式。一般分为建设型公关、维系型公关、防御型公关、矫正型公关、进攻型公关、宣传型公关、交际型公关、服务型公关、社会型公关、征询型公关、文化型公关、网络型公关共十二种公关模式。

任务3　公关策略

公关策略是指企业为实现企业公关目标、获得公众信赖、加深公众对企业良好的印象而进行的一系列活动的总称,具体包括活动形式、内容、方法、手段等,只有恰当的策略才能迅速解决公关问题,因此公关策略非常重要,是公关策划人员的经常性工作。制定公关策略一共有三个步骤:第一步,分析公关对策;第二步,确定公关对策;第三步,依据选定的最优公关对策选择最合适的公关类型。

任务4　设计公关项目

根据公关策略创意设计公关项目,是公关策划的重要环节,因为各类公关要素和各种公关内容都需要通过公关项目载体去实现,可从品牌战略项目、服务战略项目、事件营销项目和市场战略项目等方面加以设计。

任务5　拟订公关活动计划

一个公关项目的内容通常包括时间、地点、参加人员、活动内容、现场安排、媒体配合、后勤保障、效果预测、费用预算等。具体可从活动宣传和推广实施、时间安排、节庆活动事项安排、费用预算和效果预测等几个方面加以策划。例如:

（1）内容、时间和人力、物力安排

为了实现公关目标,企业必须制订一个行动计划,这个计划首先要为实现目标确定一个明确的时间起点和终点,这就确定了一个明确的时间周期,如年、月、周、天或某个特定周期。

然后,给这个时间周期加上多个明确的时间节点,形成一条时间轴线。在这条时间轴线的分段时间周期和明确的时间节点上,要部署一系列公关项目,这是在公关策略环节已经设计好的。

最后,按照公关项目执行的先后逻辑和时间流程,写出工作内容、目标成果、人员分工、物料配备、广告宣传等具体安排及要求,由此形成一张行动计划表。

（2）费用预算

公关策划要达到预期目标和效果,企业首先要投入一定的经费,因此企业会就公关行动计划研究需要在多长的时间内投入多少人力、物力以及需要多少经费进行估计,接下来会关心花了这些经费能达到什么效果。

在制定预算时,企业务必注意搜集最新的市场价格或合作方报价,只有这样预算才会切合实际。

（3）效果预测

效果预测是行动计划实施后得到的效果描述,是企业评估、论证、审定行动计划的重要依据。同时,效果预测与费用预算往往是紧密相关的,预算越高则对效果要求越高,同时需要投入的人力、物力也会越多。

5.4　公关策划文案设计范例与评析

《广西大明山 4A
景区公关策划
文案》（全案）

公关策划文案设计范例属于典型的案例教学范畴,设定的目的是为学习者提供一个真正可以模仿的蓝本,这个蓝本始终贯穿整个项目任务。请读者扫描左方的二维码阅读《广西大明山 4A 景区公关策划文案》（全案）。

项目背景：

2011 年广西南宁奥理可赢企业管理咨询有限公司受广西大明山 4A 景区管委会委托,开展了公关策划活动,时间为：当年 11 月开展公关形势分析,次年 3 月开展景区实地调研,5 月开展公关策略创意,7 月完成《景区公关策划方案》。策划团队深入市场调研景区公关形象,深入景区调研游客心目中的景区公关现状,在清华大学组织国内知名专家研讨景区的公关问题,最终拿出了一套令景区满意的公关策划方案,顺利通过景区管委会验收,并受到了高度好评。

5.5　公关策划专项实训

公关策划专项实训属于典型的实验教学范畴,按照项目实验教学的要求,由学员团队按任务要求自主完成。

公关策划专项实训由学员在当地挑选一个具有一定知名度的企业作为实训的合作品牌,事先取得企业的认可和支持,由学员逐步完成公关策划。

🜨 任务 1　公关形势分析

1. 实战演练任务

以学习小组为单位,对企业的公关形势进行分析,包括社会环境调查、公众调查和企业形象调查,并对企业的公关形势做出正确的判断。

2. 实战演练要求

公关形势分析要求数据准确、内容翔实,能够有效地反映出企业公关形势的真实情况。公关形势分析的结果要能为下一步确定公关策划要素提供充分的依据。

3. 实战演练成果评价

利用一周的时间完成公关形势分析,提交文案并进行 PPT 演讲,现场由课程老师担任评委。

⚛ 任务 2　确定公关策划要素

1. 实战演练任务

通过对景区的发展战略和战术进行分析,确定公关目标、公关对象、公关主题和公关模式等要素。

2. 实战演练要求

完成公关形势分析后,通过小组头脑风暴确定公关目标、公关对象、公关主题和公关模式。

3. 实战演练成果评价

利用一周的时间确定公关策划要素,提交文案并进行 PPT 演讲,现场由课程老师担任评委。

⚛ 任务 3　公关策略

1. 实战演练任务

公关策略是指企业为实现公关目标、获得公众信赖、加深公众对企业良好的印象而进行的一系列活动的总称,具体包括活动的形式、内容、方法、手段等,只有恰当的策略才能迅速解决公关问题,因此公关策略非常重要,是公关策划人员的经常性工作。以学习小组为单位,确定公关策略。

2. 实战演练要求

掌握 SWOT 分析法,从确定最优的公关对策到选择最合适的公关类型,一共有三个步骤:第一步,分析公关对策;第二步,确定公关对策;第三步,依据选定的最优公关对策选择最合适的公关类型。

3. 实战演练成果评价

利用一周的时间完成公关策略,提交文案并进行 PPT 演讲,现场由企业、行业专家和课程老师担任评委。

⚛ 任务 4　设计公关项目

1. 实战演练任务

以学习小组为单位,研究如何通过公关项目载体实现公关要素和公关内容。

2. 实战演练要求

根据公关策略创意设计公关项目是公关策划的重要环节,因为各类公关要素和各种公关内容都需要通过公关项目载体去实现,可从品牌战略项目、服务战略项目、事件营销项目和市场战略项目等方面加以设计。

3. 实战演练成果评价

利用一周的时间完成公关项目设计,提交文案并进行 PPT 演讲,现场由企业、行业专家和课程老师担任评委。

任务5　拟订公关活动计划

1. 实战演练任务

一个公关项目的内容通常包括时间、地点、参加人员、活动内容、现场安排、媒体配合、后勤保障、效果预测、费用预算等。以学习小组为单位,依时间进程拟订时间节点、内容、人员安排等行动计划。

2. 实战演练要求

可从活动宣传和推广实施、时间安排、节庆活动事项安排、费用预算和效果预测等方面加以策划。

3. 实战演练成果评价

利用一周的时间完成公关活动计划,提交文案并进行 PPT 演讲,现场由企业、行业专家和课程老师担任评委。

5.6　公关策划课后巩固(单元测试题)

一、单项选择题(10 道题)

1. 公关策划即围绕公共关系进行策划,是企业根据营销战略的目标,针对企业公关形象的现状,分析企业所面对的外部环境和内部条件,制定维系或提升公关形象的策略,形成最佳公关行动方案,促使社会公众认同和理解企业行为的(　　　)。

　　A. 文案　　　　　　　B. 设计　　　　　　　C. 过程　　　　　　　D. 作品

2. 公关活动是一个(　　　),必须从企业经营战略和品牌战略的全局来看,要强化整体的系统控制,综合考察公关活动的使命、目标,以及公关活动的总体作用和运作过程,从而从整体上寻求公关活动的最佳境界。

　　A. 营销过程　　　　　　　　　　　B. 与公众打交道的工作

　　C. 系统工程　　　　　　　　　　　D. 任务

3. 当公共关系出现不协调或者即将出现不协调时,及时采取以防御为主的公关活动,将问题消灭在萌芽状态的是(　　)。

　　A. 建设型公关　　　　　　　　　　B. 维系型公关

　　C. 防御型公关　　　　　　　　　　D. 进攻型公关

　　E. 矫正型公关

4. (　　　)需要设计是因为在公关活动中,企业发言人的发言影响很大,尤其是在突出的焦点事件中,公众目光都会聚焦企业发言人的一言一行、一举一动,而且此时竞争对手和事件发难者会挖空心思寻找发言的破绽。发言得当,可以及时传播积极信息,取得公众的认可和理解;发言不当,反而会加深公众的误解,授人以柄,使企业形象严重受损。

　　A. 公关主题　　　　B. 公关口径　　　　C. 公关形象　　　　D. 公关场景

5. 公关活动中的感受和反应往往受到环境氛围的影响,通过有意识地选择地点、设计场景,提升公关活动效果,化解消极反应、失调反应,这种方法就叫(　　)。

A. 公关场地选择方法　　　　　　　　B. 公关场景设计方法

C. 环境氛围营造方法　　　　　　　　D. 消极反应化解方法

6. 整合自媒体是因为 QQ、微信、微博、抖音、小红书等自媒体的力量越来越大,几乎每个人都可以成为公众新闻的(　　)。

A. 转发者　　　　B. 追随者　　　　C. 拥护者　　　　D. 发起者

7. 公关策划的第一步是(　　)。

A. 设计公关项目　　　　　　　　　　B. 拟订公关活动计划

C. 确定公关策划要素　　　　　　　　D. 公关形势分析

8. (　　)是那些经常在公众面前发表有影响力的信息和意见、对公共关系影响较大的人,企业通过他们传播信息,可以影响公众的态度,实现公关目标。

A. 专业人士　　　　B. 权威专家　　　　C. 领导　　　　D. 意见领袖

9. 由于公关活动现场的参加人数有限,要让更大规模的社会公众感受到这场公关活动的影响,从而实现企业的公关目标,就必须采用(　　),这已经是企业公关策划方案的标配内容。

A. 新闻发布会　　　　B. 整合媒体传播　　　　C. 广告宣传　　　　D. 网络轰炸

10. 企业应秉持"公共关系就是百分之九十要靠自己做好"的精神,始终坚持提供优质的服务,否则再好的(　　)也必将是徒劳的。

A. 品牌　　　　B. 产品　　　　C. 业务　　　　D. 宣传

二、多项选择题(5 道题)

1. 公关策划的作用是(　　)。

A. 品牌维护,不断树立企业形象　　　　B. 应付社会,保护企业不受打击

C. 口碑塑造,有效协调公共关系　　　　D. 产品营销,促进企业效益的提高

2. 公关环境是企业需要重视的资源,包括(　　)。

A. 经济环境　　　　B. 政治环境　　　　C. 文化环境　　　　D. 技术环境

3. 一份公关策划书的主要策划内容包括(　　)。

A. 任务实施范围和目标　　　　　　　　B. 目标受众

C. 产品设计　　　　　　　　　　　　　D. 调研方法

4. 矫正型公关是指当公共关系失调、企业形象受损时,为了扭转公众的不良印象而开展的公关活动。矫正型公关是危机公关,是公关的最后一道防线,此时应及时采取措施挽回声誉,重塑形象,方法有(　　)。

A. 查明原因　　　　B. 澄清事实　　　　C. 主动出击　　　　D. 恢复信任

E. 重塑形象

5. 公关口径是指企业发言人的发言口径或企业发布新闻的新闻口径,是公关策划非常重要的内容,需要提前设计。公关口径设计的四个关键是(　　)。

A. 坚持原则　　　　B. 让媒体感兴趣　　　　C. 不说错话　　　　D. 巧用词汇

E. 统一说法

三、简答题（5 道题）

1. 什么是公关策略？

2. 识别意见领袖可采用哪些方法？

3. 为什么说公关策划可以促进企业效益的提高？

4. 通过百年传承的同仁堂品牌公关故事，你学习到了什么？

5. 为什么说求实性是公关策划的基本特征？

第6单元 广告策划

思维导图

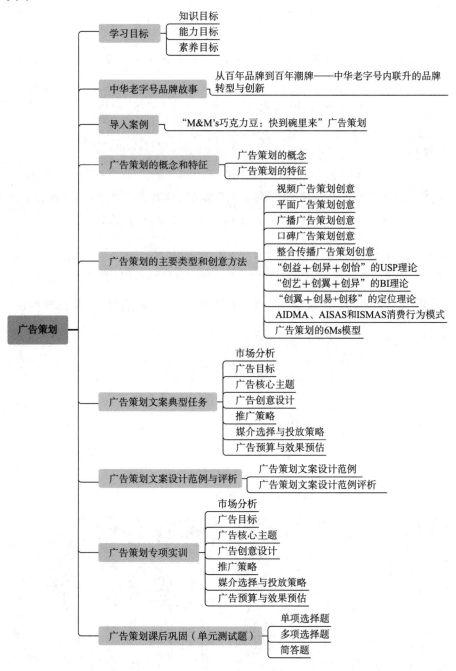

广告策划
- 学习目标
  - 知识目标
  - 能力目标
  - 素养目标
- 中华老字号品牌故事
  - 从百年品牌到百年潮牌——中华老字号内联升的品牌转型与创新
- 导入案例
  - "M&M's巧克力豆：快到碗里来"广告策划
- 广告策划的概念和特征
  - 广告策划的概念
  - 广告策划的特征
- 广告策划的主要类型和创意方法
  - 视频广告策划创意
  - 平面广告策划创意
  - 广播广告策划创意
  - 口碑广告策划创意
  - 整合传播广告策划创意
  - "创益＋创异＋创怡"的USP理论
  - "创艺＋创翼＋创异"的BI理论
  - "创翼＋创易+创移"的定位理论
  - AIDMA、AISAS和ISMAS消费行为模式
  - 广告策划的6Ms模型
- 广告策划文案典型任务
  - 市场分析
  - 广告目标
  - 广告核心主题
  - 广告创意设计
  - 推广策略
  - 媒介选择与投放策略
  - 广告预算与效果预估
- 广告策划文案设计范例与评析
  - 广告策划文案设计范例
  - 广告策划文案设计范例评析
- 广告策划专项实训
  - 市场分析
  - 广告目标
  - 广告核心主题
  - 广告创意设计
  - 推广策略
  - 媒介选择与投放策略
  - 广告预算与效果预估
- 广告策划课后巩固（单元测试题）
  - 单项选择题
  - 多项选择题
  - 简答题

学习目标

知识目标

1. 掌握广告策划的概念和特征。

2. 理解广告策划文案设计的典型任务。

3. 掌握广告策划创意的常用方法。

能力目标

1. 以企业广告策划问题为导向,通过学习示范案例和完成实训任务,撰写广告策划文案。

2. 能够综合应用 USP 理论、BI 理论、定位理论以及 AIDMA、AISAS 和 ISMAS 消费行为模式,6Ms 模型等广告策划创意方法进行广告策划。

素养目标

1. 能够参与协作学习,具有团队合作意识,进行成果展示和有效沟通与交流。

2. 能够在广告策划实践活动中理解并遵守相关营销职业道德和规范,履行相关责任。

3. 养成勤于思考的学习习惯,培养自主学习和终身学习的意识。

中华老字号品牌故事

从百年品牌到百年潮牌——中华老字号内联升的品牌转型与创新

"内联升"始建于公元 1853 年(清咸丰三年),"内"指大内官廷,"联升"寓意官运亨通、连升三级。起初,内联升专打"坐轿人"的生意,清王朝覆灭后,其市场定位和服务对象都发生了变化。内联升采用千层底制作工艺,制作的小圆口千层底鞋、缎子鞋和礼服呢鞋深受文艺界以及知识人士的喜爱。2006 年,内联升被中国商业联合会授予"中国布鞋第一家"称号。2008 年,"内联升千层底布鞋制作工艺"被列入国家级非物质文化遗产。

在互联网时代,内联升拥抱新兴社交媒体,全渠道传播扩大声量。一方面参与录制《创意中国》(见图 6-1)和央视纪录片《中华老字号》(见图 6-2)等节目,借助传统媒体的传播力讲述品牌故事,扩大内联升的品牌影响力。

图 6-1　内联升参与录制《创意中国》　　图 6-2　内联升参与录制《中华老字号》

另一方面专注投放户外和网络平台，且不断加大投入，积极拥抱新兴社交媒体，通过社交媒体打造的虚拟社区，为品牌传播提供更广阔的空间。2018 年，为吸引年轻人走近老字号、了解老字号，内联升将一个鞋盒造型的快闪店（见图 6-3、图 6-4）开进三里屯太古里，而且内联升对此次快闪活动采取全媒体组合传播的方式，共有 29 家媒体参与报道，既有传统综合性新闻媒体、广播电视媒体，又有新兴自媒体等。此次活动整合了多形式、多方位的传播渠道，引起了较大声量。

图 6-3　内联升快闪店（1）　　　　　图 6-4　内联升快闪店（2）

内联升借力知名 IP，大胆跨界造国潮。内联升的跨界 IP 合作主要走两条路线：一是与国外的卡通、IP 合作，相对来说更为时尚、潮流，同时还有很多既定的"粉丝"，这类成熟的 IP 更容易产品化。二是中国风，挖掘中国的传统经典元素，这更符合内联升的品牌基调。2016 年，内联升借势上海迪士尼乐园开园，设计了迪士尼系列的内联升布鞋（见图 6-5），西方的米奇、米妮登上了东方布鞋的"鞋面"。2016 年电影《大鱼海棠》上映时，内联升推出了同名系列布鞋（见图 6-6），浓郁的中国风设计使其很快成为"网红"。2018 年，内联升最突出的表现就是与清宫戏《如懿传》的定制合作，互相借助彼此的品牌效应，进一步放大传播效果。2022 年 8 月 6 日，内联升打造的新消费品牌——大内·宫保咖啡——正式开业。

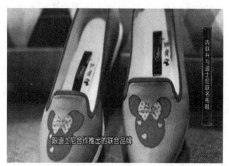

图 6-5　内联升迪士尼系列　　　　　图 6-6　内联升大鱼海棠系列

内联升创新中不忘本来，重视传承。内联升在品牌定位上强调时尚转型，并且面向年轻人，在一定程度上也是对潮流基因的延续；在产品结构上创新品类和设计，但保留了最经典的款式和技艺；在销售渠道上开拓电商和直播形式，推进线上线下资源流通，延续《履中备载》管理公私域流量；在传播上突破形式，大胆跨界，但仍然保留了品牌精髓。内联升的转型取得成效，品牌焕发新气象、获得新形象，对于推动中华老字号振兴提供了有益借鉴。

【知识点】媒介选择与投放策略。

【育人目标】老字号之所以成为老字号，靠的是代代相传的工匠技艺和杰出品质，虽然时代在不断向前发展，但老字号不应该被抛在身后，而是要随着时代的车轮一同向前。守住品质与匠心，当老字号玩好"跨界"时，老字号就不算"太老"。通过"从百年品牌到百年潮牌"的品牌故事，培养学生树立勇于探索的创新精神，守住品质与匠心，发扬大国工匠精神，培养学生善于解决问题的实践能力。

资料来源：

① 张景云，陈碧莹."内联升"品牌时尚化之困：互联网环境下如何活化老字号实体店[J].国际公关，2018，81（3）：74-75.

② 张驰，黄菁菁.从百年品牌到百年潮牌：中华老字号内联升的品牌转型与创新[J].中国广告，2022，342（6）：82-88.

③ 裴晓静.百年内联升锁定"90后"[J].中国品牌，2020，151（1）：84-85.

④ 戴莉娟.内联升的咖啡，不只做"网红"[J].现代广告，2022，452（Z2）：16-17.

导入案例

"M&M's巧克力豆：快到碗里来"广告策划

M&M's巧克力豆作为全球知名的糖果品牌，自1941年诞生以来，凭借其独特的"只融在口，不融在手"的卖点，迅速在糖果市场中占据了一席之地。然而，随着市场竞争的日益激烈，M&M's品牌在经历了初期的快速增长后，逐渐面临品牌定位模糊、市场渗透率提升困难、消费者认知度有待深化等问题。由于包裹糖衣的技术已在食品、药品等众多领域得到普及，消费者也早已不再对其感到新鲜。基于此，在用户心智中，M&M's品牌面临核心价值减损和"失焦"的风险。这时，亟待重建消费者心智焦点。如何在众多竞争对手中脱颖而出，成为M&M's品牌发展的重要课题。

6.1 广告策划的概念和特征

6.1.1 广告策划的概念

广告活动必须事先进行策划。广告策划是决定广告活动成败的关键，在广告活动中具有相当重要的地位和特殊的重要意义。没有经过精心策划的广告大都是盲目的，不会取得很好的实际效果，更无法取得经济效益，只有经过精心策划的广告才能取得良好的效果。因此，广告策划是广告活动中必不可少的重要步骤。

广告是促销组合的四个手段之一（另外三个分别是人员推销、公共关系、营业推广），它促使人们在产生共鸣的基础上了解自己的需求,并促使人们为满足这种需求而购买商品,帮助人们改善某种生活条件。

广告策划由于周到的市场竞争意识和全面的通盘考虑,可以通过组织系统的、以商品品牌为中心的广告活动,迅速树立商品的品牌形象,创造有竞争力的"品牌先锋",从而开拓市场和占领市场。同时,广告策划可以节约广告费用,提高广告效益。此外,广告策划能为企业提供全面的信息咨询服务,对企业的生产和产品开发提供指导性意见,有利于改善企业的经营管理,提高企业的竞争力。

广告策划是根据广告主的营销计划和广告目标,通过市场调研,制订出一套符合市场状况、产品状况、消费者群体状况的经济、有效的广告策划方案,并对其进行评价、实施和验证,以促进广告主的全面运营。广告策划是对广告活动进行前瞻性和全局性的筹划与打算,在整个广告活动中处于指导地位,而营销策略是广告策划的根本依据。

广告策划主要有两种形式:一种是单独性的,即为一个或几个单一性的广告进行策划;另一种是系统性的,即为规模较大的、一连串的、为实现同一目标所做的各种不同的广告组合进行策划。这种系统、全面、周密的广告策划也被称为整体广告策划,即站在企业整体经营的高度,从整体广告活动出发进行全面的、系统的规划部署。

广告策划不是无计划的、盲目的行为。作为企业整体营销活动的重要组成部分,它是按照一定的程序,有计划、有步骤地进行的。广告策划要考虑完成广告任务的全过程,针对不同的对象、不同的时间、不同的地域、不同的形式,内容应该有所不同,具体可分为以下几个阶段:第一阶段为广告环境分析,第二阶段为广告策划创意,第三阶段为活动计划实施。

6.1.2　广告策划的特征

(1) 战略性

广告策划首先必须提出广告活动的总体战略,停留在具体行动计划层次上的是"广告计划"而不是广告策划。

(2) 研究性

广告策划应以市场调查与研究为依据和开端。虽然广告主的营销策略已经为广告策划提供了依据,但是它仅仅来自广告主单方面,还不足以显示由消费者、产品和竞争对手所构成的市场的全貌。

(3) 创意性

广告的诉求策略、定位策略、表现策略和媒介策略是广告策划的核心内容,它们必须是脱离平庸、与众不同的创意,但是又要具有产生实际广告效果的素质。

(4) 文本性

广告策划的结果应以广告策划文本、广告脚本、广告文案、广告样板的方式来体现,是广告设计师进一步创意作品的依据和模板。

(5) 预测性

广告效果的测定方法应在广告策划中预先设定,以确保广告投放后的效果能够被准确、全面地衡量。

（6）可行性

广告策划应追求广告进程的合理化。所谓进程的合理化，就是广告活动要符合市场的现实情况并且能够适应市场的发展。

（7）有效性

广告策划应追求广告效果的最大化。所谓效果的最大化，就是广告策划要提供能够产生最佳广告效果的策略和方案。

6.2 广告策划的主要类型和创意方法

广告策划创意的任务就是要为一个优秀的广告找到一个广告设计方法，以新颖独特的诉求和表现，体现产品卖点是如何满足需求的，以此打动目标消费者并产生购买行为。

6.2.1 视频广告策划创意

（1）视频广告的概念

视频广告是采用视频拍摄技术制作广告影片的一种广告作品类型，具有声、像、色兼备，听、视、读并举，创意形式生动活泼的特点，成为现代最引人注目的广告形式之一，发展速度极快，并具有惊人的发展潜力。视频广告分为传统视频广告和移动视频广告两类。

（2）视频广告策划创意方法

企业要充分利用视频广告的特点进行策划创意，通过充满创意和趣味的视频情节、内容吸引目标消费者，从而将产品、品牌传递到消费者心目中的某个有利位置。

在创意的过程中，可采用以下方式提升视频广告效果：

① 增加广告的趣味性、吸引力和感染力，变无意收看为有意关注，要注意分析广告作品的完播率和转发率。

② 对广告内容进行事件策划，通过策划吸引眼球的事件广告，达到抢看、点赞、转发的效果。

③ 设计广告内容的含金量，如看广告回答问题获得奖品、看广告抽奖等。

④ 强调简洁单一诉求，越简单越尖锐，越容易被消费者记住。

⑤ 画面、广告语和音乐具有冲击力。

⑥ 在产品利益和观众利益之间建立合理的关联性。

⑦ 演化成系列广告，取悦观众并积累品牌形象。

⑧ 通过代言人将观众带入情境，激发其情境体验，形成观众对品牌或产品的好感和消费冲动。

⑨ 创作旋律简单、朗朗上口、易于流传的广告歌曲提高转发率。

⑩ 3B 型创意法。这里的 3B 是指 Baby（婴儿）、Beast（动物）、Beauty（美女），这三种形象是最容易引起人们注意的，经常在广告创意中被用来增强广告效果。所以，如果有条件并且产品有关联，那么这是一种不错的创意方法。

同步案例 6-1

麦当劳广告

A. 近镜头,一个活泼可爱的婴儿正坐在摇篮里上上下下荡来荡去(见图 6-7(a))。

B. 可是,随着摇篮的起伏,她一会儿哭、一会儿笑,滑稽的样子非常引人注意,不知发生了什么事(见图 6-7(b))。

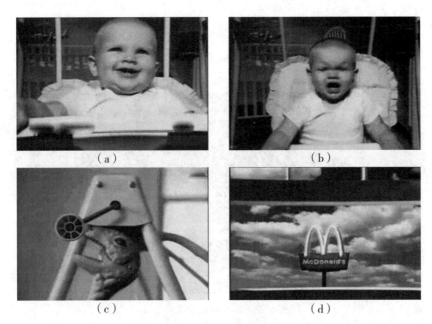

（a）　　　　　　　（b）

（c）　　　　　　　（d）

图 6-7　麦当劳广告

C. 随后,镜头在婴儿的背后向窗外看去,原来,窗外有一个"麦当劳的标识",摇篮一升起来,婴儿能看到这个标识就高兴地笑;摇篮一落下去,婴儿看不到这个标识就着急得哭(见图 6-7(c))。

D. 这时,观众才恍然大悟:原来是孩子喜欢麦当劳(见图 6-7(d))。

该广告通过 3B 型创意法,简单形象地将"孩子喜欢麦当劳"这个产品利益点传达给观众,形象生动。

资料来源:

① 秦志强笔记[EB/OL].[2023-12-26].https://www.qinzhiqiang.com/archives/73656.html.

② 周峰,刘玲.论影视广告中的结构形态和诉求方式的巧妙结合[J].艺术与设计(理论),2008(9):79-81.

⑪ 故事型创意法。人人都喜欢听故事,如果你的产品有一个好的故事,那么也可以通过讲故事的方式来吸引消费者,使其产生共鸣,从而记住你的产品并产生购买欲望。

同步案例 6-2

南方黑芝麻糊

A. 古朴的街景,陈旧的马灯,亲切而熟悉的黑芝麻糊叫卖声,唤醒了无数人最难忘的童年记忆。

B. 温馨的场景中,和蔼的阿姨给小男孩盛上一碗香浓的黑芝麻糊(见图6-8),小男孩喝得津津有味,最后还馋得舔一舔碗……

然后是广告语:一股浓香,一缕温情,南方黑芝麻糊。

这是通过讲故事的方式来传达南方黑芝麻糊的香浓美味和悠久历史,唤起人心头的童年记忆,进而产生购买欲望。

图6-8　南方黑芝麻糊广告

资料来源:

① 秦志强笔记[EB/OL].[2023-12-26].https://www.qinzhiqiang.com/archives/73656.html.

② 许洁.试论广告作品的情感美[J].新闻世界,2014(4):165-166.

③ 温情四溢的南方黑芝麻糊广告为何是我们最珍贵的童年回忆杀?_小男孩_情感_场景[EB/OL].(2022-06-04)[2025-04-19].https://www.sohu.com/a/554007459_100155663.

6.2.2　平面广告策划创意

（1）平面广告的概念

平面广告,若从空间概念界定,则泛指现有的以长、宽二维形态传达视觉信息的各种广告媒体的广告;若从制作方式界定,则可分为印刷类、非印刷类和光电类三种形态;若从使用场所界定,则又可分为户外、户内及可携带式三种形态;若从设计方式界定,则包含文案、图形、线条、色彩、编排诸要素。平面广告传达的信息简洁明了,能瞬间扣住人心,从而成为广告的主要表现手段之一。

（2）平面广告策划创意方法

首先,应创意精准、感人的广告主题口号,将广告概念准确地表达出来。其次,围绕广告主题,可通过以下方式提升广告效果:

① 采用直接展现的创意手法,充分运用设计技巧,将产品真实的精美质地引人入胜地表现出来,使消费者对所宣传的产品产生一种亲切感和信任感。

② 采用突出特征的创意手法,即突出广告概念和主题,着力加以渲染,使受众迅速对其产生注意和兴趣,刺激购买欲望。

③ 采用对立冲突的创意手法,达到简洁、有趣、回味的喜剧效果,借助出乎意料的感悟来揭示产品的独特卖点,增强广告作品的感染力。

④ 采用夸张想象的创意手法,对 USP 进行适度夸张,鲜明地强调 USP 为消费者提供的利益,突出 USP 的震撼力、冲击力,直抵消费者内心。

⑤ 采用以小见大的创意手法,抓住一点或一个局部延伸放大,更充分地表达产品的卖点。这是利用了"好苹果效应"(吃了一个好苹果会认为整棵树上都是好苹果),引导消费者展开想象。

⑥ 采用幽默风趣的创意手法,巧妙地安排喜剧性元素,达到"出乎意料之外、合乎情理之中"的创意效果,使受众在微笑中认同产品的卖点。

⑦ 采用借喻的创意手法,借用互不相干但又与卖点有相似之处的事物,"以此物喻彼物",借题发挥,使本来难以表达的卖点有了表达的机会,使受众领会其意并记住了产品的卖点。

⑧ 采用制造悬念的创意手法,使受众对广告画面乍看不解题意,造成一种猜测和紧张的心理,然后通过广告主题和主旨文字揭开谜底,给人留下难忘的强烈心理感受。

⑨ 采用系列成套的创意手法,符合"寓多样于统一之中"的形式美学原理,通过系列广告反复积累,加深受众对广告主题的印象,而"同"中见"异"的喜剧效果使产品卖点更加深入人心。

（3）"国潮"背景下平面广告创意方法

"国潮"背景下,平面广告创意方法有:强化广告内在含义的文字设计(书法的形态变换、"意象体"的形式美感),唤起受众情感共鸣的色彩运用(传统色彩的情绪表达、现代色彩的转换运用),展现传统文化寓意的图形设计(民族图腾的情感联想、图形纹饰的融合衍化),实现时代全新意义的多元风格交融。

同步案例 6-3

特仑苏京绣,一针一线贯穿千年

"国潮"现象的出现使现代设计者们能从传统文化中寻找更多的可能性和创造性,突破传统商业广告创意,持续创新。"京绣"是燕京八绝之一、中国非物质文化遗产。京绣富有宫廷韵味,"绣"外惠中,以针线传承国粹精华,以技艺典藏历史文化。"一针一线,贯穿千年"，"一形一色，历久弥新"，"一心一意，破茧重生"。特仑苏选取了中国传统文化中的鸳鸯、仙鹤、蝴蝶三种元素，这些元素都有着美好的寓意。三款"京绣"新品发售的同时推出了三款对应的海报，每款海报都有对应的诗词——"鸳鸯于飞，肃肃其羽"；"五鹤西北来，飞飞凌太清"；"穿花蛱蝶深深见，点水蜻蜓款款飞"（见图 6-9）。

图 6-9　特仑苏"京绣"新品

除此之外，特仑苏还借势和乐乐茶携手推出了定制版礼盒——"完美'零'珑匣"（见图 6-10），特仑苏 0 脂肪的嗨 Milk 搭配乐乐茶定制冷萃茶粉，让大家"一起玩美，乐在其中"。

图 6-10　特仑苏定制版礼盒——"完美'零'珑匣"

中国深厚的文化底蕴，从刺绣到诗词，让特仑苏守住了"匠心"，真正实现了"京绣"系列产品的广告语：让传统惊艳时光，让国粹焕发新生！

特仑苏传承传统文化,焕新京绣版嗨 Milk 深度挖掘了中国传统文化的魅力,实现了年轻潮流与传统魅力的完美碰撞,让京绣文化在焕发新活力的同时,也为乳制品行业注入美学因子,触发了年轻群体对国潮文化的情感共振,自然而然地拓宽了品牌的延展力。

【知识点】"国潮"背景下平面广告创意方法——图形纹饰的融合衍化。

【育人目标】从文化角度来说,将传统图形纹饰元素融入平面商业广告,可以唤起受众的情感共鸣和民族自豪感;从营销角度来说,"国潮"现象提高了产品的文化价值。将传统图形与现代设计结合,为宣传品牌产品的单一型商业广告注入新的生命力。中国历史积淀的文化满足了受众的精神诉求,国潮背景下的平面广告可以带动传统文化的传播,让民族文化生生不息,走向世界。

资料来源:

① 特仑苏.这次营销很走心! 美爆了的国潮风新包装——京绣嗨 Milk[EB/OL].[2024-04-25].https://zhuanlan.zhihu.com/p/91375264.

② 特仑苏全新国潮风包装设计"京绣版嗨 Milk"! [EB/OL].(2019-08-04)[2024-04-25].http://www.xingxiancn.com/article/3088.

③ 传承传统文化 特仑苏焕新京绣版嗨 Milk[EB/OL].(2022-08-26)[2024-04-25].https://www.163.com/dy/article/HFMLOU2L0522CR8D.html.

④ 陈曦."国潮"现象冲击下的商业广告创意研究[D].长春:吉林大学,2022.

"国潮"平面广告的视觉表现原则主要有心理共鸣的情感性原则、表现形式的艺术性原则和传统元素的创新性原则。

同步案例 6-4

李宁时装周海报

"国潮"商业广告在反映现代社会生活和表达积极生活态度的过程中,也需要符合艺术性原则。艺术性原则包含广告设计中鲜明的独特性、故事情节的生动性、创意结构的严谨性和完整性、广告语言的准确性、设计方法的多样性,以及作品中的民族性和独创性。

李宁"行至巴黎"时装周海报(见图 6-11(a))的灵感来源于清代绘画作品《清院本十二月令图轴》,此画是清代宫廷绘画,是院体工笔画中的精品,作品构图讲究,着笔细腻,拥有鲜明的民族风格和丰富的表现手法,以精细逼真的艺术效果闻名。李宁采用全新和现代的方式,将古代作品的艺术美融入了商业广告之中。

李宁在纽约时装周中以"行"为主题创作出一系列"国潮"商业广告,其中饱含了品牌对中国传统文化的全新理解,并在产品中融入了大量的传统文化元素,在其商业广告中也引用了中国古代水墨作品,用山峦层叠的光影效果(见图 6-11(b)),为人们呈现中国传统文化之美。

（a）   （b）

图 6-11 李宁时装周海报

传统艺术作品为商业广告的发展注入了崭新的艺术思想，从设计理念、图案造型等方面，为商业广告提供了艺术源泉，提高了商业广告的艺术价值，让现代设计和传统艺术完美融合。

【**知识点**】表现形式的艺术性原则。

【**育人目标**】由于"国潮"商业广告自身附加了中国传统文化的艺术性，因此能够在社会中获得普遍认可。其丰富的艺术表现手法和崭新的题材内容以及文化自信的力量都在设计中体现了艺术性原则。

资料来源：陈曦."国潮"现象冲击下的商业广告创意研究［D］.长春：吉林大学,2022.

（4）平面广告设计元素创意方法

设计元素在平面广告设计中是必不可少的，不同色彩、文字、图形、传统文化等设计元素的结合会产生各种奇妙的"化学反应"。平面广告创意形成对视觉元素，即色彩、文字、图形、传统文化等的表达，成为刺激消费兴趣的直接原因。合理的设计可以使消费者在接收设计元素信息后形成对产品情感上的共鸣，实现创意广告的目标。

色彩

色彩是表达各种情感、理念和信息的重要载体。色彩在快消饮品广告中突出表现在功能性饮品上。功能性饮品是指通过调整饮品中营养素的成分和含量比例，在一定程度上调节人体功能的饮品。功能性饮品的平面广告通常使用多种色彩进行表达：红牛广告使用代表激情的红色来代表功能性饮品可以带给人的力量与精神（见图 6-12）。

图 6-12 红牛广告

资料来源：公开网络。

文字

创意的文案和特殊的字体在平面广告中可以使消费者对广告内涵理解得更加深刻，从而提升消费者对产品的好奇心与亲近度。可口可乐的创意平面广告类型多、趣味性强，运用创意文案将品牌内涵融入其中，使用的"smile""younger"等词汇暗含了可口可乐品牌主打的是年轻群体，突出其活力、热情、向上的精神面貌（见图 6-13）。

在快消饮品广告设计中融入中国风元素，使特殊字体与快消饮品广告结合出现了新的创意碰撞。当下中国风字体与快消饮品广告结合越来越受到欢迎，在娃哈哈针对二十四节气中小雪的广告上，"小雪"两字结合毛笔字体与创意图形形成独特的广告面貌，将传统书法与现代字体进行结合，复古又新潮，是广告艺术推陈出新的表现（见图 6-14）。

图 6-13　可口可乐广告
资料来源：公开网络。

图 6-14　娃哈哈小雪广告
资料来源：公开网络。

图形

图形可以通过空间想象、正负图形、夸张变形、繁简结合等表现手法将产品形象进行巧妙构思，展示产品的别样风采。

怡泉水通过减少瓶身的部分，结合流动液体的动态感，引起观众的空间想象。通过水与瓶的密切的想象结合，怡泉水广告给人传递了清凉解渴的饮品属性和动感的视觉感受（见图 6-15）。

人们对正负图形的喜爱由来已久，可口可乐将瓶身用积雪进行区分，瓶身的表现类似中国剪纸的阴刻，十分有新意（见图 6-16）。

被"异质同构"的形象也是设计者喜爱使用的表现手法。图 6-17 中的广告将果汁与运动中的人的形象结合，带来饮品可以给人提供活力的感觉。

图 6-15　怡泉水广告
资料来源：公开网络。

图 6-16　可口可乐广告
资料来源：公开网络。

图 6-17　果汁广告
资料来源：公开网络。

传统文化

现代广告在延续与发展的过程中要获得大众认同，必然要在广告中体现出传统文化元素。东方树叶茶饮料在设计广告时融入茶叶历史与文化，将传播东方特色茶文化的媒介——跑马、茉莉、帆船、阁楼——进行展示，使人们了解茶在全世界传播的历史，同时增强对茶文化传播的民族自豪感（见图6-18）。对茶文化有着独特偏好的消费者和通过广告了解茶文化的消费者对文化的认同感会更强，从而使广告可以通过这种软性力量促进产品销售。

图6-18　东方树叶茶广告

资料来源：公开网络。

6.2.3　广播广告策划创意

（1）广播广告的概念

广播广告是指依靠无线电波或通过导线传播，利用人们听觉特点的广告。广播广告最显著的特点是目标受众仅凭听觉来接收广告里的信息，能给人以广阔的联想空间，而联想是引发人类审美情趣的神奇武器。所以，广播广告是一种高情商媒介，它运用声情并茂的广播语言深深拨动听众的心弦，并不会因缺少画面而失色。

（2）广播广告策划创意方法

广播电台现在的受众已不是过去以抱着收音机的中老年听众为主了，汽车、手机、网站、Wi-Fi等收听工具的广泛使用，方便了私家车主、学生和公司职员等，他们收听广播是为了放松身心和休息双眼。这些群体是消费的主力军，也是商家看中的目标。

运用以下技巧，可以使广播广告收到较好的效果：

① 锁定针对性栏目或节目。当今广播的发展已由"广播"变为"窄播"，不同的节目有不同的听众群，听众不是锁定频率而是锁定节目。因此，在做策划创意时，可根据产品对象多计划几个电台，在不同时间锁定同类节目，如汽车类、房产类、金融类、餐饮类、娱乐类节目等。

② 注意非黄金时段。黄金时段收听率相对较高，但也不能因此而抛弃非黄金时段。因为听众收听广播的时间有很大的差异性，不是每位喜欢收听广播的人都习惯在黄金时段收听广播节目，而且在非黄金时段广告成本较低。

③ 在广告互动上进行创意。可在广播节目中设计通关语句，并让听众参与互动，回答

正确即可获得奖品或礼券,起到强制传达广告的作用。

④ 巧妙地植入广告。硬广告容易使听众产生抵触情绪,而顺理成章的广告往往能够使听众顺其自然地接受,如在整点由某品牌报时、现场采访某企业的听众、由某企业提供奖品、在某企业现场直播等。

6.2.4　口碑广告策划创意

(1) 口碑广告的概念

口碑广告是指通过关注者或购买者以口口相传的方式将有关商品的广告信息传递给家人、朋友和其他人,从而促使更多的人产生购买行为的一种广告传播方式。

近年来,随着微信、QQ、抖音等新媒体对口碑营销的推动作用,口碑广告也快速发展起来。其实,口碑广告一直存在,只是因为没有互联网、移动手机这类合适的载体而没有得到发展。口碑广告最早的形式就是嘴巴对耳朵的口口相传,后来随着媒体业的发展,口碑广告也发生了很大的变化,但其优势并没有改变:成本低廉,效果显著。

口碑广告传播成本仅是媒体广告传播成本的 1/10、1/50 或 1/100,甚至没有成本。成功的口碑广告都是采用以小搏大的策略,而效果远胜其他硬性广告传播方式。

(2) 口碑广告策划创意方法

一件事情想让别人谈论甚至传播就必须有一个吸引人的事件内容与话题,对于需要大规模传播的市场行为更是如此。虽然口碑传播的效果可以被放大,但口碑本身是没有办法凭空臆造出来的。

运用以下技巧,可以使口碑广告收到较好的效果:

① 从最熟悉的朋友开始。在真正开始广告之前,试试看能不能说服你最好的朋友购买或使用你的产品或服务。口碑就是在信任的人之间一次一次地传递产品信息的过程,如果正面的产品信息在你和你的朋友之间都无法顺畅地传递,就不要指望信息会通过口碑的形式在更大的范围内被广泛传播。

② 寻找正确的意见领袖。虽然口碑广告传播是细水长流的工作,但是在大部分情况下,意见领袖可以帮助你达到事半功倍的效果。所以,寻找真正喜欢你的产品的意见领袖就变得非常重要。技巧是在产品的"粉丝"团里面寻找或者培养意见领袖,有时候这比把行业专家变成产品的"粉丝"要容易得多。

③ 充满热情和幽默感。在大部分情况下,消费者在传播口碑时都是义务无偿的。所以,作为受益者,企业和口碑广告的实施者必须对所有的消费者充满热情,让他们感受到你的支持和鼓励,幽默感也是非常重要的。

④ 诚实和责任感。这一点最重要,互联网让信息不对称的情况越来越少,谎言越来越容易被揭穿。以诚相待是长久赢得消费者青睐的唯一办法。不要试图去欺骗和隐瞒什么,那样做只能是掩耳盗铃。

⑤ 借势和利益。口碑广告的特点是以小搏大,在实施时要善于借用各种强大的势能为己所用,可以借助突发事件或竞争对手的势能,以利益为纽带与目标受众直接或间接地联系起来。

⑥ 重视自媒体和人脉圈子。今天广告业将每个人都称为自媒体。人脉圈子是一批"志同道合"的自媒体聚集的地方，他们中既有意见领袖，又有跟风者，还有只收听不发言的，他们都有着良好的人脉关系，口碑广告在他们之间往往会快速传播。

6.2.5 整合传播广告策划创意

（1）整合传播广告的概念

整合就是把各个独立的要素综合成一个整体，以产生协同效应。整合传播广告是指综合协调和利用一切可以成为媒介的广告形式，在不同形式的媒介上以统一的目标、统一的传播形象传递一致的产品信息。

（2）整合传播广告策划创意方法

运用以下技巧，可以使整合传播广告收到较好的效果：

① 围绕消费者接触点。消费者和广告之间有许多接触点，如消费者接触产品包装、打开包装见到产品、拨打销售电话、参加产品公关活动等，这不是单靠传统的媒介所能达到的。只要是消费者接触到的物品或内容就可以视为一种媒介，广告要围绕消费者这些不同的接触点分别进行创意和设计。

② 注意保持一致性。保持一致性是整合传播一个最基本的管理要求。随着传播环境日趋复杂化，各种接触方式所形成的信息以及各种信息的内涵往往出现混乱甚至相互矛盾，因此必须采用某种方式使信息具有一致性。一致性不仅可以降低不同传播过程中的自我消耗，而且在降低传播成本的同时能够使品牌信息更加清晰。一致性首先要做到信息统一，所有传播媒介和所有广告接触点都必须达成一致；其次要做到信息连续，在传播过程中所有传播媒介和所有广告接触点要有连贯性，不能前后不一。

③ 筛选最关键的接触点。我们要承认一个事实，即在消费者的内心深处的确存在一个"关键时刻"。消费者不会糊里糊涂地喜欢一个品牌，也不会糊里糊涂地不喜欢一个品牌。尤其是移动互联时代，消费者不会因接触广告而贸然做出购买决策，一定是在某个"关键时刻"接触广告才做出购买决策，这个"关键时刻"就是最关键的接触点。

6.2.6 "创益+创异+创怡"的 USP 理论

罗瑟·瑞夫斯根据其对市场与消费者的观察对广告创意策略进行分析和总结，于1961 年在《实效的广告》一书中系统地提出了 USP 理论，即"独特的销售主张"。USP 理论对广告创意提出了三个要求：其一，每一条广告都必须向消费者说明一个主张，购买产品将会给消费者带来的利益，即"创益"；其二，广告所强调的主张要具有独特之处，在品牌和创意表达上是独一无二的，即"创异"；其三，广告所强调的主张必须是能打动人心的，能够感动和吸引消费者，使消费者感到舒适、安逸，即"创怡"。

6.2.7 "创艺+创翼+创异"的 BI 理论

20 世纪 60 年中期，大卫·奥格威提出了品牌形象（Brand Image）理论，即 BI 理论，将广告创意引领到了一个全新的领域。他将 USP 理论延伸到消费者的精神层面，即消费者选择倾向于"物质利益+心理利益"。"创艺"是通过艺术化手段（视觉设计、叙事手法、文化符号等）塑造品牌的审美价值与感官体验，强化消费者对品牌的感性记忆。"创翼"是赋予品牌超越物质功能的精神价值(如价值观、身份认同、情感共鸣),使其成为消费者心理需求的投射载体。例如 LV 旅行箱广告以艺术化摄影(创艺)诠释"生命是一场旅行"的精神内核(创翼)。奥格威认为:每一则广告都应该为品牌建立起良好的、独特的形象,只有这样才能有效、持久地吸引消费者关注和购买,即"创异"。

6.2.8 "创翼+创易+创移"的定位理论

1969 年,杰克·特劳特和艾·里斯提出了定位理论。定位理论的核心主张可以分为三个层面:其一,通过挖掘消费者心智中未被满足的认知空白,将品牌与某一特性或需求强绑定,形成"第一联想",即"创翼",如红牛通过"能量饮料"品类首创者身份,直接锚定"提神抗疲劳"需求;其二,在信息过载环境中,通过简化信息(通常为一个词或概念)建立品牌认知壁垒,即"创易",如佳洁士舍弃"美白、防蛀、清新口气"多功能宣传,聚焦"防蛀"一词;其三,通过关联消费者心智中已有的强势认知(品类、对手、文化符号),借势建立品牌差异化定位,即"创移",如七喜通过重新定义品类归属抢占心智,"非可乐"定位,将饮料市场分割为"可乐"与"非可乐"。

6.2.9 AIDMA、AISAS 和 ISMAS 消费行为模式

(1) AIDMA 消费行为模式

传统媒体时代,商家掌握着丰富的产品信息,消费者只能依靠电视广告、电话推销和纸媒等传统媒体来获得单一、少量的信息,消费者的行为方式几乎完全由传统信息传播手段左右。1898 年,美国广告学家伊莱休·S. 刘易斯(Elihu S. Lewis)提出了 AIDMA 消费行为模式,认为消费者从接触信息到进行购买要经历引起注意(Attention)、产生兴趣(Interest)、购买欲望(Desire)、记忆(Memory)、购买行动(Action)五个环节,即通过广告或其他营销手段引起消费者的注意和兴趣,进而使消费者产生购买欲望,对产品信息进行记忆,形成一定的品牌认知,并在一定刺激下实施购买行为。AIDMA 消费行为模式注重营销效果的累积性,如"恒源祥"和"脑白金"的广告,广告词不断重复,着重于让消费者注意到产品,对产品进行初步了解并形成记忆,在之后的某一情景中受到一定刺激从而产生购买行为。

(2) AISAS 消费行为模式

互联网的爆发性普及使得信息传播方式发生改变,消费者成为信息传播的主体,可以更加主动和精确地获取信息,传统媒体不再能够满足消费者的信息需求。2005 年,日本电通集团提出了 AISAS(Attention,注意;Interest,兴趣;Search,搜集;Action,行动;Share,分享)消费行为模式,即当广告引起消费者的注意和兴趣后,消费者会主动对品牌和产品信息进行搜索,继而产生购买行为,并通过社交媒体分享消费体验。AISAS 消费行为模式是对 AIDMA 消费行为模式的继承和发展,两者都开始于对信息的注意和产生兴趣,但 AISAS 消费行为模式的创新之处在于基于互联网提出了两个"S"环节,即消费者主动进行信息搜索并将消费体验分享在社交媒体上。AISAS 消费行为模式的提出对广告创意设计提出了更高的要求:在进行信息传递的同时,要与消费者产生互动,注意网络舆情和口碑影响。

（3）ISMAS 消费行为模式

在移动互联网时代,媒体的泛化和信息的过剩导致消费者注意力分散,消费主动性提升,消费行为模式发生巨大改变。为此,北京大学刘德寰教授提出了具有去媒体性质的 ISMAS(Interest,兴趣;Search,搜索;Mouth,口碑;Action,行动;Share 分享)消费行为模式,即通过具有差异性的广告引起消费者的兴趣,使消费者主动进行信息搜集,关注产品的口碑,根据其口碑信息来支撑自己的消费决策,并通过社交网络分享自己的购物体验。ISMAS 消费行为模式强调在去媒体的环境中,消费者的兴趣占据主导地位,广告创意要根据消费者的价值体系和决策过程进行设计,为消费者提供有用的产品信息。

6.2.10 广告策划的 6Ms 模型

在根据消费行为来实施广告策略时,可应用广告策划 6Ms 模型。

① 市场(Market):对广告目标市场的选择以及目标市场特征的把握。

② 信息(Message):广告的卖点、诉求点,确定广告中的正确信息。

③ 媒体(Media):选择合适的媒体形式,将广告中的信息传播给目标受众。

④ 活动(Motion):使广告产生效果的相关营销和促销活动。

⑤ 评估(Measurement):对广告效果的衡量,包括事后、事中和事前的各种评估。

⑥ 费用(Money):广告活动需投入的经费。

同步案例 6-5

大美中国,光影盛唐——毛戈平美妆携手河南卫视共创国风

伴随着国人文化自信的提升,传统文化中富有古典意蕴的民族符号,充分唤起了群体对文化记忆、文化身份的共鸣,并逐渐演变成新的时尚体系,成为当下具有广泛影响力和感召力的文化景观。此前,河南春晚的唐宫夜宴、河南端午和中秋晚会皆因出色的中国古典风格而备受青睐,充分彰显了优秀传统文化与时俱进的光彩与魅力。2022 年 7 月,毛戈平美妆携手河南卫视共创国风 TVC(商业电视广告)(见图 6-19),以现代美妆技巧复刻盛唐之美,展现了大美中国的传世气韵。广告策划 6Ms 模型分析如下。

图 6-19 毛戈平美妆携手河南卫视共创国风 TVC

① 市场:对广告目标市场的选择以及目标市场特征的把握。

喜爱富有东方美学的中国高端美妆产品和热爱中国传统文化的女性。

② 信息:广告的卖点、诉求点,确定广告中的正确信息。

利用产品植入形式带动产品出圈。利用充满传奇色彩的国风剧,展现了历史上唯一一位镇国公主跌宕起伏的一生。以唐代的红妆"梅花妆"(见图6-20)为核心妆面,为观众呈现了与以往完全不同的具有东方美特色的盛唐妆容。

图6-20　梅花妆

在本次共创的国风舞台中,河南卫视延续其擅长的古典乐舞,以盛唐为时代背景,将上官婉儿与太平公主这两位"红妆"女性的故事娓娓道来。在毛戈平美妆品牌设计的梅花妆的加持下,演员们通过少年、青年、中年三个阶段的妆容与仪态演变,结合现代美妆技艺,再现盛唐红妆的传世气韵。

③ 媒体:选择合适的媒体形式,将广告中的信息传播给目标受众。

抖音电商美妆行业携手河南卫视推出《大美中国》专栏内容,探寻中国文化和中国美学的世代传承。毛戈平团队借助抖音平台的优质创作资源(如流量扶持、垂类达人合作),围绕"传承与创造"的核心理念,通过《大美中国》专栏内容实现品牌文化价值的深度渗透,最终完成用户心智的规模化占领。

④ 活动:使广告产生效果的相关营销和促销活动。

毛戈平美妆联合河南卫视共同发布《大美中国 光影盛唐》TVC,汇聚全链路力量,让消费者对毛戈平美妆形成强烈的国风感官。在《大美中国 光影盛唐》TVC 的造势下,D-Beauty 心动日品牌活动在抖音平台正式开启,实现了品牌传播渠道的全域覆盖,将品牌的调性传达得淋漓尽致。D-beauty 心动日作为抖音电商为美妆行业推出的重点 IP,抖音携手毛戈平推出了"大唐梅花妆挑战赛""梅花妆贴纸活动"和"达人教学"等活动,以增强用户互动和品牌影响力。

⑤ 评估:对广告效果的衡量,包括事后、事中和事前的各种评估。

从效果来看,经过话题热度的自然发酵,毛戈平美妆品牌、河南卫视和梅花妆从不同的内容角度占据多个平台热榜。

⑥ 费用:广告活动需投入的经费。(略)

资料来源:

① 毛戈平美妆 x D-beauty 心动日:国货美妆"大美中国"新赛道-电商派[EB/OL]. (2022-07-27)[2025-05-16].https://www.dsb.cn/192792.html.

② 延续大美中华文化,毛戈平美妆×D-Beauty 心动日品牌活动开启[EB/OL].(2022-

07-27）［2025-05-16］.https：//fashion.ynet.com/2022/07/27/3499701t3228.html.

③ D-Beauty 心动日开启,毛戈平美妆携手河南卫视联动发布《大美中国 光影盛唐》TVC［EB/OL］.（2022-07-26）［2025-05-16］. http：//news. yule. com. cn/html/202207/341891.html.

④ 光影重现,盛唐红妆｜毛戈平美妆携手河南卫视,演绎东方传世之美［EB/OL］.（2022-07-25）［2025-05-16］.https：//fashion.huanqiu.com/article/48y9gGAsjnx.

6.3 广告策划文案典型任务

任务1 市场分析

1. 市场环境分析

市场环境的变化是把双刃剑,既有可能为企业带来新的发展机遇,又有可能对企业形成某种威胁。因此,对市场环境进行分析调查,是广告策划的依据与基础。在进行市场环境分析时,可采用 PEST 分析法,整体把握宏观环境,制定战略目标,打开市场。

2. 广告主体分析

广告主体主要指的是广告主和广告产品两个部分,广告主体分析即企业分析和产品分析。

企业分析主要指通过对企业进行调查,分析企业的经营状况、外在形象、营销战略以及消费者对企业的态度等,从而了解和掌握企业的现状以及企业的优劣势。

产品分析是广告主体分析的一部分。在产品同质化日益严重的今天,产品的核心竞争力就是特色。

3. 目标消费者分析

目标消费者分析是整个广告策划中不可或缺的一环,首先是人口特征的区分。区分人口特征可以确定消费者的基本特性,从而确定传播的大方向。再通过消费习惯、消费水平、消费心理、消费需求以及媒体接触习惯、接触态度等对目标消费者进行靶向性定义。在确定目标消费者及其购买产品的原因和目的后,策划人员才能进行准确且有针对性的广告定位、广告创意以及营销推广。

4. 竞争对手分析

确定了竞争对手之后,就要对其进行深入、详细的分析,挖掘出竞争对手的发展战略、发展目标以及发展趋势和能力,分析主要竞争对手的市场覆盖率及占有率、主要营销手段及特点、广告形式及传播媒介、销售渠道及分布等。

5. SWOT 分析

运用 SWOT 分析法,对市场现状进行全面、深入且系统的分析和研究,根据研究得出的指导性结论制订相应的企业发展计划,确定产品更新走向以及后续的营销推广等。

任务 2　广告目标

广告目标贯穿整个广告策划活动,直接关系着广告的投放与活动的推广。广告目标是广告应该达到何种目的以及为达到该目的所做的准备。广告目标一经确立,广告战略随之落地实施,广告策划的整体活动也随之展开进行。

一般来说,广告目标可分为通知型、说服型、提醒型三种类型,具体如表 6-1 所示。

表 6-1　广告目标分类

分类	具体内容
通知型 主要用于产品的市场开拓阶段,目的在于激发消费者的初次购买需求	1. 向市场告知有关新产品的情况 2. 提出某项产品的若干新用途 3. 通知市场有关价格的变化情况 4. 说明新产品如何使用 5. 描述企业所提供的各项服务 6. 纠正错误的印象 7. 减少消费者的恐惧 8. 树立企业形象
说服型 主要用于产品的市场竞争阶段,目的在于刺激消费者转向购买企业的产品	1. 建立品牌偏好 2. 鼓励消费者转向企业的品牌 3. 改变消费者对产品属性的认知 4. 说服消费者马上购买
提醒型 主要用于产品的市场成熟阶段,十分重要,目的在于保持消费者对企业产品的记忆	1. 提醒消费者可能在最近需要这种产品 2. 提醒消费者在何处可以购买这种产品 3. 促使消费者在淡季也能记住这种产品 4. 保持最高的知名度

任务 3　广告核心主题

1. 广告主题提炼与阐释

广告主题是根据广告作品的概念提炼出来的一个中心思想,是广告诉求的基本点,也是广告创意的基石,是广告作品中最突出的广告口号。广告主题在广告活动的全过程中处于统帅和主导地位,广告创意、广告设计、广告制作等均要围绕广告主题展开。广告主题由广告目标、信息个性和消费心理三个要素组合而成。信息个性要素是指广告所宣传的产品、企业或理念与众不同的特点,是与同类产品相比突出显示的区别性特点。信息个性也就是广告诉求的焦点,是提出广告主题的基础依据。广告主题必须适应消费者的购买需求以及购买心理,只有点燃了消费者的购买需求,广告主题才能发挥广告宣传的实际销售能力。在确认三个构成要素后,要注意挖掘、寻找各要素之间的共同点。

2. 广告语

广告语要求清楚简单、易阅读、用字浅显,符合潮流,内容不抽象。

知识拓展

广 告 诉 求

广告诉求体现了广告概念和广告策略的要求，是为了改变广告受众的观念而在广告内容中形成的心理动力，以引发消费者对产品的消费动机和欲望，或者影响其对产品的态度。广告诉求包括诉求对象、诉求重点和诉求方法三项内容。

1. 诉求对象

诉求对象即广告的目标市场（目标消费群），产品在目标市场的定位决定了广告创意的内容，因此广告诉求对象与产品目标市场是一致的。

2. 诉求重点

为了确保每个广告作品都能直达诉求对象心底，使广告作品成为与客户沟通的接触点，广告活动必须传递一个最"尖锐"的焦点概念（或主题），通常是产品独特的销售主张，又称诉求重点。

必须有且只有一个诉求重点的原因是：广告活动的时间和空间是有限的，在有限的时间和空间内无法容纳过多的广告信息；受众对广告的注意时间和记忆程度更是有限的，在很短的时间内，受众无法对过多的信息产生正确的理解和深刻的印象。因此，每一个广告只能有一个特定的诉求重点，不能希望通过一个广告就达到企业所有的广告目的。

3. 诉求方法

（1）理性诉求法

"以理服人"，即侧重于展示产品的实际功能、价值等卖点，给消费者营造具体的、实在的消费场景，让消费者直接从广告中发现产品带来的实际利益。使用理性诉求法，有以下三种角度可以切入：

① 用数据说话。比如 OPPO 的"充电 5 分钟，通话 2 小时"，VIVO 的"1 600 万柔光自拍，照亮你的美"，华为的"2 400 万海报级自拍"（见图 6-21），就是典型的用数据说话的理性诉求法。

图 6-21　华为手机广告

② 直接说出最重要的事实。当广告集中传达产品/服务的某个具有市场竞争力的特性时，直接大声喊出这个最重要的诉求是最常用的手法。比如真功夫"营养还是蒸的好"

用的就是这种理性诉求法。有时候这种理性诉求法只负责阐述事实(产品或品牌的核心诉求点),但有意不承诺利益点,利益点需要消费者根据这个事实自己去体会。例如,酷狗的宣传语是"酷狗音乐,就是歌多","歌多"是事实,"歌多"的利益点"很多选择,听得更爽"就留给用户去体会了。又如"美团外卖,送啥都快",直接讲"快"这个事实,而其背后的"方便,不用等"的利益点也留给用户去体会(见图 6-22)。

图 6-22 美团外卖广告

③ 用场景创造实际利益点。这个方法试图使消费者认知自己的某种需求(特定场景下的痛点),而产品恰恰就具有能满足这种需求的具体用途和利益点。比如"怕上火,喝王老吉",创造了一个预防上火的场景利益点;"困了累了,喝红牛",创造了一个提神解困的场景利益点;"经常用脑,多喝 6 个核桃",则创造了一个用脑过度可补脑的场景利益点。

(2)感性诉求法

"以情动人",这个方法不是从产品本身的特点出发,而是运用产品所固有的或人为附加的情感,来引发消费者的共鸣。使用感性诉求法,有以下三种角度可以切入:

① 强调爱与关怀,用情感引发受众的共鸣。比如冰激凌中的奢侈品哈根达斯"爱她,就请她吃哈根达斯",王品台塑牛排"只款待心中最重要的人"。

② 基于生活情趣,引发受众的共鸣。生活中蕴藏着丰富的情趣,如好奇(猎奇)、休闲、幽默等,它们虽然不是情感,但可以唤起受众积极的心理感受,很容易感染到诉求对象,因此也是感性诉求的常用手段。比如知乎"发现更大的世界",强调探索与发现的好奇心;豆瓣音乐电台"与喜欢的音乐,不期而遇",将休闲与文艺的生活情趣一语道破。

③ 用自我观念与个性,引发受众的价值观共鸣。一般用来塑造品牌形象。品牌到了发展的高级阶段,需要以个性化的内容和风格充分展示诉求对象鲜明的自我观念与期许,包括个性、价值观念等,这是感性诉求的重要方式。比如饿了么暖心广告"不让梦想冷掉的秘方就是冬夜里的这口热汤""看最爽的球,撸最辣的串""好吃的甜点最爱的你,需要的时候都不缺席"(见图 6-23)。

图 6-23 饿了么暖心广告

（3）情理结合诉求法

理性加感性诉求，即以理性手法传达科学而严谨的信息，以感性技巧拨动消费者的心弦。它可以灵活地运用理性诉求的各种手法，也可以加入感性诉求的种种情感内容。注意：采用情理结合诉求法的前提是产品或服务的特性、功能、实际利益与情感内容有合理的关联。情理结合诉求法有以下三种表现方式（或使用情景）：

① 运用于品牌口号：围绕核心诉求点，找到理性和感性的直通桥梁。比如当时红牛的"你的能量超乎你的想象"，"能量"一词既为身体能量，又可以理解为精神能量，代表你的意志力和做事的毅力；东鹏特饮的"年轻就要醒着拼"，一个"醒"字既说到要保持清醒，又关联到产品的核心诉求点；还有今日头条用一句双关语"你关心的，才是头条"，将基于算法大数据推送内容的核心价值点巧妙传递，并在产品使用中不断让用户感知到这一点。

② 运用于品牌塑造：负责感性的口号+负责理性的定位语。比如快手和抖音的口号中都有"记录"一词，这个词是所有短视频平台的工具性功能，只看口号没什么区别，但通过定位语可以看出各自的侧重点（见图 6-24）。

平台定位：
年轻人短视频社区
品牌口号：
记录美好生活

vs

平台定位：
记录和分享生活的平台
品牌口号：
记录世界纪录你

图 6-24 抖音与快手定位和口号对比

③ 运用于产品卖点海报:一般是主标题负责感性,副标题负责理性。比如 Keep 的主标题是"自律给我自由",副标题是"移动健身教练"(见图6-25)。

图 6-25　Keep 广告

资料来源:

① 广告文案的 3 种诉求方法[EB/OL].(2022-07-20)[2024-04-25].https://www.cmogo.cn/4550.html.

② 饿了么的广告文案,不仅走胃更走心……[EB/OL].(2017-12-06)[2024-04-25].https://www.sohu.com/a/208863044_627450.

● 任务 4　广告创意设计

广告创意将运用到营销传播的整个过程,形式主要以平面广告和视频广告为主,在不同的媒体进行投放时,需要结合媒体特点,表现为具体形式的广告。比如,广告在今日头条 App 进行投放时,为原生广告内容;在微信朋友圈进行投放时,呈现方式为朋友圈信息流广告;在抖音平台进行投放时,体现为抖音推荐视频。

平面广告的创意提炼。创意海报要想打动用户,需要对用户的消费痛点进行挖掘。创意海报的创意提炼需要结合产品功能诉求与用户情感诉求,分析用户在消费场景中不同心理层次的需求,针对"便捷高效生活需求""高品质生活保证""个性化消费体验"三个维度,满足不断升级的用户消费需求。

视频广告的创意提炼。一个好的视频广告创意大概有以下四个特征:

① 吸引眼球。一个好的视频广告创意一定会有强烈的视觉冲击力或独特的穿透力,或者是通过图像或声效,或者是通过语言或文字,能在 3 秒钟之内抓住消费者的眼球,让消费者被其吸引,有继续看下去的欲望,这样就算成功了一半。

② 简单易懂。人都是有惰性的,消费者也是如此。不要让广告创意复杂、晦涩、难懂,需要消费者思考才能看得懂,那样很多消费者都会被创意吓跑了。

③ 记忆深刻。一个好的视频广告创意无论长短,一定会有一个独特的亮点,让消费者能记住它,记住这个产品。

④ 有购买欲。一个好的视频广告创意要能创造出购买欲,触动消费者的"痛点或痒点",让消费者确实感觉到"痛"或"痒"得受不了,产生强烈的购买冲动。这个"痛点或痒

点”，或是源于恐惧，或者是由于共鸣，或者是出于紧迫……

任务5　推广策略

依据广告主题设计推广策略。例如，在某市场开展营销推广，对目标市场自上而下地进行线上、线下全方位的广告宣传以及线上、线下相结合的营销推广活动。

第一阶段：线上广告投放（填写时间段），预热某市场。通过线上互联网社交平台，如客户端信息流广告、客户端内容广告以及横幅条广告等进行某品牌某市场的广告投放，让消费者认识某品牌，引起对品牌的注意和产品的认知。

第二阶段：线上营销活动（填写时间段）。例如通过跨界营销、互动营销等引流目标消费者。

第三阶段：线下广告投放（填写时间段）。通过户外传播媒体广告投放、院线广告投放、传统媒体（电视媒体等）广告投放等进行广告的推广传播，吸引消费者注意。

第四阶段：线下营销活动（填写时间段）。通过设计多种体验式营销活动，促使消费者产生购买行为。

任务6　媒介选择与投放策略

媒介选择与投放是企业投放广告的关键部分，有效的选择与投放能够使广告的效益最大化。媒介选择与投放策略包括媒介选择策略（也可以称为媒体策略，下同）和投放策略。

1. 媒介选择策略

广告团队花费大量的时间、精力创作出来的广告作品最终能否产生效果？除广告创意要能打动消费者外，找到合适的媒介将广告传递给消费者也很重要。所谓“合适”，是指既要追求媒介高效，对目标消费者的覆盖率越高越好，又要追求媒介划算。媒介选择策略的要点在于充分了解目标消费者，并找到与目标消费者的有效联系点。媒介组合要遵循适应原则、优化原则、目标原则和利润最大化原则。广告媒介的选择须与广告目标和广告战略相一致，不能与其相违背，这是广告媒介组合的根本原则。广告媒介的选择还应与消费者的媒介接触习惯相适应，也应与产品的类型相符合。选择目标消费者最常接触的广告媒介并进行有机组合，可以确保传播效果最大化，使产品得到该范围内最广泛的传播推广。

2. 投放策略

广告投放策略一般要考虑投放周期、投放节奏、投放密度、投放范围、投放预算、投放效果预测六个方面。

① 投放周期：指某次在某媒介上投放的天数。

② 投放节奏：指每次投放之间的间隔天数，在一定时期内需要投放多少天。

③ 投放密度：指在某媒介上重复投放、“密集轰炸”的程度，如电视广告和电台广告每天重复投放多少次、每个广告时段重复多少次、报纸广告每期刊登多少版。

④ 投放范围:指投放覆盖的地理范围,如电视台是否上星,电视台和电台选择哪些城市的,杂志和报纸选择哪些区域的。

⑤ 投放预算:指实现某次广告目标所需付出的广告成本。

⑥ 投放效果预测:要对每次广告投放的效果以及每一种媒介投放的效果做出预测,为事后验收投放效果提供依据。

任务 7　广告预算与效果预估

1. 广告预算

广告预算是根据企业广告计划对广告活动费用的匡算,是企业投入广告活动的资金使用计划,它规定了在广告计划期内从事广告活动所需的经费总额、使用范围和使用方法,是广告活动得以顺利进行的保证。

编制广告预算可以合理地解决广告费用与企业利益的关系。对一个企业而言,广告费用既不是越少越好,也不是多多益善,广告活动的规模和广告费用的大小应与企业的生产与流通规模相适应。过度的投入不但不会使投入产出比提升,相反会引起投入产出比降低,使产品的生产与流通成本增加。

制定广告预算常用如下四种方法:

① 量力而行法,即企业根据财务目标估算所能承担的开支后安排广告预算。例如,企业本财政年度仅能安排 100 万元广告费用,企业便以 100 万元为基准计划广告投入。

② 销售百分比法,即企业以一个特定的销售额的百分比来安排广告预算。例如,某企业 2024 年销售总额为 1 000 万元,企业以上年度销售总额的 5% 安排广告投入,则 2025 年全年广告预算为 50 万元。

③ 竞争对等法,即企业按竞争对手的大致费用来决定自己的广告预算。

④ 目标任务法,即要求经营人员根据企业经营目标估算实现目标所需的费用来决定广告预算,这也是一种相对科学的预算方法。

2. 广告效果预估

广告界认为,广告效果＝创意×媒介。因为一般化的广告创意占了绝大多数,所以对媒介的选择就成为影响广告效果的重要因素。广告效果就是广告通过媒介对受众产生的短期或长期的综合性影响。消费者在广告效果的测定中扮演着重要角色,即使没有产生购买行为,广告在消费者脑海中产生的潜在效果与印象也是非常重要的。消费者对广告效果的认知在于通过广告认识并接触该产品,在慢慢积累了对产品的了解、认同和好感后,逐渐引发购买行为。在受众通过看到或听到等方式接触广告后,就已经产生一定的对产品间接销售的广告效果。广告效果按时间可以分为即时效果、近期效果和长期效果,按涵盖的内容与影响范围可以分为经济效果、心理效果和社会效果。

6.4　广告策划文案设计范例与评析

《M&M's 巧克力

豆：快到碗里来

广告策划文案》

（全集）

　　广告策划文案设计范例属于典型的案例教学范畴，设定的目的是为学习者提供一个真正可以模仿的蓝本，这个蓝本始终贯穿整个项目任务。请读者扫描左方的二维码阅读《M&M's 巧克力豆：快到碗里来广告策划文案》（全集）。

6.5　广告策划专项实训

　　广告策划专项实训属于典型的实验教学范畴，按照项目实验教学的要求，由学员团队按任务要求自主完成。

　　广告策划专项实训由学员在当地挑选一个具有一定知名度的企业作为实训的合作品牌，事先取得企业的认可和支持，由学员逐步完成广告策划。

◉ 任务1　市场分析

　　1. 实战演练任务

　　以学习小组为单位，进行市场分析。主要包括市场环境分析、广告主体分析、目标消费者分析、竞争对手分析和 SWOT 分析。

　　2. 实战演练要求

　　对市场环境进行分析调查，是广告策划的依据与基础。在进行市场环境分析时，可采用 PEST 分析法。广告主体分析包括企业分析和产品分析。目标消费者分析是整个广告策划中不可或缺的一环，首先是人口特征的区分，再通过消费习惯、消费水平、消费心理、消费需求以及媒体接触习惯、接触态度等对目标消费者进行靶向性定义。分析主要竞争对手的市场覆盖率及占有率、主要营销手段及特点、广告形式及传播媒介、销售渠道及分布等。运用 SWOT 分析法，对市场现状进行全面、深入且系统的分析和研究，根据研究得出的指导性结论制订相应的企业发展计划，确定产品更新走向以及后续的营销推广等。

　　3. 实战演练成果评价

　　利用一周的时间完成市场分析，提交文案并进行 PPT 演讲，现场由企业、行业专家和课程老师担任评委。

◉ 任务2　广告目标

　　1. 实战演练任务

　　广告目标是指广告应该达到何种目的以及为达到该目的所做的准备。以学习小组为单位,详细制定广告目标。

2. 实战演练要求

广告目标贯穿整个广告策划活动,直接关系着广告的投放与活动的推广。广告目标一经确立,广告战略随之落地实施,广告策划的整体活动也随之展开进行。广告目标应明晰、具有可操作性。可基于 SMART 原则制定广告目标。

3. 实战演练成果评价

利用一周的时间制定广告目标,提交文案并进行 PPT 演讲,现场由企业、行业专家和课程老师担任评委。

任务 3　广告核心主题

1. 实战演练任务

核心主题包括广告主题提炼与阐释和广告语。以学习小组为单位,详细制定广告核心主题。

2. 实战演练要求

广告主题由广告目标、信息个性和消费心理三个要素组合而成。信息个性也就是广告诉求的焦点,是提出广告主题的基础依据。广告主题必须适应消费者的购买需求以及购买心理,只有点燃了消费者的购买需求,广告主题才能发挥广告宣传的实际销售能力。在确认三个构成要素后,要注意挖掘、寻找各要素之间的共同点。广告语要求清楚简单、易阅读、用字浅显,符合潮流,内容不抽象,让受过普通教育的人都可以接受。

3. 实战演练成果评价

利用一周的时间制定广告核心主题,提交文案并进行 PPT 演讲,现场由企业、行业专家和课程老师担任评委。

任务 4　广告创意设计

1. 实战演练任务

广告创意将运用到营销传播的整个过程,形式主要以平面广告和视频广告为主。以学习小组为单位,详细进行广告创意设计。

2. 实战演练要求

创意海报要想打动用户,需要对用户的消费痛点进行挖掘。结合产品功能诉求与用户情感诉求,分析用户在消费场景中不同心理层面的需求,进行平面广告的创意提炼。

从吸引眼球、简单易懂、记忆深刻、有购买欲等四个角度进行视频广告的创意提炼,设计视频脚本,包括镜头、景别、画面、字幕、声音、时长等。

3. 实战演练成果评价

利用一周的时间完成广告创意设计,提交文案并进行 PPT 演讲,现场由企业、行业专家和课程老师担任评委。

任务5 推广策略

1. 实战演练任务

以学习小组为单位，制定详细的推广策略。

2. 实战演练要求

对目标市场自上而下地进行线上、线下全方位的广告宣传以及线上、线下相结合的营销推广活动。第一阶段：线上广告投放（预热某市场）；第二阶段：线上营销活动（引流目标消费者）；第三阶段：线下广告投放（吸引消费者注意）；第四阶段：线下营销活动（促使消费者产生购买行为）。

3. 实战演练成果评价

利用一周的时间制定推广策略，提交文案并进行 PPT 演讲，现场由企业、行业专家和课程老师担任评委。

任务6 媒介选择与投放策略

1. 实战演练任务

媒介选择与投放是企业投放广告的关键部分，有效的选择与投放能够使广告的效益最大化。以学习小组为单位，制定详细的媒介选择与投放策略。

2. 实战演练要求

媒介组合要遵循适应原则、优化原则、目标原则和利润最大化原则。广告媒介的选择应与消费者的媒介接触习惯相适应，也应与产品的类型相符合。选择目标消费者最常接触的广告媒介并进行有机组合，可以确保传播效果的最大化，使产品得到该范围内最广泛的传播推广。依据推广策略进行媒介选择与投放，包括媒介选择与组合、投放方式、广告类别、广告排期等。

3. 实战演练成果评价

利用一周的时间制定媒介选择与投放策略，提交文案并进行 PPT 演讲，现场由企业、行业专家和课程老师担任评委。

任务7 广告预算与效果预估

1. 实战演练任务

广告预算是根据企业广告计划对广告活动费用的匡算，是广告策划环节中费用成本计划的一部分。广告效果就是广告通过媒介对受众产生的短期或长期的综合性影响。以学习小组为单位，制定详细的广告预算并进行广告效果预估。

2. 实战演练要求

目标任务法是根据企业的经营目标确定企业的广告目标，根据广告目标编制广告计划,然后根据广告计划确定企业的广告费用。采用目标任务法进行广告预算的编制,内容包括广告投放费用(媒体平台、类型)、营销活动费用、机动费用等。从即时效果、近期效果和长期效果,以及品牌效果、经济效果和社会效果等多个角度进行广告效果预估。

3. 实战演练成果评价

利用一周的时间制定广告预算并完成广告效果预估,提交文案并进行 PPT 演讲,现场由企业、行业专家和课程老师担任评委。

6.6　广告策划课后巩固(单元测试题)

一、单项选择题(10 道题)

1. 广告预算的四种方法是(　　)。

A. 量力而行法、销售百分比法、竞争对等法、目标客户法

B. 量力而行法、促销百分比法、竞争对等法、目标任务法

C. 量力而行法、销售百分比法、竞争对等法、目标任务法

D. 量力而行法、促销百分比法、竞争对等法、目标客户法

2. 广告策划是根据广告主的营销计划和广告目标,通过(　　),制订出一套符合市场状况、产品状况、消费者群体状况的经济、有效的广告策划方案,并对其进行评价、实施和验证,以促进广告主的全面运营。

A. 市场调查　　　　　　　　　　B. 广告构思

C. 创意组织　　　　　　　　　　D. 工作布置

3. 广告策划是一次完成广告任务的全过程,针对不同的对象、不同的时间、不同的地域、不同的形式,内容应该有所不同,可分为三个阶段:第一阶段为广告环境分析,第二阶段为(　　),第三阶段为活动计划实施。

A. 广告策划创意　　　　　　　　B. 广告地点选择

C. 顾客沟通交流　　　　　　　　D. 广告媒介选择

4. 广告策划创意的任务就是要为优秀的广告找到一个(　　),以新颖独特的诉求和表现,体现产品卖点是如何满足需求的,以此打动目标消费者产生购买行为。

A. 广告设计方法　　　　　　　　B. 广告活动指导思想

C. 适合的产品　　　　　　　　　D. 核心的内涵

5. 广告诉求方法有三种,即理性诉求法、感性诉求法和(　　)。

A. 非理性诉求法　　　　　　　　B. 情理结合诉求法

C. 非感性诉求法　　　　　　　　D. 产品诉求法

6. 一个好的视频广告创意具有吸引眼球、简单易懂、记忆深刻和(　　)等特征。

A. 产生共鸣　　　B. 美学价值　　　C. 功能需求　　　D. 有购买欲

7. 理性诉求法侧重于展示产品的实际功能、价值等卖点,给消费者营造具体的、实在

的消费场景。可以切入使用理性诉求法的角度有直接说出最重要的事实、用场景创造实际利益点和（　　）。

　　A. 用数据说话　　　B. 实际利益　　　C. 产品或服务的特性　D. 以情动人

　　8. 在根据消费行为来实施广告策略时，可应用广告策划 6Ms 模型，6Ms 包括市场、信息、（　　）、活动、评估和费用。

　　A. 功能　　　　　　B. 产品　　　　　　C. 传播　　　　　　D. 媒体

　　9. 广告诉求体现了广告概念和广告策略的要求，是为了改变广告受众的观念而在广告内容中形成的心理动力，以引发消费者对产品的消费动机和欲望，或者影响其对产品的态度。广告诉求包括诉求方法、诉求重点和（　　）。

　　A. 吸引眼球　　　B. 诉求表现　　　C. 诉求卖点　　　D. 诉求对象

　　10. "国潮"平面广告的视觉表现原则主要有心理共鸣的情感性原则、表现形式的艺术性原则和（　　）。

　　A. 情感性原则　　　　　　　　　B. 艺术性原则

　　C. 传统元素的创新性原则　　　　D. 多元风格交融原则

　　二、多项选择题（5 道题）

　　1. 广告目标是指广告应该达到何种目的以及为达到该目的所做的准备。广告目标贯穿整个广告策划活动，直接关系着广告的投放与活动的推广。广告目标一经确立，广告战略随之落地实施，广告策划的整体活动也随之展开进行。广告目标可分为（　　）。

　　A. 通知型　　　　　B. 说服型　　　　　C. 提醒型　　　　　D. 规劝型

　　2. 感性诉求法"以情动人"，运用产品所固有的或人为附加的情感，引发消费者的共鸣。可以切入使用感性诉求法的角度有（　　）。

　　A. 强调爱与关怀，用情感引发受众的共鸣

　　B. 基于生活情趣，引发受众的共鸣

　　C. 用自我观念与个性，引发受众的价值观共鸣

　　D. 用场景创造实际利益点，引发受众的共鸣

　　3. 情理结合诉求法以理性手法传达科学而严谨的信息，以感性技巧拨动消费者的心弦。情理结合诉求法的使用场景有（　　）。

　　A. 运用于品牌口号　　　　　　　B. 运用于品牌塑造

　　C. 运用于产品卖点海报　　　　　D. 用场景创造实际利益点

　　4. "国潮"背景下，平面广告创意方法有（　　）。

　　A. 强化广告内在含义的文字设计　　B. 唤起受众情感共鸣的色彩运用

　　C. 展现传统文化寓意的图形设计　　D. 赋予时代全新意义的多元风格交融。

　　5. 设计元素在平面广告设计中是必不可少的，不同设计元素的结合会产生各种奇妙的"化学反应"。平面广告创意形成对视觉元素，即（　　）等的表达，成为刺激消费兴趣的直接原因。

　　A. 色彩　　　　　B. 文字　　　　　C. 图形　　　　　D. 传统文化

三、简答题（5 道题）

1. 广告策划是决定广告活动成败的关键,在广告活动中具有相当重要的地位和特殊的重要意义。只有经过精心策划的广告才能取得良好的效果。请你谈一谈广告策划的概念和主要特征。

2. 视频广告是采用视频拍摄技术制作广告影片的一种广告作品类型,具有声、像、色兼备,听、视、读并举,创意形式生动活泼的特点。请你阐述一下视频广告策划的主要创意方法。

3. 广播广告是指依靠无线电波或通过导线传播,利用人们听觉特点的广告。请你阐述一下广播广告策划的主要创意方法。

4. 请你谈一谈广告策划的 6Ms 模型。

5. 理性诉求法侧重于展示产品的实际功能、价值等卖点,给消费者营造具体的、实在的消费场景。请你结合案例阐述一下具体的理性诉求方法。

第7单元　促销活动策划

思维导图

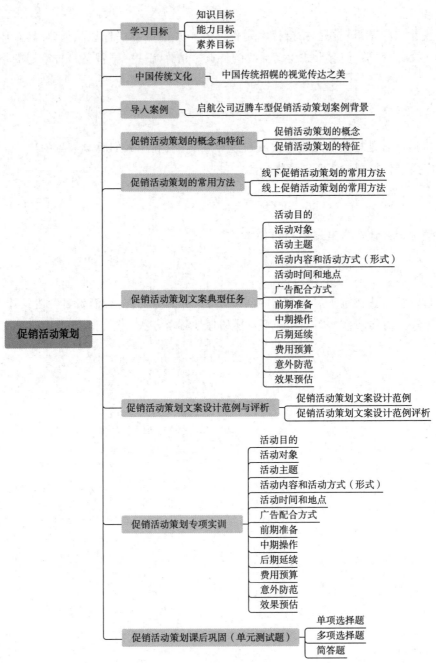

- 学习目标
  - 知识目标
  - 能力目标
  - 素养目标
- 中国传统文化
  - 中国传统招幌的视觉传达之美
- 导入案例
  - 启航公司迈腾车型促销活动策划案例背景
- 促销活动策划的概念和特征
  - 促销活动策划的概念
  - 促销活动策划的特征
- 促销活动策划的常用方法
  - 线下促销活动策划的常用方法
  - 线上促销活动策划的常用方法
- 促销活动策划文案典型任务
  - 活动目的
  - 活动对象
  - 活动主题
  - 活动内容和活动方式（形式）
  - 活动时间和地点
  - 广告配合方式
  - 前期准备
  - 中期操作
  - 后期延续
  - 费用预算
  - 意外防范
  - 效果预估
- 促销活动策划文案设计范例与评析
  - 促销活动策划文案设计范例
  - 促销活动策划文案设计范例评析
- 促销活动策划专项实训
  - 活动目的
  - 活动对象
  - 活动主题
  - 活动内容和活动方式（形式）
  - 活动时间和地点
  - 广告配合方式
  - 前期准备
  - 中期操作
  - 后期延续
  - 费用预算
  - 意外防范
  - 效果预估
- 促销活动策划课后巩固（单元测试题）
  - 单项选择题
  - 多项选择题
  - 简答题

促销活动策划

学习目标

知识目标

1. 掌握促销活动策划的概念和特征。

2. 理解促销活动策划文案设计的典型任务。

3. 掌握促销活动策划的常用方法。

能力目标

1. 以企业营销策划问题为导向,通过学习示范案例和完成实训任务,撰写促销活动策划文案。

2. 能综合应用降价式促销、有奖式促销、惠赠式促销、打折式促销、竞赛式促销、活动式促销、体验式促销、焦点赠送式促销、赠送式促销、联合展销式促销、服务式促销和直效式促销等短期性线下促销工具进行促销活动策划。

3. 能综合应用买满即减、定金预售、好友砍价、限时折扣、团购优惠、店铺优惠券、直播促销等短期性线上促销工具进行促销活动策划。

素养目标

1. 能够参与协作学习,具有团队合作意识,进行成果展示和有效沟通与交流。

2. 能够在促销活动策划实践活动中理解并遵守相关营销职业道德和规范,履行相关责任。

3. 养成勤于思考的学习习惯,培养自主学习和终身学习的意识。

中国传统文化

中国传统招幌的视觉传达之美

招幌是古代商家的行业标识,是中国传统商业文化的精髓,其色彩艳丽、寓意新颖,融雕刻、书法和绘画等多种艺术手法于一体,极具民族特色。作为民间艺术的一个重要组成部分,招幌不仅是对设计语言的丰富,更是对中国传统文化的传承和发扬,成为中国传统广告文化中不可磨灭的历史足迹。

招幌是"招牌"与"幌子"的复合式通称,是工商业及其他行业向社会宣传经营内容、特点等信息以招徕生意的标识性广告方式,是一种特定的行业标志和信誉标志,也是一种视觉传播的传统广告民俗和语言艺术。招牌重在突出店铺的店标,着力宣传店铺的名称和字号,而幌子重在宣传店铺的行标,将服务项目区分。实际商业运用中,人们更多的是将招牌和幌子融为一体构建完整的店铺视觉形象。

招幌作为中国最早的广告宣传手段之一,是古代社会常见的广告载体,常见的有标志幌、实物幌、模型幌、招牌等。在古代商业活动中,传统招幌不仅具有招徕顾客的基本功能,吸引大众百姓入店,还起着传递店铺的经营内容与店铺文化的作用。传统招幌通过丰富多彩的形制体现着独特的意境和审美,既符合形式美感,又反映大众心理(见图7-1)。

传统招幌设计能够反映时代的精神追求和大众的审美需求,展现手法丰富多样,巧妙地使用最简明的符号传达大量富有寓意的信息。如图 7-2 所示的几个招幌视觉元素中，包括最具代表性的"龙纹""祥云""葫芦"等图案或造型，代表着幸运与成功、健康和吉祥，反映了人们趋利避害追求幸福的心理特征。

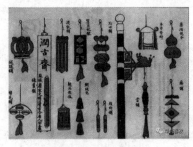

图 7-1　传统招幌　　　　图 7-2　传统招幌中的视觉元素

北宋是中国招幌快速发展的时期，商业幌子更为广泛利用，形式也更为丰富多样。《清明上河图》主要刻画了北宋期间汴京及汴河两岸的商业气氛和自然景观，招幌近三十处，招幌旗帜和招牌各色各样，美不胜收。很多商家在幌子上绘制了生动的图案和纹饰，这种大胆的构想直观且装饰性强，久而久之一些商家就把这些具有代表性的图案作为自己行业的标识，不再轻易更换。这些新的特色一样具有传统的文化积淀，是对传统招幌设计精髓的延续和发展，是招幌艺术具有长久生命力的根本。

【知识点】售点广告。

【育人目标】引导学生深入理解中国传统招幌作为非物质文化遗产的重要价值，认识其在古代商业文化中的历史地位和社会功能，增强对民族文化的认同感；激发学生主动承担文化传承使命的意识，鼓励其以当代视角挖掘传统文化的现代生命力，推动民俗艺术在新时代的创新性发展。

资料来源：

① 张锐，陈旻瑾.中国传统招幌设计研究综述[J].设计，2020，33（14）：103-105.

② 许大海.《清明上河图》中的招幌艺术与现代店铺标志设计[J].民族艺术研究，2011，24（1）：153-158.

③ 王欢.论明清招幌广告的视觉传达之美[J].出版广角，2016（16）：67-69.

导入案例

启航公司迈腾车型促销活动策划案例背景

启航汽车销售服务有限公司（以下简称"启航公司"）是一汽大众特许经销商，成立于2012 年。作为河北省河间市汽车经济开发区唯一一家一汽大众 4S 店，启航公司经营成果显著，在当地深受广大用户信赖，销量稳步提升。

4 月为汽车销售淡季，启航公司需要结合季节特点针对迈腾车型进行促销活动策划，该策划要求如下：

（1）依据策划目标（围绕汽车销售淡季设定一个或多个策划目标）展开；

（2）确定指定车型迈腾促销活动的目标客户群，分析目标客户群的需求和偏好；

（3）包含活动时间、地点、内容等。

针对以上策划要求，如何对启航公司迈腾车型进行促销活动策划，是摆在每个策划团队成员面前的重要课题。

7.1 促销活动策划的概念和特征

7.1.1 促销活动策划的概念

促销（Promotion）是指营销者向消费者传递有关本企业及产品的各种信息，说服或吸引消费者购买其产品，以达到扩大销量的目的。促销实质上是一种沟通活动，即营销者（信息提供者或发送者）发出刺激消费的各种信息，把信息传递到一个或更多的目标对象（信息接收者，如听众、观众、读者、消费者或用户等），以影响其态度和行为。常用的促销手段有广告、人员推销、营业推广和公共关系。企业可以根据实际情况及市场、产品等因素选择一种或多种促销手段的组合。

促销有广义和狭义之分。广义的促销包括广告、人员推销、销售促进（Sales Promotion，SP，也称营业推广）和公共关系。随着营销实践的不断深入，营销人员把销售促进视为促销，简单地把两者画等号，因而出现了狭义的促销。狭义的促销是指使用各种刺激消费者和零售商较迅速或较大量地购买某一商品或服务的短期性工具。本单元讨论的促销主要是指狭义上的促销，即销售促进。

企业为实现品牌宣传和产品销量提升而对终端市场活动进行的思路设计与行动规划等方面的工作，称为促销活动策划（重点是产品终端促销的策划能力）。促销活动策划是指运用科学的思维方式和创新的精神，在调查研究的基础上，根据企业总体营销战略的要求，对某一时期各种产品的促销活动做出总体规划，并为具体产品制订详细而严密的活动计划，包括明确促销活动目标、确立促销活动主题、设计活动内容和活动形式、制定费用预算等营销决策过程。

7.1.2 促销活动策划的特征

促销活动策划一般具有如下特征：

（1）领先法则

无论促销活动形式怎样，只要是第一个举办促销活动的品牌，效果就永远强于第二、第三、第四个追随者。因此，抢先出手，主动举办活动，主动挑起竞争，应成为企业在终端市场运作当中的一项基本原则。唯有如此，企业才可以确保自身在市场竞争中处于有利地位。企业一定要做领导者，一定要让竞争对手成为跟随者；否则，等待企业的必然是被动挨打、疲于应付。

（2）吸引眼球

一场成功的促销活动能否吸引公众的眼球至关重要。通常,吸引公众的眼球有以下几种做法:

第一,不限量特价销售。在活动时,推出价格明显低于市场价格的特价商品,必然可以吸引公众的眼球,在具体实施时可以做不限量的常规特价销售。

第二,超低特价,限量销售。超低特价活动既可以做抽奖式超低特价限量销售,又可以做定时抢购,如活动期间指定一个时段抢购。比如在活动当天上午 11 点,推出若干商品超低特价,限量销售。

第三,超值买赠。买赠活动要想吸引公众的眼球,赠品一定要遵循"名牌、贵重、稀少"的原则,溢价空间大。赠品的市场价格一定要有公信力,比如此款赠品在当地的超市或商场有售,且活动宣传的赠品价格和卖场价格一致。

第四,加价买赠。加价买赠很普遍,如屈臣氏的"买满 30 元加 5 元换购""买满 50 元加 10 元换购"。加价买赠的本质是牺牲赠品行业的渠道利润,来博得顾客的超值感。加价买赠的精髓在于:顾客加的价要少,赠品的价值要高。只要参与活动的商品的零售价格不是高得太离谱,必然会有顾客动心。比如家用净水器产品的市场价格普遍超过 1 000 元,但工厂提货价一般不超过 400 元。对此可以举办顾客加 488 元即可获赠价值 1 488 元的家用净水器一台活动,不仅没有赔本,还有利润,企业可以放手买赠。

第五,零元购。顾客凭活动报纸广告领取抽奖券,现场定时抽奖,中奖即可获得活动商品一件。

（3）宣传到位

宣传是否到位直接决定着促销活动的成败,因此宣传至关重要。一般来说,活动前一周的电视或 LED(发光二极管)屏幕飞字预告,活动前三天的 DM(直接邮寄广告)单页散发、覆盖以及活动宣传车游街,活动前一天或前两天的报纸广告投放,活动当天的在马路两侧发放 DM 单页进行终端拦截,都是必不可少的环节。

促销活动的宣传手段可总结为 FXBD("F"电视飞字,"X"宣传车,"B"报纸,"D"活动DM 单页)。企业只要遵循 FXBD 严格执行,就可以确保活动宣传到位。

（4）人气爆棚

人气是一场促销活动成功的基础保证,再好的活动,如果没有顾客的参与,结果也等于零。因此,营销人员在制订促销活动方案时,一定要有确保人气的内容,比如来店有礼。

需要说明的是,来店有礼可以对老顾客特殊关照,例如送若干免费服务,再送一份区别于新顾客的商品,这样能够起到借助老顾客的口碑感染到场新顾客的目的。

（5）销量提升明显

成功的促销活动应使销量比平时有明显的提升。而要实现销量的提升,最笨的做法是推出特价商品,因为价格永远是竞争的利器。但纵观以往的促销活动,仅靠价格取胜的活动往往是赔钱赚吆喝,还不能称之为完美,这种做法最大的好处是提升人气及市场占有率,但利润一般是零或是略亏。

最理想的促销活动,一种是在进行策略性买赠提升销量的同时,略有盈余;另一种是在确保人气的同时,推出性价比高、卖点好的促销商品。

（6）费用可控

一场成功的促销活动的费用一定要合理、可控、可承受。促销活动中,宣传费用要确保、赠品费用要确保,其他费用应从简,如气球、礼炮费,数量偏大的 DM 单页印刷费,非主流媒体的广告费,不必要的电视画面广告费,价位虚高、演员人数偏多的路演费等。

（7）细节完备

促销活动成功与否,首先取决于方案是否完备,方案中应尽可能地考虑细节;其次是执行是否到位;最后是现场的秩序和气氛以及突发事件的应对和处理是否及时。

因此,促销活动一定要做到手续到位、人员到位、宣传到位、赠品到位、宣传物料到位、产品到位、培训到位。做好了这几个到位,活动必然可以取得成功。

7.2　促销活动策划的常用方法

销售促进依据对象不同,可以分为三种类型,即面向消费者的销售促进、面向中间商的销售促进、面向企业销售人员的销售促进。面向消费者的销售促进是以终端消费者为对象而施行的销售促进方式,经常使用在新产品开拓市场时或现有产品需要掀起销售高潮时。本单元促销活动策划的对象是终端消费者。

7.2.1　线下促销活动策划的常用方法

为了体现促销活动策划的实战性,本部分内容以汽车类产品为例,阐述促销活动策划的常用方法。

促销活动策划
的常用方法
（上）

（1）降价式促销

降价式促销是指将商品以低于正常的售价出售。最常见的方式有库存大清仓、节庆大优惠、每日特价商品等。

① 库存大清仓,即以大降价的方式促销换季商品或库存较久的商品、滞销品等,如图 7-3 所示。

图 7-3　库存大清仓

资料来源:公开网络。

② 节庆大优惠。新店开张、逢年过节、周年庆等是折扣售货的大好时机，如图 7-4 所示。

图 7-4　节庆大优惠

资料来源：公开网络。

③ 每日特价商品。由于竞争日益激烈，为争取顾客登门，推出每日一物或每周一物的特价商品，让顾客用低价买到既便宜又好用的商品。低价促销若能真正做到物美价廉，就很容易引起消费者的"抢购"热潮，如图 7-5 所示。

图 7-5　每日特价商品

资料来源：公开网络。

（2）有奖式促销

顾客有时总想试试自己的运气，所以"抽奖"是一种极有效果的促销手段。抽奖活动一定会有一大堆奖品,如彩色电视机、洗衣机等,这样的奖项极易激起消费者的参与兴趣,可在短期内对促销产生明确的效果。通常,顾客参加抽奖活动必须具有某一种规定的资格,如购买某种特定商品、购买某一商品达到一定的数量、在店内消费达到固定的金额或答对某一特定问题。另外,需要注意的是,在举办抽奖活动时,抽奖活动的日期、奖品或奖金、参加资格、评选规则、发奖方式等务必标示清楚,且抽奖过程需公开化,以增强消费者的参与热情和信心,如图 7-6 所示。

图 7-6　有奖式促销

资料来源:公开网络。

（3）惠赠式促销

"惠赠"是指在目标顾客购买产品时对其给予某种优惠待遇的一种促销手段。分为以下三种情况:

第一,买赠,即购买获赠。只要顾客购买某一产品,即可获得一定数量的赠品。最常用的方式如买一赠一、买一赠三等。

第二,换赠,即购买补偿获赠。只要顾客购买某一产品并再略做一些补偿,即可换取其他产品。

第三,退赠,即购买达标退利获赠。只要顾客购买或购买到一定数量,即可获得返利或赠品。

（4）打折式促销

一般在适当的时机(如节庆日、换季时节等)打折,将商品以低于正常的售价出售,使消费者获得实惠。

① 现价折扣,即在现行价格的基础上打折销售。这是一种最常见且行之有效的促销手段。它可以让顾客现场获得看得见的利益并心满意足,同时销售者也会获得满意的目标利润。现价折扣过程一般是讨价还价的过程,通过讨价还价,双方可以实现基本满意的目标。

② 减价特卖，即在一定的时间内对产品降低价格，以特别的价格来销售。减价特卖的一个特点就是阶段性。一旦促销目的达成，即恢复到原来的价格水平。减价特卖一般只在市场终端实行。但是制造商一旦介入，就可能是一种长久的促销策略。减价特卖的形式通常有"包装减价标贴""货架减价标签"和"特卖通告"三种。

③ 大拍卖和大甩卖。商品大拍卖是指将商品以低拍的方式、非正常的价格来销售；商品大甩卖则是指将商品以低于成本或非正常的价格来销售。大拍卖和大甩卖都是一种价格利益驱动战术。对商家而言，大拍卖和大甩卖又是一种清仓策略。通过大拍卖或大甩卖，商家能够集中吸引消费群，刺激消费者的购买欲望，在短期内消化掉积压的商品。

④ 优惠卡优惠，即向顾客赠送或出售优惠卡，以扩大消费群。顾客在店内购物，凭手中的优惠卡可以享受特别折扣。优惠卡的发送对象既可以是由店方选择的知名人士，又可以是到店购物次数或购物数量较多的熟客，出售的优惠卡范围一般不定。

⑤ 批量作价优惠，即当消费者整箱、整包、整桶或较大批量购买商品时，给予价格上的优惠。这种促销方法一般用在周转频率较高的食品和日常生活用品上，可以增加顾客一次性购买商品的数量。

⑥ 折价优惠券，即通称优惠券，是一种古老而风行的促销方式。优惠券上一般印有产品的原价、折价比例、购买数量及有效时间等。顾客可以凭券购买并获得实惠。折价优惠卡，即一种长期有效的优惠凭证，它一般以会员卡和消费卡两种形式存在，可以使发卡企业与目标顾客保持一种长久的消费关系。

⑦ 设置特价区，即在店内设定一个区域或一个陈列台，销售特价商品，如图7-7所示。特价商品通常是应季大量销售的商品，或是过多的存货，或是库龄超过一定年限的存货，或是外包装有瑕疵的存货。注意不能鱼目混珠，把一些本身有瑕疵的商品卖给顾客，否则企业的经营活动将触犯国家相关法规。

图7-7　特价区

资料来源：公开网络。

⑧ 节日、周末大优惠，即在新店开业、逢年过节或周末时，将部分商品打折销售，以吸引顾客购买。

（5）竞赛式促销

竞赛式促销是指利用人们的好胜和好奇心理,通过举办趣味性和智力性的竞赛,吸引目标顾客参与的一种促销手段。

① 征集与有奖竞赛,即竞赛的发动者通过征集活动或有奖问答活动吸引顾客参与的一种促销方式,如广告语征集、商标设计征集、作文竞赛、译名竞赛等。促销竞赛是消费者发挥自己的才华参与并获得消费利益的活动。最终竞赛的获胜者必是比赛中的佼佼者。

② 竞猜比赛,即竞赛的发动者通过举办竞猜活动来吸引顾客参与的一种促销方式,如猜谜、体育获胜竞猜、自然现象竞猜、揭迷竞猜等。

③ 优胜选拔比赛,即竞赛的发动者通过举办某一形式的比赛来吸引爱好者参与,最后选拔出优胜者的一种促销方式,如最美驾驶者比赛、选星大赛、形象代言人选拔赛及汽车节油大赛等。

④ 印花积点竞赛,即竞赛的发动者指定在某一时间内,目标顾客通过收集产品、服务印花(如商标、标贴、瓶盖、印券、票证、包装物等),在达到一定数量时可兑换赠品的一种促销方式。印花积点是一种古老而具影响力的促销战术。只要顾客握有一定量的印花,即可依印花量多少领取不同的赠品或奖励,此项活动可以和售后服务联合推出。

（6）活动式促销

活动式促销是指通过举办与产品销售有关的活动,来达到吸引顾客注意和参与的一种促销手段。

促销活动策划
的常用方法
（下）

① 新闻发布会,即活动的举办者以召开新闻发布会的方式来达到促销的目的。这种方式十分普遍。其利用媒体向目标顾客发布消息,告知商品信息以吸引顾客积极去消费,如图 7-8 所示。

图 7-8　新闻发布会

资料来源:公开网络。

② 车展活动,即活动的举办者通过参加展销会、订货会或自己召开产品演示会等方式来达到促销的目的。这种方式可以每年定期举行。车展不但可以实现促销的目的,还可以宣传产品。这种方式亦可以称为"会议促销",如图 7-9 所示。

图7-9　车展活动

资料来源：公开网络。

③ 抽奖与摸奖，即在顾客购买商品或消费时，给予其若干奖励机会的促销方式。抽奖与摸奖可以说是消费加运气并获得利益的活动，这种促销活动还有很多其他形式，例如刮卡兑奖、摇号兑奖、拉环兑奖、包装内藏奖、车内找宝等。

④ 娱乐与游戏，即通过举办娱乐活动或游戏以趣味性和娱乐性吸引顾客并达到促销的目的。在产品不便于直接发布广告的情况下（如香烟），这种促销方式更能以迂为直，曲径通幽。如举办大型演唱会、赞助体育竞技比赛、举办寻宝探幽活动等。娱乐与游戏促销需要组织者精心设计，不能使活动脱离促销主题。

⑤ 制造事件，即通过制造有传播价值的事件，使事件社会化、新闻化、热点化，并以新闻传播来达到促销的目的。事件促销可以引起公众的注意，并由此调动目标顾客对事件中关系到的产品或服务的兴趣，最终刺激顾客产生购买行为。如果制造的事件能够引起社会的广泛讨论，事件促销就会取得圆满的结果。

（7）体验式促销

体验式促销即在促销时，重点突出顾客的感官体验。经销商通过在比较显眼的位置设置试用区，免费让顾客体验产品，鼓励顾客使用新产品进而产生购买欲望。

（8）焦点赠送式促销

要想吸引顾客持续购买并提高其品牌忠诚度，焦点赠送是一种非常理想的促销方式。这一促销方式的特色是消费者在连续购买某商品或连续光顾某零售店后，获得一定积分，就可用于兑换赠品或折价购买商品。

（9）赠送式促销

赠送式促销是指在店里设专人对进店的顾客赠送某一种或几种商品，让顾客现场品尝或使用。这种促销方式通常是在零售店统一推出新商品或老商品改变包装、品味、性能时使用,目的是迅速向顾客介绍和推广商品,争取顾客的认同。

（10）联合展销式促销

在促销时,商家可以邀请多家同类商品的厂家共同举办商品展销会,形成一定的声势和规模,让消费者有更多的选择机会。在这种活动中,通过各厂家之间的相互竞争,促进商品的销售。

（11）服务式促销

服务式促销是指为了维护顾客利益,为顾客提供某种优惠服务,便于顾客购买和消费的一种促销手段。

① 销售服务,即销售前的咨询与销售后的服务。售前咨询和售后服务都可以达到促销的目的。

② 开架销售,即使用开放式货架,使顾客可以自由选择商品。开架销售可以激发顾客的冲动性购买欲望,并且一次购足。

③ 承诺销售,即对顾客给予一种承诺,增加顾客的信任,顾客就可以放心购买。如承诺无效退款和承诺销售三包,就可以降低顾客的风险意识,从而达到促销的目的。

④ 订购定做,即专门为顾客订购产品或定做产品。这种专项服务可以使顾客产生优越感,也能体现出服务销售促进的宗旨。

⑤ 送货上门,即将客户所购商品无偿地运送到指定地点,或者代办托运。送货上门是服务销售促进基本的形式之一。

⑥ 免费培训,即为客户免费培训产品知识与使用方法。免费培训一般是产品售出时附赠的服务项目。

⑦ 分期付款,即顾客对所购商品可以按规定的时间分批分次地交付款项。分期付款促销可以缓解顾客的经济压力,保持顾客持久的支付能力。如银行按揭在楼宇销售中就有很大的促销作用。

（12）直效式促销

直效式促销是指具有一定的直接效果的一种促销手段。直效销售促进的特点即现场性和亲临性,能够营造出强烈的销售氛围。

① POP 广告。POP 广告是广告形式的一种,它是英文 point of purchase advertising 的缩写,意为“购买点广告”。POP 广告的概念有广义和狭义两种:广义的 POP 广告是指在商业空间、购买场所、零售商店的周围、内部以及在商品陈设的地方所设置的广告物。狭义的 POP 广告仅指在购买场所和零售商店内部设置的展销专柜以及在商品周围悬挂、摆放与陈设的可以促进商品销售的广告媒体。以汽车类产品为例,POP 广告包括在销售现场张贴与悬挂海报、吊旗、台标及广告牌等。通过这些现场传播方式,烘托销售气氛,达到促进销售的目的。

② 产品演示,即现场演示产品的特性与优势,以眼见为实促进消费者购买。产品演示是一种立竿见影的促销方式。

③ 产品展列,即通过销售现场产品的展示陈列吸引消费者。产品展示要遵从三大要素,即展列位、展列量和展列面。

④ 宣传报纸，即印制产品内容与服务内容的报纸或宣传单，通过发放来导购促销。宣传报纸上不仅印有产品或服务的详细介绍，往往还印有折价优惠券，以刺激人们消费。

⑤ 名人助售，即通过邀请知名度很高的人士亲临现场助推销售，以达到促进销售的目的。名人助售具有名人广告效应。但名人一般只会帮助与自己有关的产品进行销售，不会无缘无故地亲临销售现场。名人助售包括作者签名售书、名人开业剪彩等。

7.2.2 线上促销活动策划的常用方法

（1）买满即减

买满即减是指购买金额或数量达到一定额度后给予价格折扣，如满 200 减 30，即购满 200 元，消费者实际支付 170 元。买满即减是营销者向消费者传递有关本企业及产品的各种信息，说服或吸引消费者购买其产品，以达到扩大销量的目的的一种促销活动。买满即减能激起消费者的购买欲望，刺激消费，本来消费者只需购买 50 元的商品，而看到这个活动后会情不自禁地增加消费额度。天猫超市是比较成功的把买满即减活动做到极致的案例，比如满 99 减 50、满 199 减 100，满减额度非常大，用户会非常心动。

同步案例 7-1

淘宝"618"大促

作为阿里巴巴年度大型营销活动之一，淘宝"618"大促的优惠券叫作"618"购物津贴，是为淘宝买家提供的在淘宝购物时可以使用的折扣券，消费者可以在淘宝 App 上看到自己的购物津贴额度。津贴优惠券的优惠原则其实是根据满减、抵减来设置的。每满 200元减 20 元（见图 7-10）或每满 500 元减 25 元，不同类目的满减档位可能有所不同，部分类目报名时可能有两档满减可以选择。满减门槛为买满即减形式，即商家通过跨店满减提供的消费权益上不封顶。

图 7-10 淘宝"618"买满即减

资料来源：作者根据网络资料整理。

（2）定金预售

定金预售是指消费者购买预售商品时，需要先支付一定数额的定金，并在定金付款结束后再支付尾款的一种预售模式，也是平台提供给商家用于提前锁定用户需求的新营销工具。商家可自行设置营销活动的起始时间,收集用户的购买意向,抢先进行商品的营销造势。商家可以通过定金预售数据进行有效备货,缓解备货压力,减少货品堆积。

京东"618"全商城预售活动

2022 年京东"618"全商城的预售活动(见图 7-11)和 2021 年相比时间线上有所提前,5 月 23 日 20∶00 正式开启,持续到 5 月 31 日 19∶59;这次预售结束则立即进入付尾款环节,发货更快了一步!第二波预售明确在 6 月 10 日 20∶00—6 月 15 日 19∶59。

图 7-11　京东"618"定金预售

资料来源:作者根据网络资料整理。

（3）好友砍价

好友砍价与团购的意义差不多,都是对用户社交圈的资源进行抓取,吸引用户进行主动的二次宣传,使活动的曝光率与商店的关注量得到提高。此外,好友砍价可以增加购物的趣味性,在砍价过程中,用户往往会将注意力放在砍价的额度上,但是因为砍价的数额是不确定的,所以会给人带来刺激性与趣味性。

需要注意的是,商家需要预先设定活动的砍价数额,可以设定为砍价最多是便宜多少,例如原价是 99 元,最多 15 人砍价,每人砍价的数额不定,最多可以便宜 50 元。这样既能吸引用户进行分享,又能对活动进行有效的把握。

拼多多邀请好友砍价

拼多多的邀请好友砍价可以在其 App 或微信小程序上进行(如图 7-12 所示),用户在支付完一分钱后,可以参加"分钱开团",然后邀请好友砍价,获得中奖的资格。一般来说,这样的活动基本上都具有 100% 的中奖概率,用户获得中奖资格后等待开奖,随后中奖者获得相应的奖品。无论怎么看,用户都是稳赚不亏的,而正是这种心理令大多数用户热衷于拼团砍价 0 元拿商品,从而在社交圈内对活动进行转发,让更多的人参与进来,达到传播的目的。邀请好友领红包也是一样的道理,而砍价更侧重于借助社交关系,让社交圈内的用户看到这一优惠活动,促进他人参与,进行活动和品牌的传播,吸引更多人的注意和参与。

图 7-12　拼多多好友砍价

资料来源：作者根据网络资料整理。

（4）限时折扣

限时折扣是在特定的营业时间内提供优惠商品的措施，以达到吸引顾客的目的。商家进行限时折扣时，要将折扣商品以宣传单、广播等形式告知顾客。限时折扣商品的折扣率一般在 3 折以上，这样才能对消费者形成足够的吸引力。

同步案例 7-4

抖音限时折扣

在抖音电商刚刚起步时，很多直播间里都设有 1 元秒杀、9.9 元抢购这样的福利商品（见图 7-13），以吸引原本在抖音上没有消费习惯的用户，完成第一单的转化。这些直播间设置的福利商品以手表、项链这类在大众心目中以高客单价出现的商品为主。2021 年抖音为做好"618 直播带货大战"，邀请直播达人罗永浩进行"618"购物节终场跨夜直播，其中会有多款半价好物，并打出"60+件低价""6.17 元秒杀价"和"16.17 元惊喜价"的宣传口号，吸引消费者。

图 7-13　抖音限时折扣

资料来源：作者根据网络资料整理。

（5）团购优惠

团购是指一定数量的用户通过互联网渠道组团,以较低折扣购买同一种商品的商业活动。根据薄利多销的原理,商家可以给出低于零售价格的团购价格和单独购买得不到的优质服务。团购可以吸引用户进行二次分享,抱团购买,在一定程度上能实现用户的拉新;团购还可以使供应链压力减轻,因为团购的货物出售量是可控的,如果人数不足则可以解散这次团购,所以可以确保每次团购的人数都是一个准确的数值;此外,团购运输的区域比较集中,邮费成本降低。

同步案例 7-5

美团社区团购

美团的社区团购叫美团优选,美团优选小程序(见图 7-14)是当前为用户提供线上购物交易的主要平台。美团优选平台比较特别的几点就是菜谱、意见反馈等栏目,可以为用户提供更多的优质服务。通过收集用户建议能够更好地改善平台经营方式,满足用户的各项需求,用户的信任度增加后,会形成一定的黏性和复购,并给平台带来良好的口碑。

美团优选曾开展"农鲜直采"活动,与麻阳苗族自治县就黄桃销售合作签约,助力乡村振兴,强强联合,共同搭建更加畅通的销售平台。随着消费者对即时、便捷、确定性提出更高的要求,社区电商已经成为居民常用的购物渠道。

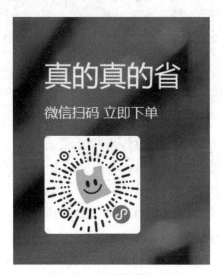

图 7-14　美团优选小程序

资料来源:作者根据网络资料整理。

（6）店铺优惠券

店铺优惠券是一种虚拟的电子券,卖家可以在不用充值现金的前提下针对新老客户或者不同等级会员发放不同面额的优惠券。有些店铺优惠券对店铺中所有的商品都是有效的,在一次下单中只能使用一张优惠券的情况下,系统会默认使用优惠力度最大的那一张。

同步案例 7-6

盒马优惠券

盒马优惠券种类多样(见图 7-15),分为全场通用、新鲜蔬菜、水果鲜花、肉禽蛋品、海鲜水产等众多细分品类。优惠券的发放不仅吸引了不同需求的消费者,还使单个品类的消费增加。从盒马 App 到微信公众号,甚至淘宝、微博有时都能看到相关优惠信息,用户时不时领取一些优惠券、折扣券十分便捷。

图 7-15　盒马优惠券

资料来源:作者根据网络资料整理。

（7）直播促销

"直播+电商"是一种新型营销模式,近年来在营销领域极其火爆。该模式的飞速发展,不仅给商家创造了巨大的营销利润,还促进了我国国民经济的发展。直播促销实质上是一种沟通活动,即营销者(主播)发出刺激消费的各种信息,把信息传递到一个或更多的目标对象(观众、"粉丝"),以影响其态度和行为,从而直接增加"粉丝"数和提高转化率的一种有效营销模式。

2022 北京网络直播促销月

2022 年 6 月 16 日,由北京市商务局主办,北京市经济和信息化局、北京市政务服务管理局支持,北京电子商务协会承办,阿里巴巴集团协办的"2022 北京网络直播促销月"通过直播方式线上启动(见图 7-16)。全聚德、吴裕泰、菜百首饰、元气森林、小仙炖、九号电动车……这些消费者熟悉的北京老字号、新锐品牌、智能科技产品集体亮相淘宝直播间。淘宝主播联合聚划算开展了"聚北京划算购"的专场直播带货,为参与商家提供免坑位费、免佣金支持,带来了吃在北京、玩在北京、潮在北京、智在北京等主题特色商品和文旅产品。

图 7-16　2022 北京网络直播促销月特别计划

资料来源:作者根据网络资料整理。

7.3　促销活动策划文案典型任务

促销活动策划文案一般包括 12 个部分(典型任务),企业在进行促销活动策划文案设计时可根据实际情况加以综合使用。

为了体现促销活动策划文案设计的实战性并且易于读者学习,本部分内容以娃哈哈品牌为例,阐述促销活动策划文案典型任务。

娃哈哈品牌故事

1987 年,娃哈哈前身——杭州市上城区校办企业经销部成立,娃哈哈创始人宗庆后带领两名退休老师,凭借 14 万元借款,靠代销汽水、棒冰及文具纸张起家,开始了创业历程;

第二年代工口服液;第三年成立杭州娃哈哈营养食品厂,开发生产以中医食疗药食同源理论为指导思想、解决小孩子不愿吃饭问题的娃哈哈儿童营养口服液,靠着切实的效果以及"喝了娃哈哈,吃饭就是香"的广告,产品一炮打响,走红全国。1990 年,创业只有三年的娃哈哈产值已突破亿元大关,完成了初步原始积累,出现在小学校园里的经济奇迹开始引起社会和各级政府的广泛关注。

1991 年,在杭州市政府的支持下,仅有 100 多名员工但有着 6 000 多万元银行存款的娃哈哈营养食品厂,毅然以 8 000 万元的对价有偿兼并了有 6 万多平方米厂房、2 000 多名员工,并已资不抵债的全国罐头生产骨干企业之一——杭州罐头食品厂,组建成立了杭州娃哈哈集团有限公司。从此娃哈哈逐步开始步入规模经营之路。

作为改革开放政策下率先成长起来的企业,娃哈哈坚持秉承"产业报国、泽被社会"的发展理念,扶贫之路始终与公司自身的发展之路相伴相随,两者相互促进、相互成就。娃哈哈 35 年累计实现销售额 8 601 亿元,利税 1 740 亿元,上缴税金 742 亿元。娃哈哈位居中国企业 500 强、中国制造业 500 强、中国民营企业 500 强前列。

娃哈哈的产品涵盖包装饮用水、蛋白饮料、碳酸饮料、茶饮料、果蔬汁饮料、咖啡饮料、植物饮料、特殊用途饮料、罐头食品、乳制品、保健食品等十余类 200 多个品种,其中纯净水、AD 钙奶、营养快线、八宝粥是家喻户晓的国民产品。

【知识点】品类教育式促销。

【育人目标】坚定"四个自信",树立服务社会的意识,积极承担社会责任。

资料来源:

① 娃哈哈官网(https://www.wahaha.com.cn/#/Introduce)。

② 百度百科(https://baike.baidu.com)。

任务1　活动目的

对市场现状及活动目的进行阐述。市场现状如何? 开展这次活动的目的是什么,是处理库存、提升销量、新品上市,还是提升品牌认知度(知名度)及美誉度? 只有目的明确,才能使活动有的放矢。

同步案例 7-9

促销活动策划文案典型任务活动目的案例

1. 厉害了! 妈妈的神器——娃哈哈母亲节多多有礼活动方案

活动目的:在母亲节来临之际,针对亲子人群,开展母亲节感恩回馈活动,推广多多奶,体现产品是促进亲子关系的"秘密神器",提升产品调性。

2. 爱要多多陪伴:"全民卖萌"六一欢乐总动员活动方案

活动目的:六一儿童节要到了。今年的儿童节是一个特殊的儿童节,家长和孩子均因疫情而曾长时间困于家中,必然会趁着六一这个特别的节日,一起出门开心玩耍。儿童节之际,在游乐园、儿童公园、景区等亲子出行场景,开展亲子"全民卖萌"六一欢乐总动员活动,传递产品"爱要多多陪伴"的品牌理念。

3. 浓情端午,"粽"享父爱:娃哈哈父亲节、端午节线下促销活动方案

活动目的:适逢端午节小长假和父亲节双节临近,趁着端午节三天法定小长假,带着父亲外出游玩享受温馨的假期或将成为不少人的选择。同时,天气逐渐炎热,饮料销售旺季即将来临,适合针对出行场景做全品类(以苏打水、多多奶为主)促销活动,直接拉动产品销量。

4. 全力"苏"出:娃哈哈"星空集市"畅饮季

活动目的:盛夏即将来临,苏打水等水系列产品销售旺季也随之而来,适合做以苏打水为主的全品类产品促销,带动销售增长,提升产品知名度。

5. 娃哈哈五一礼赠孝心促销活动方案

活动目的:全国各省天气均逐渐升温,需加快节奏抢占终端。正值五一黄金周机会,更宜提前布局商超、景区、公园等出游娱乐场景,联合渠道,加快产品铺货。

【知识点】活动目的。

【育人目标】弘扬尊老爱幼的中华民族传统美德;弘扬劳动精神,尊重劳动,具有积极的劳动态度和良好的劳动习惯。

资料来源:娃哈哈官网(https://www.wahaha.com.cn/)。

⊙ 任务 2　活动对象

活动针对的是目标市场的每一个人还是某一特定群体?活动控制在多大范围内?哪些人是促销活动的主要目标?哪些人是促销活动的次要目标?这些选择会直接影响到促销活动的最终效果。

⊙ 任务 3　活动主题

这一部分主要解决两个问题:一是确定活动主题,二是设计活动主题。在确定了活动主题之后要尽可能使活动艺术化或趣味化,淡化促销的商业目的,使活动更接近消费者,更能打动消费者。这一部分是促销活动策划文案的核心部分,应力求创新,使活动具有震撼力和排他性。

同步案例 7-10

厉害了! 妈妈的神器——娃哈哈母亲节多多有礼

主题阐释:哄娃,带娃,教育娃,每个妈妈都有自己的秘密神器,可能是香喷喷的小蛋糕,可能是一本连环画,也可能是营养美味,让宝贝瞬间乖下来的多多奶!一直倡导"爱要多多陪伴"亲子理念的多多奶,成为妈妈和宝贝共度母亲节的情感纽带。

资料来源:娃哈哈官网(https://www.wahaha.com.cn/)。

任务4　活动内容和活动方式（形式）

这一部分主要阐述活动内容和活动开展的具体方式。有两个问题需要重点考虑：

第一，确定伙伴。是与政府或媒体合作？还是厂家单独行动，或者与经销商或其他厂家联合促销？与政府或媒体合作，有助于借势；与经销商或其他厂家联合，可整合资源，降低费用及风险。

第二，确定刺激程度。要使促销取得成功，必须使活动具有刺激力，能够刺激目标对象参与。刺激程度越高，促进销售的反应越大。但这种刺激也存在边际递减效应。因此，商家必须根据促销实践进行分析和总结，并结合客观市场环境确定适当的刺激程度和相应的费用投入。

具体促销工具是降价、价格折扣、赠品、抽奖、礼券、服务促销、演示促销，还是其他促销工具？选择何种促销工具，要考虑到活动的目的、竞争的条件和环境，以及促销费用的预算和分配。

同步案例 7-11

全力"苏"出：娃哈哈"星空集市"畅饮季

活动内容包括四个方面：

1. 利用夜市、步行街等场景开展的复工重振经济户外活动开展促销

（1）活动口号：全力"苏"出，畅饮不停歇。

（2）销量要求：单场销量不少于30箱。

（3）活动形式：

① 用 LED 串灯等装饰打造创意摊点吸引消费者眼球，开展整箱购买搭赠礼品促销，即消费者现场购买整箱苏打水或多多奶，即可额外获得泡泡机、手摇风扇等清凉礼品，刺激消费者购买。

② 各省可根据本省情况，推出多组清凉套餐，如1元换购套餐，即购买一瓶苏打水，加1元即可换购第二瓶。

2. 以流动车的形式，载货到乡镇集市、城乡接合部等人流量高的街道口开展整箱促销，加快老产品卸库

（1）活动口号：缤纷夏日，畅爽嗨不停。

（2）销量要求：单场销量不少于40箱。

（3）活动形式：各市场根据当地情况组合产品做整箱促销。

3. 在人流量集中的宵夜店、海鲜餐厅、大排档等深夜食堂，开展联合促销

（1）活动口号：全力"苏"出，越夜越精彩。

（2）销量要求：通过现场售卖、首轮进货和团购，当月达成30箱产品售卖。

（3）活动形式：

① 联合推广。凡进店消费，即每桌赠送1瓶苏打水。同时，由拓展队员协助消费者品

尝,推广介绍苏打水卖点和瓶身扫码活动。

② 扫码赢大礼。利用餐饮氛围及瓶身扫码积分,开展整箱促销。凡购买整箱苏打水,即可通过瓶身扫码获得积分,现场兑换苏打水,抽中 130 积分可额外获赠 1 瓶苏打水,抽中 150 积分可额外获赠 2 瓶苏打水,依此类推,最多抽中 1 000 积分可获赠 6 瓶苏打水(每人仅限参与一次)。

4. 利用天气升温后,社区居民出门纳凉、散步契机,开展晚间清凉促销活动,刺激购买欲望

(1) 活动口号:清凉苏打,畅饮一"夏"。

(2) 销量要求:单场销量不少于 40 箱。

(3) 活动形式:

① 现场开展整箱买赠促销,即消费者购买整箱苏打水,即可获赠手摇风扇、泡泡机等清凉大礼包,刺激消费者购买。

② 现场订购两箱以上(含两箱)可留下联系方式和地址,提供送货上门服务。

③ 各省亦可根据本省情况,推出多组清凉套餐,刺激消费者品尝后整箱购买。如买苏打水第二瓶半价,买一瓶苏打水送一瓶晶钻水,等等。

资料来源:娃哈哈官网(https://www.wahaha.com.cn/)。

◉ 任务 5　活动时间和地点

促销活动的时间和地点选择得当会事半功倍,选择不当则达不到预期的效果。在时间上要尽量让消费者有空闲参与,在地点上也要让消费者方便,而且要事前与城管、工商等部门进行沟通。不仅启动促销活动的时间和地点很重要,还要对持续多长时间效果会更好进行深入的分析。持续时间过短会导致在这一时间内无法实现重复购买,很多应获得的利益不能实现;持续时间过长则又会导致费用过高且市场无法形成热度,同时降低在顾客心目中的形象。

同步案例 7-12

促销活动策划文案典型任务活动时间和地点案例

1. 爱要多多陪伴:"全民卖萌"六一欢乐总动员活动方案

(1) 主推产品:多多奶。

(2) 活动时间:2020 年 5 月 23 日—5 月 31 日。

(3) 活动场景:

① (售卖型)游乐园、景区、儿童公园、社区超市、乡镇广场。

② (异业合作)当地高人气汉堡店/牛排馆等亲子餐厅。

2. 浓情端午,"粽"享父爱:娃哈哈父亲节、端午节线下促销活动方案

(1) 主推产品:以苏打水、多多奶为主。

（2）活动时间：2020 年 6 月 11 日—6 月 30 日。

（3）活动场景：

① （品牌兼售卖型）面包房、蛋糕店、DIY 手工坊、景区、公园、商场。

② （售卖型）社区、乡镇集市、乡镇流动车辆、中型超市。

3. 全力"苏"出：娃哈哈"星空集市"畅饮季

（1）主推产品：以苏打水、晶钻水为主的全品类产品。

（2）活动时间：2020 年 6 月 20 日—8 月 31 日。

（3）活动场景：

① （售卖型）夜市、步行街、流动车辆、社区广场、乡镇广场、社区超市。

② （品牌兼售卖型）海鲜餐厅、宵夜店等深夜食堂。

资料来源：娃哈哈官网（https://www.wahaha.com.cn/）。

任务6　广告配合方式

一场成功的促销活动需要全方位的广告配合。选择何种广告创意及表现手法？选择何种媒介宣传？不同的方式意味着不同的受众抵达率和费用投入。

任务7　前期准备

前期准备分为三部分：一是人员安排，二是物料准备，三是试验方案。在人员安排方面，要"人人有事做，事事有人管"，既无空白点，又无交叉点。谁负责与政府、媒体沟通？谁负责文案写作？谁负责现场管理？谁负责礼品发放？谁负责顾客投诉？各个环节都要考虑清楚，否则就会临阵出麻烦，顾此失彼。

在物料准备方面，要事无巨细，大到车辆，小到螺丝钉，都一一罗列出来，然后按单清点，以确保万无一失，否则就会导致现场的忙乱。

尤为重要的是，由于活动方案是在已有经验的基础上制订的，因此有必要进行必要的试验来判断促销工具的选择是否正确、刺激程度是否合适、现有的途径是否理想。试验方式可以是询问消费者、填写调查表，或是在特定的区域试行方案等。

任务8　中期操作

中期操作主要是规定活动纪律和现场控制。

纪律是方案得到完美执行的先决条件，在方案中，应对参与活动的人员纪律做出细致的规定。

现场控制主要是把各个环节安排清楚，要做到忙而不乱、有条有理。

同时，在实施方案的过程中，企业应及时对促销范围、强度、额度和重点进行调整，保持对促销方案的控制。

任务9　后期延续

后期延续主要是媒体宣传的问题。企业应确定对这次活动将采取何种方式在哪些媒体进行后续宣传。

任务10　费用预算

企业应对促销活动的费用投入和产出做出预算。费用预算需要考虑活动的各个方面,例如广告费用、物料费用、人员费用、礼品费用等。费用预算需要详细列出各项费用并进行合理分配,确保活动在预算范围内顺利进行。

同步案例 7-13

娃哈哈五一礼赠孝心促销活动方案

1. 精选产品进场的商超,开展联合促销,在人流量高峰时段,套餐售卖和整箱促销相结合,提升促销成效

（1）销量要求:单场销量不少于55箱。

（2）活动内容:

优选有公司产品进场的商超,于傍晚、周末、节假日等人流量高峰时段,在超市门口等人流旺点开展节日联合促销。与超市收银员沟通,指引消费者在超市消费任意金额,即可于娃哈哈摊位参与幸运抽奖,例如抽取单瓶××产品、整箱××产品、买一送一、买整箱送2瓶××产品等好礼,在增加活动现场人气的同时,拉动现场售卖。同时,结合本省情况,将××产品、水、八宝粥等产品组合套餐售卖,并通过整箱加送2瓶××产品等促销形式,刺激整箱售卖。

（3）商超费用规划（见表7-1）:

表 7-1　商超费用规划

类型	费用项目	单价	数量	小计（元）	合计（元）
产品赠饮	××产品	33 元/箱	8 箱	264.0	
配套物料	主题围挡	35 元/平方米	3 米×1.3 米	136.5	689.7
	易拉宝	80 元/套	1 套	80.0	
	冰桶写真贴	20 元/平方米	1.57 米×0.85 米	26.7	
	抽奖箱	35 元/平方米	0.5 米×0.5 米×6	52.5	
	冰块	10 元/块	3 块	30.0	
人工	促销员	100 元/人	1 人	100.0	

2. 利用节假日景区、公园旺点流量,抢占冰饮促销制高点,借助园区广播、自媒体账号植入公司促销信息

（1）销量要求:单场销量不少于60箱。

（2）活动内容:

针对节假日出行娱乐需求高峰,利用普通景区、公园等出行娱乐人流旺点,开展夏日

冰饮促销。结合场景特性，设置畅爽夏日套餐（2瓶水/2瓶果汁等）、满血复活套餐（八宝粥+多多奶等）以及第二瓶半价等促销政策。同时，利用园区广播、自媒体账号宣传五一活动信息机会，植入公司促销信息和摊位，指引消费者前往购买，提升现场促销成效。

（3）特殊通路场景费用规划（见表7-2）：

表7-2　特殊通路场景费用规划

类型	费用项目	单价	数量	小计（元）	合计（元）
场地置换	××产品	33元/箱	12箱	396.0	769.2
配套物料	主题围挡	35元/平方米	3米×1.3米	136.5	
	易拉宝	80元/套	1套	80.0	
	冰桶写真贴	20元/平方米	1.57米×0.85米	26.7	
	冰块	10元/块	3块	30.0	
人工	促销员	100元/人	1人	100.0	

资料来源：娃哈哈官网（https://www.wahaha.com.cn/）。

🔬 任务11　意外防范

每次活动都有可能出现一些意外，比如政府部门的干预、消费者的投诉，甚至是天气突变导致户外的促销活动无法继续进行等。企业必须对各种可能出现的意外事件做必要的人力、物力、财力方面的准备。

🔬 任务12　效果预估

企业应预估这次活动会达到什么样的效果，以利于活动结束后与实际情况进行比较，从刺激程度、促销时机、促销媒介等各方面总结成功点和失败点。

7.4　促销活动策划文案设计范例与评析

促销活动策划文案设计范例属于典型的案例教学范畴，设定的目的是为学习者提供一个真正可以模仿的蓝本，这个蓝本始终贯穿整个项目任务。请读者扫描左方的二维码阅读《启航公司迈腾车型促销活动策划文案》（全案）。

《启航公司迈腾车型促销活动策划文案》（全案）

7.5　促销活动策划专项实训

促销活动策划专项实训属于典型的实验教学范畴，按照项目实验教学的要求，由学员团队按任务要求自主完成。

促销活动策划专项实训由学员在当地挑选一个具有一定知名度的品牌作为实训的合作产品,事先取得企业的认可和支持,由学员逐步完成促销活动策划。

任务1　活动目的

1. 实战演练任务

以学习小组为单位,对促销活动的目的展开分析。活动目的可以从市场现状、活动类型选择、活动目标设定等方面加以阐述。

2. 实战演练要求

活动目的分析要求以问题为导向,系统梳理市场现状,明确活动目的,选择合适的活动类型,设定具体、可实现的活动目标。目标应与企业营销战略相匹配,确保活动有的放矢。

3. 实战演练成果评价

利用一周的时间完成活动目的分析,提交文案并进行 PPT 演讲,现场由企业、行业专家和课程老师担任评委。

任务2　活动对象

1. 实战演练任务

以学习小组为单位,对促销活动的目标对象展开分析。目标对象分析可以从以下几个方面进行:

(1) 活动针对的目标对象是全体消费者还是某一特定群体?

(2) 活动范围如何控制? 覆盖的区域或人群规模是多大?

(3) 哪些人是促销活动的主要目标群体?

(4) 哪些人是促销活动的次要目标群体?

(5) 这些目标群体选择的依据是什么? 对促销活动效果可能产生的影响是什么?

2. 实战演练要求

目标对象分析要求以数据和市场调研为基础,系统梳理目标市场和消费者画像,明确促销活动的主要目标群体和次要目标群体。分析需结合企业品牌定位、产品特点及市场环境,确保目标对象选择的科学性和合理性。同时,需对目标对象选择可能带来的影响进行预判,确保活动效果最大化。

3. 实战演练成果评价

利用一周的时间完成目标对象分析,提交文案并进行 PPT 演讲,现场由企业、行业专家和课程老师担任评委,重点评估分析的深度、逻辑性、数据支持及目标对象选择的合理性。

任务3　活动主题

1. 实战演练任务

以学习小组为单位,围绕促销活动主题展开策划。任务包括:

(1)确定活动主题,结合品牌定位、目标消费者需求及市场环境,明确促销活动的核心主题。

(2)设计活动主题,通过艺术化表达,淡化促销的商业目的,使活动更贴近消费者,更具吸引力。

(3)创新主题表达,力求主题具有震撼力和排他性,避免与其他活动雷同,突出品牌特色和活动亮点。

2. 实战演练要求

(1)主题创新性,活动主题需结合品牌文化、消费者情感需求及市场趋势,体现创意和独特性。

(2)主题吸引力,主题应简洁明了,易于传播,能够引发消费者共鸣,激发消费者的参与热情。

(3)主题可行性,主题设计需考虑活动预算、执行难度及品牌资源,确保活动主题可落地实施。

(4)团队协作,小组成员需分工明确,共同讨论、优化主题方案,确保方案的完整性和逻辑性。

3. 实战演练成果评价

利用一周的时间完成活动主题策划,提交文案并进行 PPT 演讲,现场由企业、行业专家和课程老师担任评委,对活动主题的创新性、吸引力和可行性进行评分,并提出改进建议。

任务4　活动内容和活动方式(形式)

1. 实战演练任务

以学习小组为单位,围绕活动内容和活动方式(形式)展开分析与设计。具体任务包括:

(1)合作伙伴确定,分析活动合作方的可能性,明确是与政府、媒体、经销商、其他品牌联合,还是企业单独行动。

(2)刺激程度分析,根据活动目标和市场环境,选择合适的促销工具(如降价、价格折扣、赠品、抽奖、礼券等),并设计相应的刺激程度,制定促销费用预算和分配方案。

2. 实战演练要求

(1)以问题为导向,结合企业实际情况,明确活动目标,确保活动内容和活动方式能够有效提升品牌知名度、促进销售或增强客户黏性。

（2）活动内容具体化，活动内容需具有可操作性，避免过于笼统或空泛。例如，线上活动可以设计为"限时折扣+直播带货"，线下活动可以设计为"新品发布会+现场体验"。

（3）活动方式多样化，结合线上、线下资源，设计多元化的活动形式，提升活动吸引力和消费者参与度。

（4）合作伙伴清晰化，明确合作方的角色和职责，确保资源整合和风险可控。

（5）刺激程度合理化，根据预算和目标，选择合适的促销工具和刺激程度，避免过度刺激导致边际效应递减或成本过高。

3. 实战演练成果评价

利用一周的时间完成活动内容和活动方式（形式）文案的撰写，提交文案并进行 PPT 演讲，现场由企业、行业专家和课程老师担任评委。

任务5　活动时间和地点

1. 实战演练任务

以学习小组为单位，围绕促销活动的时间和地点选择展开分析与设计。具体任务包括：

（1）活动时间选择，分析目标消费者的时间偏好，结合企业实际情况，确定活动的启动时间和持续时间。

（2）活动地点选择，根据目标消费者的行为习惯和活动性质，选择合适的活动地点，并分析其便利性和吸引力。

（3）持续时间分析，深入分析活动持续时间的长短对活动效果的影响，确保活动时间安排合理，既能吸引消费者参与，又能实现预期目标。

（4）与相关部门沟通，事前与城管、工商等部门沟通，确保活动合法合规，避免潜在风险。

2. 实战演练要求

（1）以问题为导向，结合企业实际情况，明确活动目标，分析活动时间和地点选择的关键问题。

（2）时间选择合理性，应尽量让消费者有空闲参与，避免与其他重大活动相冲突，确保活动热度和效果。

（3）地点选择便利性，应方便消费者到达，同时符合活动性质和目标消费者的消费习惯。

（4）持续时间科学性，应根据活动规模和目标消费者的消费行为进行分析，确保活动效果最大化。

3. 实战演练成果评价

利用一周的时间完成活动时间和地点选择分析，提交文案并进行 PPT 演讲，现场由企业、行业专家和课程老师担任评委。

任务6　广告配合方式

1. 实战演练任务

以学习小组为单位，围绕广告配合方式展开分析与设计。具体任务包括：

（1）广告创意及表现手法设计，结合活动主题和目标受众，设计具有吸引力的广告创意，明确广告的表现形式（如短视频、图文广告、直播带货等）。

（2）媒介选择与投放时间规划，分析目标受众的媒介接触习惯，选择合适的广告投放媒介（如社交媒体平台、电视广告、户外广告等），并规划广告投放时间，确保宣传效果最大化。

（3）宣传保密性与费用预算，在活动策划宣传内容未公开前，确保信息的保密性；同时，根据活动预算，合理分配广告投放费用，确保广告投入产出比最大化。

2. 实战演练要求

（1）广告创意的创新性与吸引力，广告创意需具有独特性，能够吸引目标受众的注意力，避免与其他品牌广告雷同。

（2）媒介选择的精准性与多样性，结合目标受众的媒介接触习惯，选择适合的广告投放媒介，并确保媒介形式的多样性，提升广告的覆盖范围和传播效果。

（3）投放时间的合理性与节奏感，广告投放时间需与活动时间安排相匹配，确保宣传预热、活动期间和活动后的广告投放节奏合理，避免资源浪费。

（4）费用预算的科学性与可控性，根据活动预算，合理分配广告投放费用，确保广告投入产出比最大化，避免超支或效果不佳。

3. 实战演练成果评价

利用一周的时间完成广告配合方式策划，提交文案并进行PPT演讲，现场由企业、行业专家和课程老师担任评委。

任务7　前期准备

1. 实战演练任务

以学习小组为单位，围绕促销活动前期准备展开分析与策划。前期准备分为人员安排、物料准备、试验方案三个部分。具体任务如下：

（1）人员安排，根据促销活动的需求，明确各个岗位的职责分工，确保"人人有事做，事事有人管"。

（2）物料准备，列出活动所需的所有物料，包括大到车辆、场地布置物资，小到宣传单页、礼品包装、螺丝钉等细节物品。要求事无巨细，按清单清点，确保万无一失。

（3）试验方案，设计试验方案，用于验证促销工具的选择是否正确、刺激程度是否合适、现有途径是否理想。试验方式包括询问消费者意见，填写调查表；在特定区域试行促销方案。

2. 实战演练要求

（1）以问题为导向,系统梳理促销活动前期准备的各个环节,明确可能存在的问题,并制订相应的解决方案。确保人员安排合理、物料准备充分、试验方案科学,避免因准备不足而导致活动执行出现问题。

（2）注重细节,人员安排要避免空白点和交叉点,物料准备要全面覆盖,试验方案要具有可操作性。

3. 实战演练成果评价

利用一周的时间完成前期准备方案的设计与撰写,提交文案并进行 PPT 演讲,现场由企业、行业专家和课程老师担任评委。

任务8　中期操作

1. 实战演练任务

以学习小组为单位,围绕促销活动的中期操作展开分析与设计。中期操作主要从以下几个方面进行阐述:

（1）活动纪律管理,制定参与活动人员的纪律规定,明确纪律要求,确保活动方案的顺利执行。

（2）现场控制安排,对促销活动的各个环节进行详细规划,包括人员分工、时间安排、现场秩序维护等,确保活动有条不紊地进行。

（3）方案调整优化,根据活动执行情况,及时对促销范围、强度、额度和重点进行调整,确保活动效果最大化。

2. 实战演练要求

（1）以问题为导向,系统梳理促销活动中可能出现的纪律问题和现场管理难点,明确需要优化的环节。

（2）目标具体可行,制定的纪律和现场控制方案应具有可操作性,确保活动执行过程中能够有效落实。

（3）方案调整科学,根据活动实际情况,提出切实可行的调整建议,确保促销活动实现预期目标。

3. 实战演练成果评价

利用一周的时间完成促销活动中期操作方案的设计与撰写,提交文案并进行 PPT 演讲,现场由企业、行业专家和课程老师担任评委。

任务9　后期延续

1. 实战演练任务

以学习小组为单位,围绕促销活动的后期延续展开分析与策划。后期延续主要从以下几个方面进行阐述：

（1）媒体宣传策略，分析活动结束后将采取何种媒体宣传方式，选择哪些媒体平台进行后续宣传，如何延续活动热度。

（2）宣传内容创意，设计后续宣传的内容主题、形式和亮点，确保活动影响力持续发酵。

（3）宣传渠道安排，明确后续宣传的具体渠道（如社交媒体、传统媒体、行业平台等），并制订详细的执行计划。

2. 实战演练要求

（1）以问题为导向，系统梳理促销活动的媒体宣传策略，明确活动结束后宣传的重点方向和目标。

（2）目标具体化，规划的媒体宣传目标应具体、可实现，例如提升品牌曝光度、增强消费者互动、延续活动热度等。

（3）创意与执行结合，宣传内容和形式应具有创意，同时结合实际执行可行性，确保后续宣传能够有效落地。

3. 实战演练成果评价

利用一周的时间完成促销活动后期延续文案的策划和撰写，提交文案并进行 PPT 演讲，现场由企业、行业专家和课程老师担任评委。

任务 10　费用预算

1. 实战演练任务

以学习小组为单位，围绕促销活动的费用预算展开分析与策划。费用预算可以从以下几个方面进行阐述：

（1）广告宣传费用，根据活动规模和目标市场选择适当的宣传方式，如电视、广播、报纸、网络等媒体投放广告的费用。

（2）赠品及礼品费用，用于吸引消费者参与活动或奖励给消费者的小礼品费用。

（3）促销人员费用，如雇用促销员、销售员、导购员等直接参与活动的人员费用。

（4）线下活动场地租赁费用，如举办线下展销会、产品发布会等活动所需的场地租赁费用。

（5）线上平台费用，若选择在电商平台进行促销活动，则需要支付相应的广告费用、平台服务费用等。

（6）活动数据分析费用，通过数据分析工具对活动的效果进行评估和分析费用。

2. 实战演练要求

（1）以问题为导向，系统梳理促销活动费用预算的关键点，明确费用投入与产出的平衡关系。

（2）详细分析费用构成，对广告宣传费用、赠品及礼品费用、促销人员费用、场地租赁费用、线上平台费用及数据分析费用等进行详细的分析,确保预算的科学性和可行性。

（3）成本效益分析,结合活动预期目标,对费用预算进行成本效益分析,确保费用投入能够实现预期的促销效果。

（4）预算控制,费用预算应具体、可实现,避免超出企业实际承受能力。

3. 实战演练成果评价

利用一周的时间完成促销活动费用预算方案的制订,提交文案并进行 PPT 演讲,现场由企业、行业专家和课程老师担任评委。

任务 11 意外防范

1. 实战演练任务

以学习小组为单位,围绕促销活动策划中的意外防范展开分析。具体包括以下内容:

（1）分析促销活动中可能出现的意外情况（如政府部门干预、消费者投诉、天气突变等）。

（2）考虑人力、物力、财力的准备,确保意外发生时能够快速响应。

（3）设计一份完整的应急方案,包括意外发生时的处理流程、责任分工和沟通机制。

2. 实战演练要求

（1）全面性,系统梳理促销活动中可能遇到的意外情况,分析其发生的原因和潜在风险。

（2）针对性,结合企业实际情况,制定具有可操作性的防范措施和应急方案。

（3）创新性,鼓励提出创新性的意外防范策略,提升活动的抗风险能力。

3. 实战演练成果评价

利用一周的时间完成意外防范文案的撰写,提交文案并进行 PPT 演讲,现场由企业、行业专家和课程老师担任评委。

任务 12 效果预估

1. 实战演练任务

以学习小组为单位,对促销活动策划的预期效果展开分析。效果预估可以从以下几个方面进行阐述:

（1）活动效果的多维度评估,从刺激程度（如折扣力度、赠品吸引力）、促销时机（如节假日、季节性需求）、促销媒介（如线上直播、线下活动）等方面,预估活动的吸引力和效果。

（2）成功点与失败点预估,基于活动策划方案,预估活动可能的成功点和潜在的失败点,并提出改进建议。

2. 实战演练要求

效果预估要求以数据为导向,结合市场调研数据和行业趋势,系统分析促销活动的预期效果。具体要求如下：

（1）目标明确,效果预估应围绕活动目标展开,确保预估内容与活动目标高度一致。

（2）数据支持,结合企业历史数据、市场调研数据和行业趋势,提供科学合理的预估依据。

（3）多维度分析,从活动目标、客户触达、传播渠道、活动吸引力等多维度进行分析,确保预估全面。

（4）可操作性,预估内容应具有可操作性,便于活动结束后与实际效果进行对比分析。

3. 实战演练成果评价

利用一周的时间完成促销活动策划效果预估,提交文案并进行 PPT 演讲,现场由企业、行业专家和课程老师担任评委。

7.6　促销活动策划课后巩固（单元测试题）

一、单项选择题（10 道题）

1. 促销活动策划是指运用科学的思维方式和创新的精神,在调查研究的基础上,根据企业总体营销战略的要求,对某一时期各种产品的促销活动做出总体规划,并为具体产品制订详细而严密的活动计划,包括明确促销活动目标、确立(　　)、设计活动内容和活动形式、制定费用预算等营销决策过程。

A. 销售促进　　　　B. 公共关系　　　　C. 人员推销　　　　D. 促销活动主题

2. 降价式促销是指将商品以低于正常的售价出售。其最常见的方式有库存大清仓、节庆大优惠和(　　)等。

A. 销售促进　　　　B. 营业推广　　　　C. 人员推销　　　　D. 每日特价商品

3. 定金预售的主要优势是(　　)。

A.缓解备货压力　　B.营造预售氛围　　C.提前锁定需求　　D.降低物流成本

4. "惠赠"是指在目标顾客购买产品时对其给予某种优惠待遇的一种促销手段,分为(　　)种情况。

A. 两　　　　　　　B. 三　　　　　　　C. 四　　　　　　　D. 五

5. 服务式促销是指为了维护顾客利益,为顾客提供某种优惠服务,便于顾客购买和消费的一种促销手段。主要包括销售服务、开架销售、承诺销售、订购定做、送货上门、免费培训和(　　)。

A. 抽奖与摸奖　　　B. 娱乐与游戏　　　C. 制造事件　　　　D. 分期付款

6. 打折式促销是指在适当的时机(如节庆日、换季时节)等打折,将商品以低于正常的售价出售,使消费者获得实惠。主要包括现价折扣、减价特卖、大拍卖和大甩卖、优惠卡优惠、批量作价优惠、折价优惠券、设置特价区和(　　)。

A. 竞猜比赛　　　　B. 库存大清仓　　　C. 节日、周末大优惠　　D. 印花积点竞赛

7. 买满即减是营销者向消费者传递有关本企业及产品的各种信息,说服或吸引消费者购买其产品,以达到扩大(　　　)的目的的一种活动。

　　A. 知名度　　　　　　B. 美誉度　　　　　　C. 影响力　　　　　　D. 销量

8. 团购可以吸引用户进行二次分享,抱团购买,在一定程度上可以实现用户的(　　　)。

　　A. 拉新　　　　　　B. 需求　　　　　　C. 购买欲望　　　　　　D. 价值

9. 直播促销实质上是一种(　　　)活动,即营销者(主播)发出刺激消费的各种信息,把信息传递到一个或更多的目标对象(观众、"粉丝"),以影响其态度和行为。

　　A. 拉新　　　　　　B. 沟通　　　　　　C. 销售　　　　　　D. 商业

10. 好友砍价与(　　　)的意义差不多,都是对用户社交圈的资源进行抓取,吸引用户进行主动的二次宣传,使活动的曝光率与商店的关注量得到提高。

　　A. 限时折扣　　　　　B. 团购　　　　　　C. 买满即减　　　　　　D. 定金预售

二、多项选择题(5 道题)

1. 促销就是营销者向消费者传递有关本企业及产品的各种信息,说服或吸引消费者购买其产品,以达到扩大销量的目的。广义的促销包括(　　　)。

　　A. 广告　　　　　　B. 销售促进　　　　　　C. 公共关系　　　　　　D. 人员推销

2. 竞赛式促销是指利用人们的好胜和好奇心理,通过举办趣味性和智力性的竞赛,吸引目标顾客参与的一种促销手段,主要包括(　　　)。

　　A. 征集与有奖竞赛　　B. 竞猜比赛　　　　C. 优胜选拔比赛　　　D. 印花积点竞赛

3. 直效式促销是指具有一定的直接效果的一种促销手段。直效销售促进的特点即现场性和亲临性,能够营造出强烈的销售氛围。直效式促销方式主要有 POP 广告、产品演示和(　　　)。

　　A. 产品展列　　　　　B. 宣传报纸　　　　　C. 销售促进　　　　　D. 名人助售

4. 下列关于团购的描述中,正确的有(　　　)。

　　A. 团购是用户通过互联网组团,以较低折扣购买同一种商品的商业活动

　　B. 团购能吸引用户二次分享,实现用户拉新

　　C. 团购因货物出售量可控,能有效减轻供应链压力

　　D. 团购因运输区域集中,可降低邮费成本

5. 启航公司迈腾车型促销策划活动本着"旺季取利,淡季取势"的销售核心思想,围绕(　　　)进行设计。

　　A. 秀卖点　　　　　　B. 秀企业　　　　　　C. 秀体验　　　　　　D. 秀科技

三、简答题(5 道题)

1. 请阐述促销活动策划的特征。

2. 线下促销活动策划的常用方法有哪些?

3. 线上促销活动策划的常用方法有哪些？

4. 何为直效式促销？直效式促销包括哪些类型？

5. 促销活动策划文案典型任务主要包括哪些部分？每部分的主要内容有哪些？

第8单元　新媒体营销策划

思维导图

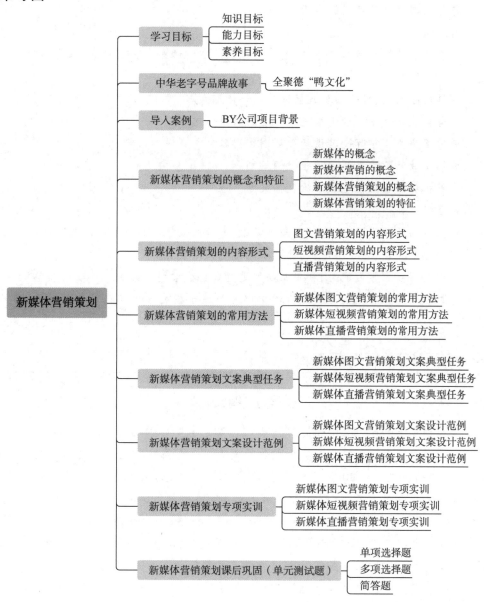

新媒体营销策划
- 学习目标
  - 知识目标
  - 能力目标
  - 素养目标
- 中华老字号品牌故事
  - 全聚德"鸭文化"
- 导入案例
  - BY公司项目背景
- 新媒体营销策划的概念和特征
  - 新媒体的概念
  - 新媒体营销的概念
  - 新媒体营销策划的概念
  - 新媒体营销策划的特征
- 新媒体营销策划的内容形式
  - 图文营销策划的内容形式
  - 短视频营销策划的内容形式
  - 直播营销策划的内容形式
- 新媒体营销策划的常用方法
  - 新媒体图文营销策划的常用方法
  - 新媒体短视频营销策划的常用方法
  - 新媒体直播营销策划的常用方法
- 新媒体营销策划文案典型任务
  - 新媒体图文营销策划文案典型任务
  - 新媒体短视频营销策划文案典型任务
  - 新媒体直播营销策划文案典型任务
- 新媒体营销策划文案设计范例
  - 新媒体图文营销策划文案设计范例
  - 新媒体短视频营销策划文案设计范例
  - 新媒体直播营销策划文案设计范例
- 新媒体营销策划专项实训
  - 新媒体图文营销策划专项实训
  - 新媒体短视频营销策划专项实训
  - 新媒体直播营销策划专项实训
- 新媒体营销策划课后巩固（单元测试题）
  - 单项选择题
  - 多项选择题
  - 简答题

学习目标

知识目标

1. 掌握新媒体营销策划的概念和特征。

2. 理解新媒体营销策划文案设计的典型任务。

3. 掌握新媒体营销策划的常用方法。

能力目标

1. 以企业营销策划问题为导向,通过学习示范案例和完成实训任务,撰写新媒体营销策划文案。

2. 能够区分图文、短视频和直播三种新媒体形式。

3. 能够根据新媒体平台类型发布合适的新媒体内容。

4. 能够根据企业实际情况设计策划图文内容。

5. 能够有效收集信息并完成短视频策划。

6. 能够根据课程要求完成一次直播策划。

素养目标

1. 能够参与协作学习,具有团队合作意识,进行成果展示和有效沟通与交流。

2. 能够勤于学习,善于思考,具备判断能力和策划能力。

3. 能够具备自主学习能力,利用互联网进行资料检索和收集。

4. 能够在新媒体营销策划实践活动中理解并遵守相关营销职业道德和规范,履行相关责任。

中华老字号品牌故事

全聚德"鸭文化"

　　全聚德创建于1864年(清朝同治三年),不仅是中国餐饮类久负盛名的中华老字号,还是国际市场上独具特色的中国美食文化的代表。全聚德在"鸭文化"方面下功夫,其菜品从早年的"鸭四吃",到20世纪30年代发展为有二十多道菜品的"全鸭菜",20世纪50年代后又开发出一批新菜品,逐步形成著名的"全鸭席"。2008年,"全聚德挂炉烤鸭技艺"被列入国家级非物质文化遗产名录。2011年,"仿膳(清廷御膳)制作技艺"被列入国家级非物质文化遗产名录。在世界品牌实验室(World Brand Lab)评估的"2016最具价值中国品牌100强"排行中,全聚德以34.2亿美元品牌价值名列87位,是进入该排行榜的唯一一家餐饮品牌。2019年由世界品牌实验室评估的"中国500最具价值品牌"排行中,全聚德以总价值258.12亿元居223位。全聚德还紧跟时代步伐,深入贯彻"互联网+"重要指导思想,使用互联网进行文化传播。在移动手机客户端,全聚德利用微博、微信公众号等平台进行文化营销,推广品牌文化。消费者可以通过关注其官方微博或微信公众号了解到最新的全聚德资讯、在线进行订餐,获得快速、便捷的消费文化体验。

　　2022年是全聚德深化改革、转型发展的关键一年,为推动数字文创与实体企业的跨界融合,全聚德联合中国青年报(以下简称"中青报")全资子公司中青高新技术产业发展中心(以下简称"中青高新")共同开发推出了"百年炉火　生生不息"系列产品。活动现场,中青高新副总经理何宁和全聚德党委书记、董事、总经理周延龙共同启动"数字藏品"发售仪式,同时中青高新向全聚德赠送了 158 份"百年炉火"数字藏品和收藏证书。全聚德数字藏品的发售时间为 2022 年 7 月 4 日 15:08,发售平台为中青报"豹豹青春宇宙"数字藏品平台,藏品包括 1 款"百年炉火"视频和 6 款萌宝鸭造型盲盒。借由萌宝鸭,全聚德推出了诸如"萌宝康吃"微信公众号及视频号等社交媒体,通过网络平台和网红带货进一步拉近老字号与年轻人之间的距离。

全聚德开展菜品与食品双轮驱动战略,不断进行创新,推出了厨师技能传承大赛、厨师技能创新大赛等一系列活动,旨在保持全聚德传统菜品质量的同时进行菜品和食品的更新,让传统的全聚德保持全新的活力。

【知识点】新媒体营销策划的内容形式。

【育人目标】通过全聚德"鸭文化"新媒体营销策划故事,让更多的人了解中国鸭文化,弘扬中华美食传统,坚定文化自信,激发人们的创新精神,与时俱进,勇于探索。

资料来源:

① 墨菲.奔赴一场人间烟火　全聚德 158 周年食力焕新[J].中国食品,2022(14):158.

② 张景云,张希.中华老字号品牌的文化营销:以全聚德为例[J].商业经济研究,2017(16):55-57.

③ 张景云,郝霄鹏,李东.全聚德萌宝鸭:如何走进年轻人心里?[J].国际公关,2022(8):167-168.

导入案例

BY 公司项目背景

BY 公司是一家互联网教育公司,自 2015 年创立以来,先后打造了 BY 自然拼读、BY 绘本、BY 少儿英语等一系列产品,凭借固定外教、灵活预约等优势成为行业后起之秀。BY 公司在 2018 年年底已累积注册用户超过千万,其中付费用户达 14 余万,2018 年前 9 个月营收增长达 11 倍,续费率达 97.1%。经过 5 年多的发展,BY 公司于 2020 年在香港上市。

BY 公司作为一家互联网企业,成长发展速度极快,有近 10 000 名员工,配套拥有电脑、手机设备和办公桌椅以及其他维持公司正常运营的相关设备。BY 公司仍时刻保持着行业敏感性,其在经营过程中先后建设了微博、微信公众号、小红书、抖音、快手等新媒体平台运营矩阵。粉丝社群活动、裂变活动、新媒体整合营销活动是其常用的营销手段。BY 公司通过微博、微信公众号、小红书发布内容,获得了家长"粉丝"的热情关注;此外,借助抖音、快手等短视频平台发布少儿英语学习知识并进行在线直播,赢得了小朋友的一致喜爱。BY 公司针对不同产品开展的新媒体营销活动内容各有不同,图文、短视频和直播是常用的方式,并在各大新媒体平台获得了家长和孩子的一致好评。

8.1 新媒体营销策划的概念和特征

8.1.1 新媒体的概念

新媒体是相对于传统媒体而言的，是继报纸、杂志、广播、电视等传统媒体之后发展起来的新的媒体形态，是利用数字技术、网络技术，通过互联网、宽带局域网、无线通信网、卫星等渠道，以及电脑、手机、数字电视等终端，向用户提供信息和娱乐服务的传播形态。

对于新媒体的界定，社会各界众说纷纭。中关村数字媒体产业联盟秘书长王斌对新媒体的定义为：以数字信息技术为基础，以互动传播为特点，具有创新形态的媒体。美国《连线》杂志认为：新媒体是指所有人对所有人的传播。联合国教科文组织对新媒体的定义是：以数字技术为基础，以网络为载体进行信息传播的媒介。从各界对新媒体的定义中，我们总结出以下几个方面：

第一，新媒体是一个相对的概念。相对于传统媒体而言，新媒体是指在报纸、杂志、广播、电视等传统媒体以后发展起来的各种新型的媒体形态，包括网络媒体、手机媒体、数字电视等。

第二，新媒体也是一个时间的概念。在不同的时间段，新媒体有着不同的内涵。在互联网普及的初期阶段，新媒体主要以互联网为媒介，网络新媒体是主流；而现在，随着大数据、云计算、人工智能、虚拟现实/增强现实、物联网、移动终端等新技术、新手段的不断更新和演变，我们处于"万物皆媒"的新环境阶段，新媒体涵盖了所有数字化的媒体形式，包括所有数字化的传统媒体、网络媒体、移动端媒体等。

第三，新媒体还是一个发展的概念。科学技术在不断进步，人们的需求也在不断更新，新媒体不会仅仅停留在任何一个现存的平台上。当前，新媒体主要是指利用数字技术、网络技术，通过互联网、宽带局域网、无线通信网、卫星等渠道，以及电脑、手机、数字电视等终端，向用户提供信息和娱乐服务的传播形态。

综上所述，就现阶段而言，新媒体是以现代信息技术为支撑的，具有高度互动性和非线性传播特质的，能够传输多元复合信息的大众传播媒体；是新的技术支撑体系下出现的媒体新形态，搜索、视频、音频、图片、微博、微信、App、游戏、问答、社交网络等均是新媒体的形态。新媒体的本质在于：人人都是生产者，人人也都是传播者。新媒体的意义在于：每个人都可以发声，每个人都有对内容的投票权。

8.1.2 新媒体营销的概念

从字面上说，新媒体营销可以理解为利用新媒体平台进行营销的模式。

从本质上说，新媒体营销是企业软性渗透的商业策略在新媒体形式上的实现，通常借助媒体表达与舆论传播使消费者认同某种概念、观点和分析思路，从而达到企业品牌宣传、产品销售等目的。

从企业的角度来看，新媒体营销是指企业借助各种新媒体平台，将产品或服务信息以潜移默化的方式发布出去，在目标受众中形成广泛且深入的信息传播，让目标受众卷入具体的营销活动中,最终实现企业品牌形象的树立、产品销售等目标。

从消费者的角度来看,新媒体营销可以帮助消费者迅速找到其想要的产品或服务,通过新媒体平台,消费者不仅可以享受企业提供的各种优质产品和服务,满足自己的个性化需求,还可以及时与他人分享自己的感受,与企业之间形成良好的互动合作关系。

总体来说,新媒体营销是指企业或个人在新媒体思维的指导下,充分利用新媒体平台的功能、特性,通过对目标受众的精准定位,针对目标受众的需求,研发个性化的产品和服务,采取新媒体营销方法,开展新媒体营销活动的全过程。

8.1.3　新媒体营销策划的概念

营销策划可被视为根据营销思路和理念创新,整合各种资源,实现预期利益目标的过程。因此,新媒体营销策划是根据营销思路和理念创新,利用新媒体整合各种资源,实现预期利益目标的过程。

8.1.4　新媒体营销策划的特征

（1）多元性

新媒体的传播形式较为丰富,为新媒体营销策划的发展带来更多可能性。在新媒体平台中,除了传统的文字和图片相结合的信息,还有各种各样的视频、动画、直播等内容形式,营销策划人员可以充分结合不同的信息形式进行新媒体营销策划。新媒体营销策划突破了传统营销策划的形式,不仅可以赋予产品或服务更多的内容,还能使用户主动关注信息,根据自身需求选择相应的产品或购买相关服务。

（2）普及性

越来越多的用户能够接受新媒体,并从新媒体平台中获取各种各样的信息,使其成为生活和工作中的重要组成部分,因而利用新媒体进行营销策划变得越来越普遍。由于新媒体的发展速度极快,加之智能手机的高度普及,因此在进行新媒体营销策划时,营销策划人员同样可以展示其普及性,使广大消费者充分参与其中。

（3）互动性

新媒体不仅可以确保信息在第一时间被用户知晓,还能使用户与信息实现充分互动,用户可以在新媒体平台上发表自己的想法。新媒体可进一步改善传统媒体中存在的不足,加强与用户的互动,满足用户的需求。新媒体营销策划所呈现的互动性源于新媒体本身的特征,正是由于新媒体在传播信息时具有极快的速度和极高的效率,因此营销策划人员可以通过新媒体提高营销效果,明确目标受众,使营销策划方案更具针对性。

8.2　新媒体营销策划的内容形式

当前新媒体营销策划的内容形式非常丰富,其中三种基本形式是图文、短视频和直播。

8.2.1　图文营销策划的内容形式

随着社会步入新媒体营销时代,新媒体图文在营销市场中发挥着越来越重要的作用,被人们广泛地传播和利用。

图文的概念

图文是新媒体表现形式中最原始的一种，从营销功能角度来看，内容都可以通过图文的方式来呈现，如销售软文、品牌故事、传播事件、销售广告、传播广告等。

新媒体图文其实就是图片与文字相结合，一篇文章中既有图片形式内容又有文字形式内容。运用新媒体手段对图片和文字表述进行加工与处理，能让文章内容要表达的主旨更鲜明，同时读者的阅读体验感也会提升。只有好的图片与符合主题的文字内容相结合，才能成功吸引消费者的注意力，勾起消费者的购买欲望。

图文的特点

（1）深度的阅读体验

图文并茂的文章内容可以使读者获得愉快的视觉感受和审美体验。合理运用排版技巧，可以让文章段落结构层次分明，呈现很强的逻辑性，让读者快速找到重点，从而更好地理解内容，提升阅读体验，加深对文章内容的深入关注和理解。

（2）体现品牌形象

不管是个人品牌还是企业品牌，在新媒体平台上推送文章其实也是品牌形象的输出。除了文字内容，图片也体现着品牌的形象和理念。合理的图文设计产生的视觉效果影响着读者对品牌的认识，能够逐渐巩固品牌的优势。

（3）短小精悍，内容直观

现在人们的时间大多呈现碎片化特征，用在信息浏览上的时间并不多。传统的文章内容繁多、篇幅冗长，降低了消费者的阅读体验，而图文内容可以在保证可读性、趣味性的同时缩短篇幅，使核心内容一目了然。

图文形式的分类

目前最常见的图文内容有长图文和短图文两种类型，下面就这两种类型进行介绍。

（1）长图文类型

长图文是在新媒体运营中较为常见的类型，一般也是最为传统的内容表达形式，有较长的图文结合模式的内容表达。

（2）短图文类型

最常见的短图文类型就是微头条和问答。微头条是今日头条 App 内一种基于社交的内容形态，是基于"粉丝"分发的一款社交媒体产品。通过微头条，用户可以随时随地发布短内容，App 会将其推荐给"粉丝"和可能感兴趣的用户群体。通过问答，用户可以从数亿互联网用户中找到那个能为自己提供答案的人。

作为一种获取信息和激发讨论的全新方式，图文能够增加人类世界的知识总量、消除信息不平等、促进人与人的相互理解。

8.2.2 短视频营销策划的内容形式

得益于网络和技术的进步，短视频得到巨大的发展机会，吸引了较多的用户和流量，并能在短时间内转化为经济效益,带来了新的发展机遇。

短视频的概念

短视频是指主要借助于网络和移动智能终端,在移动短视频应用的支持下,录制的时长为几秒到几分钟,具有即时传播、成本较低、内容广泛、原创性强等特征的视频类移动新媒体,常见的短视频平台如图 8-1 所示。短视频的内容融合了技能分享、幽默搞笑、时尚潮流、社会热点、街头采访、公益教育和广告创意等主题。

图 8-1　常见的短视频平台

短视频的特点

目前,短视频已经成为新媒体时代极具代表性的产物之一,短视频成为丰富视频传播渠道、拓宽文化传播渠道的新型传播资源,短视频的优势颇为明显,特点鲜明,主要有以下几点。

(1)娱乐性

娱乐性是短视频的主要特征之一,每个人都可以通过多种摄录设备对日常生活进行记录,与他人分享生活和快乐,多样的短视频成为观看者休闲娱乐的主要形式。短视频以现代信息技术为支撑,交互性更强,观看者可及时在视频评论区评论或者发弹幕与作者和其他观看者交流沟通,在互联网实现多向交流。

(2)低门槛性

短视频制作门槛低、无设备要求,任何人都可以成为短视频的制作者和传播者,并在短视频中表明立场、发表观点,几乎无资质要求。

(3)高传播性

视频传播渠道多样、传播环节简单,并不需要像电影、电视剧一样具有长制作周期和多环节审核,制作简单,因此传播速度快,短视频平台的自行审核也使得视频发布时间大为缩短。短视频的低制作投入也让短视频制作者可以将资金更多地应用于短视频宣传,进一步加快短视频传播。

短视频的分类

在互联网新媒体上传播的短视频一般在 5 分钟以内,内容简短却又不失其价值和内涵,目前短视频主要有四种类型。

(1)录屏解说类

这种形式多见于游戏解说、电影解说和电子产品的功能介绍等节目,例如介绍手机的一些使用技巧、功能等，通常是录屏教程搭配解说。这种形式简单明了、清晰易懂，但是互动性相对较弱。

（2）人物出镜讲解类

这种形式多见于一些知识类节目，例如百科知识讲解、历史知识讲解，很多企业也采用这种形式来讲解行业知识，从而提高企业的知名度。

（3）人物采访类

这种形式多见于娱乐类、知识类节目，经常会采访一些行业内的关键意见领袖。这种形式互动性强，"粉丝"的观看度也相对较高。

（4）娱乐剧情类

这种形式的节目"粉丝"基数相对较大，"涨粉"速度较快，而且"粉丝"的黏性较强。因为娱乐是大众的本能，大家会更愿意看一些娱乐类的节目放松身心；此外，分享的原动力还包括实用和有趣。这两点使得这类节目比较受欢迎。

8.2.3 直播营销策划的内容形式

随着互联网技术的发展，直播为消费者带来了更直观、更生动的购物体验，高效的转化率以及可观的营销效果，逐渐成为电商平台和内容平台新的增长动力。商务部数据显示，2023 年上半年，重点监测电商平台累计直播销售额达 1.27 万亿元，直播场次数超过 1.1 亿场，直播商品数超过 7 000 万个，活跃主播数超过 270 万人，涵盖视频直播、社交媒体、电商、音频等平台（见表 8-1），规模庞大的直播用户群体为直播电商奠定了基础。

表 8-1　直播平台

视频直播平台	YY 直播、抖音、虎牙直播等
社交媒体平台	微信、微博、知乎、小红书等
电商平台	淘宝、京东、蘑菇街等
音频平台	喜马拉雅电台、荔枝 FM、蜻蜓 FM 等

直播的概念

直播是在现场随着事件的发生、发展进程同时制作和播出电视节目的播出方式。在现场架设独立的信号采集设备（音频+视频）导入导播端（导播设备或平台），再通过网络上传至服务器，发布至网络供人观看。

直播的特点

直播既保持了传统广播电视灵活生动的表现形式，又具有互联网按需获取的交互特性，同时因其快速、开放、共享、自由、可存储的特性而使沟通和应用变得更加方便。

（1）强互动性

直播具有"现场+同场+互动"的特点，主播在直播现场与其他用户同场沟通，及时互动，这种互动性远强于之前其他形式的互联网沟通方式，也更容易获得用户的信任。

（2）强 IP 属性

IP（Intellectual Property）是知识产权的简称，具体说来，就是主播具有很强的 IP 属性，在用户心智中有独特的标签,而且还是一种情感的寄托。无论是商业领袖,还是明星或带货主播,都具有很强的 IP 属性。

（3）高度去中心化

直播具有数量更多、类型更为丰富多元的主播,而主播除了电商平台的公域流量,还有自己的私域流量。整体来说,直播电商相较于之前的电商更为去中心化,也为更多的主播提供了运营自身品牌、"粉丝"的机会和可能性。

8.3　新媒体营销策划的常用方法

8.3.1　新媒体图文营销策划的常用方法

新媒体图文作为企业向受众传达信息的必备载体,在各行业、各领域中形成了巨大的需求。其成本低廉,能以尽可能少的成本创造出尽可能多的商机。接下来的内容将从现状出发,系统、全面地介绍新媒体图文营销策划技巧,提高学生的写作技能。

技巧 1:写作技巧

在图文内容的创作中,应着重考虑的是文章的受众及文章本身的质量,包括标题、正文内容的吸引力及可信度等,可以从以下具体细节出发掌握新媒体图文的写作技巧。

（1）确保吸引力

在图文内容的创作中,一定要确保内容具有吸引力,能够吸引受众的关注。根据相关理论和实践,可以将吸引人关注的方法归结为以下两点,据此呈现内容。

① 与"我"相关。人们总会自觉或不自觉地关注与自身相关的内容,对与自身没有直接利益关系的事情则不太在乎。在创作过程中,要着重把握人们的这种心理来构思文章内容。与"我"相关的情况不外乎"我"的生活和"我"可获得的利益。健康、安全等是受众永恒关注的话题,趋利避害是人的本能,因此可以结合产品的功能让受众感受到安全,也可以强调产品能给他们带来的利益。

同步案例 8-1

丁香医生：关注健康

"丁香医生"是一个集医学科普、在线问诊、药品查询、就医推荐等多功能于一体的专业医疗健康服务平台,隶属杭州联科美讯生物医药技术有限公司。该公司于 2005 年注册,利用医疗资源和移动互联网为大众提供健康服务。"丁香医生"在媒介深度融合的大环境中,打造了集抖音账号、哔哩哔哩网站频道、"两微一端"（微博、微信和新闻客户端）、西瓜视频账号于一体的全媒体传播矩阵,构建出多维度、多领域、立体化的健康信息渠道;利用抖音、微信的共享性质吸纳巨大的流量,依托平台强关系链接属性让短视频在"圈层"外得以传播和扩散。

"丁香医生"公众号是健康类微信公众号中活跃度最高的。"丁香医生"公众号开通于 2014 年,是国内领先的在线医疗健康平台,主要提供在线问诊、健康知识科普、健康好课推广、健康好物推荐等服务。清博指数显示，在 2022 年 3 月的微信公众号榜单中，"丁香医生"公众号的微信传播指数（WCI）达到 1 868.62，位居健康类微信公众号第一。

"丁香医生"公众号的营销策略主要包括四个部分：一是规划满足消费者需求的方案，包括通过"问医生"提供针对个人的"对症式"方案，通过日常推送提供针对不同人群的多元化方案；二是传播符合消费者兴趣的信息，包括结合社会热点传播时效性强的信息、通俗易读性强的科普信息；三是打造消费者切实可感的价值，包括提供短期可得的实际价值，激发长期可得的潜在价值；四是开设便利消费者行动的渠道，包括设置消费者可以参与表达的互动渠道，设置便于消费者浏览和支付的购物渠道。

"丁香医生"公众号日常推送的内容丰富多样（见图 8-2），切实关注与大众健康利益相关的热点话题，可以为具有不同需求的人群提供不同的解决方案。首先，"丁香医生"公众号的日常推送内容涵盖不同栏目，包括"健康日历""医生大实话""生活研究""丁香妈妈""减肥之路"等。其次，推送内容涵盖不同主题，包括疾病科普、健康养生、怀孕育娃、美妆护肤等，这些话题和不同的生活场景相对应，适合不同类型的消费者阅读和学习。最后，"丁香医生"公众号在"搜索文章"处还设有推荐搜索的主题词，包括"抑郁症""近视手术""HPV""新冠""癌症"和"减肥"等，这些主题词都可以链接到其公众号的相关推文，便于消费者点击查阅。

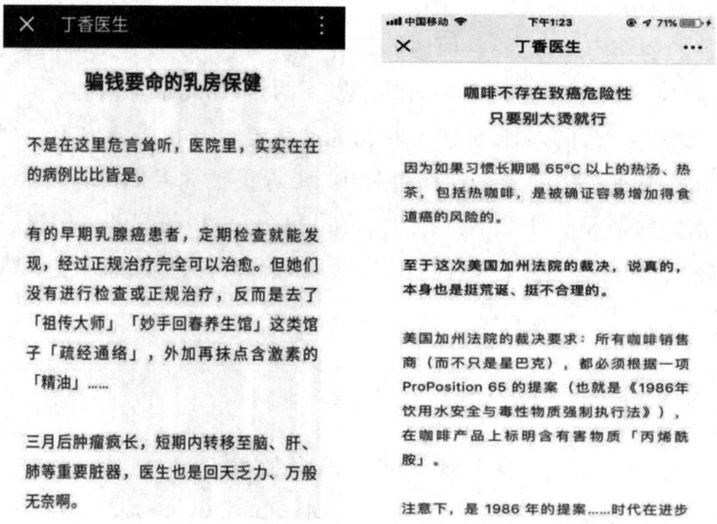

图 8-2　"丁香医生"公众号日常推送内容

"丁香医生"公众号秉承以消费者为中心的营销理念，通过规划满足消费者需求的方案、传播符合消费者兴趣的信息、打造消费者切实可感的价值、开设便利消费者行动的渠道，成为当前我国健康类微信公众号中建设情况较好、受欢迎程度较高的代表。

资料来源：

① 赵利宁.健康科普视域下"丁香医生"抖音专题集短视频研究[J].采写编,2021(11):115-116.

② 罗祯迪.SIVA 理论视角下健康类微信公众号营销策略研究：以"丁香医生"公众号

为例[J].传播与版权,2022(8):65-67.

③ 南昕,徐开彬.新媒体健康传播的话语实践:以"丁香医生"为例[J].传播创新研究,2021(2):104-122+233.

④ 吴亚男.健康科普微信公众号话语策略研究:以"丁香医生"为例[J].视听,2022(3):159-161.

② 制造反差。人的大脑一般会对对比强烈的信息加以关注,因为人的感官会主动地搜寻周围环境中的突发情况,例如寂静空间中的响动、漆黑环境下的亮光等,而对比强烈的事物能加强人的这种感官体验,所以反差较大的事物能触发大脑的预警机制,引起受众的关注。很多时候,为了展示一款产品的功效,商家会使用之前和使用之后的图片进行对比,这样受众能更加确切和直观地感受到图文内容所展现的卖点。

（2）关注用户感受

① 讲故事。讲故事的魅力就在于它能够让人立刻有代入感,从而产生情感,这份情感促使人们采取行动,对于品牌而言,自然而然就带来了高销售量以及品牌溢价。讲故事的方式几乎适用于任何产品和品牌,尤其对于同质化比较严重的商品,如果在卖点上找不到更大的突破点,那么可以用故事来加强情感联系;当然在产品本身就具有鲜明的特点时,可以用故事来深化这个特点。

同步案例 8-2

江小白:煽情故事

江小白在 2012 年一经面世,就迅速在众多白酒品牌中崭露头角,获得年轻一代消费群体的高度认同,被评为"2012 年中国酒业风云榜年度新品"。这得益于江小白切中当代年轻人的心理特征,从包装到营销都向年轻人传播个性、时尚化的品牌理念。近年来,以江小白为代表的中低端白酒品牌利用社交媒体作为传播载体,凭借年轻化的品牌定位、新奇有趣的品牌传播内容在白酒市场迅速打响名声,市场知名度飙升,品牌价值凸显。江小白对自身品牌广告设计的一句话总结是:以产品为原点、用户为焦点、互联网技术为支点。而江小白广告背后的理念很简单,那就是内心的追求,脱离烦琐、追求简单,简单得像江小白的口感一样纯粹、自然。

江小白的成功还在于它充分利用了互联网的优势,对传统白酒产业进行了改造,运用全新的经营理念和全新的传播方式,个性化地展示自己的产品。江小白近乎是一个完全依赖新媒体而生的品牌。不同于传统酒类企业主打电视广告的手法,江小白没有在电视台等传统广告渠道大笔投入资金,而是将推广的重点放在社交新媒体平台上。它娴熟地运用互联网社区论坛、微博、微信等社会化营销工具,线上线下联动呼应、整体配合,形成了一种新型有效的营销模式,是新媒体下创新性的尝试与实践,备受行业、消费者好评。

为了调动消费者的参与积极性,增强品牌与消费者的深入沟通,江小白推出了微信小程序私人订制"表达瓶"（见图8-3），用户可以将自己的心情用文字、图片的形式上传，并通过好友分享、群分享的方式实现裂变式传播效应。江小白的情感诉求最直接的体现就是酒瓶内容设计。拿起每个酒瓶，消费者都会看到不同的对话，关于生活、朋友、理想、孤单、父母、告白等，每段话都充满了哲理性。比如，话说四海之内皆兄弟，然而四公里之内却不联系；手机里的人已坐在对面你怎么还盯着手机看；青春不是一段时光，而是一群人……每句文案都说到了年轻人的情感痛点，能够引发年轻人的情感共鸣。

图 8-3　江小白私人订制表达瓶

江小白创意文案运用故事 LOCK（Lead，主角；Objective，目标；Confrontation，冲突；Knockout，结尾）原则，既不会暴露个人隐私，又能抒发用户情感。比如江小白设计的某一个故事场景，可以用故事 LOCK 原则来拆解文案情节及情绪。第一层，主角。一个年轻人，白天人前欢笑、强装镇定，到了晚上特别想念已分手的前女友，深夜去买酒消愁。第二层，主角的目标。想把前女友忘掉，但又不愿意向朋友倾诉，怕朋友不懂这份感情或被朋友取笑，只能独自走完这段心路历程。第三层，冲突。在情绪和酒精的作用下，主角更加想念过往，往事涌上心头，但又理智地告诉自己，那是留不住的人。第四层，冲击结尾。当思念、悔恨等复杂的情绪在酒精的作用下发酵，内心无处安放之际，江小白替主角发声："说不出的事叫心事，留不住的人叫故事。"江小白创意文案以简单的语句取代煽情的故事，展现了"言为心声"的创作初衷。江小白是一个"会说话"的产品，它开创了"表达瓶"，提倡以简单的话代替华而不实的语言，让"表达瓶"成为年轻人表达态度和行为的载体。

纵观江小白的崛起，江小白创意文案能火，是因为江小白把文案当成核心内容，从产品创新、为用户表达和发声到营销创意，江小白用敏锐之眼洞察品类先机，用行动之手打造骄人的成绩。

资料来源：

① 安天博.社交媒体环境下江小白的品牌传播策略研究[J].出版广角,2020(21):77-79.

② 叶霞.融媒体背景下创意文案的传播研究:以江小白创意文案为例[J].出版广角,2018(14):86-88.

③ 王朗.整合营销传播视角下白酒类企业广告策略:以江小白广告为例[J].北京印刷学院学报,2022,30(5):74-78.

② 提问题。通过提问题，人自然而然地就进入了预先被设置的思考路径。提问题能

使人思考,引起重视,做出反应,更容易让人有代入感,从而直接进入文章内容要表达的主题。所提的问题可以是选择题、填空题,也可以是反问句,这都能带来代入的效果。这种方法一般适用于功能性比较强的产品或服务的介绍,通过提问题将目标人群带到需求的困扰点上,然后通过品牌的产品或服务使问题得到解决。

③ 用情怀。在设计图文内容时,需要动用一切能用到的资源来营造情怀氛围。比如用具有情怀的文字烘托,甚至图片、视频、音乐等,将目标人群带入品牌所需的氛围中去。讲情怀尤其适用于具有文艺风格的品牌,也同样适用于非生活必需品,通过宣传一种生活方式,营造出具有情怀的氛围,以达到让受众产生代入感的目的。

④ 造悬疑。通过设置一个悬念,让人想不断地探究下去。这种方法在图文内容设计中常常用在开头,也会散布在文章内容中间,目的是刺激受众继续探索,吸引受众继续看下去。

同步案例 8-3

喜茶:内容营销

喜茶作为新式茶饮的典型企业,抓住数字化浪潮,凭借"产品端创新+数字化运营"的理念以及富有特色的商业模式成功成为市场头部厂商。喜茶在经营早期常常面临顾客排队埋单导致门店拥挤的情况,为了解决排队问题,喜茶在 2018 年上线了小程序"喜茶GO",顾客只需使用微信小程序,就可以进行堂食、外卖、预约等类型的点单。据统计,喜茶推出小程序后,顾客使用小程序点单的人均等待时长对比小程序上线前缩短了近 1/3,复购率对比小程序上线前实现了 3 倍增长,门店超过 80% 的订单来自小程序。

目前,喜茶在微信端布局了小程序和公众号,全面记录了用户选购、下单、支付等环节,积累了海量的用户属性与行为数据。一方面,微信公众号可以大规模推送新品广告,实现私域圈粉,向小程序引流用户;另一方面,用户使用小程序点单后,喜茶可以对用户的消费行为进行数字化资产打包,细化消费者的"消费颗粒度",再以微信公众号消息的形式推送给用户,从而达到优化消费体验的目的。2020 年喜茶推出了感恩节的"感恩杯贴"定制功能。顾客在小程序下单购买茶饮时,可在"感恩杯贴"页面留下 40 字以内的祝福内容,门店会按照消费者定制内容打印出"暖心杯贴",并将一杯带着特殊情意的茶饮送到顾客手中。在用户反馈方面,当顾客使用小程序点单过后的 1—2 小时内,喜茶的微信公众号会向用户推送一条用餐评价消息,包括制作、口味、包装、环境、服务等多个维度。

目前来看,喜茶进行了相应的内容营销,其现有的内容营销策略如下:首先,"喜茶"的标志和品牌形象强调的是酷、灵感、禅意、设计,其标志形象是极简的简笔画,画的是拿着一个茶杯在喝茶的人物侧脸,体现了喜茶的极简和浪漫主义。其次,喜茶在线上的品牌建设方面已经开通微信公众号,从字体、图片再到整个推文风格,喜茶都会配合产品的特性或者新店的城市元素进行精心设计,最后用场景化、图片化等可读性较强的方式呈现给读者。即使是新品上市,喜茶也不会选择硬性的产品推广方式,而是将这样的节点始终视作一个创造内容、与消费者保持沟通的契机。喜茶官方微博还通过开通讨论话题与消费者建立更加密切的联系。互动话题主要以闲聊方式把内容发送到微博上。喜茶通过这种方式与消费群体建立共鸣，从而获得更多年轻消费者的关注。

喜茶作为在网红经济风口下发展起来的品牌，一开始就在社交网站上引起了极大的关注。喜茶在发展早期就有许多网络观点领袖的推荐以及各类微信公众号的推送，给消费者留下了非常好的印象，让消费者获得了"喜茶就是好喝"的认识。品牌故事是内容营销中非常重要但常常被忽略的因素，因此喜茶通过讲好自己的品牌故事进行良好的内容宣传。喜茶允许消费者在微信公众号每日阅读一定数量的营销文章并领取一定的积分后兑换消费优惠券；鼓励消费者在各种媒体上分享自己与喜茶的小故事；还鼓励"粉丝"设计某款产品包装上的图像并分享设计过程和灵感来源，吸收好的作品成为真实的产品包装，既充分调动了消费者的积极性，又拉近了消费者和喜茶的距离。同时，喜茶通过积极参与帮扶贫困茶农的各类公益活动并辅之以内容营销宣传，在帮助茶农实现精准脱贫、改善生活的同时，推动喜茶品牌文化更好地传播。

在国内消费升级的大背景下，曾经的老牌奶茶仍旧占据着庞大的市场，各类新式茶饮也层出不穷。喜茶作为行业中的佼佼者和自带网红光环的品牌，在其扩展的过程中获得了很大的成功。

【知识点】新媒体图文营销策划——关注用户感受。

【育人目标】企业在关注用户感受、做好营销策划的同时，也要承担社会责任，树立良好的公众形象，为社会发展贡献力量。

资料来源：

① 郭胜慧，盛丽俊."喜茶"内容营销策略研究[J].企业科技与发展，2020（10）：199-201.

② 黄嘉陶.喜茶的商业模式分析：基于价值论视角[J].中国市场，2022（23）：118-120.

（3）增强信任感

受众对图文内容的信任程度关系着内容制作目的的实现，所以让受众对产品或服务感到信任很重要，具体有以下几种方法。

① 权威认证。很多受众对某些产品或品牌并不了解，如果内容呈现形式只是单纯地说该产品好，那么大部分受众并不会认同这种说法。但是如果将该产品与权威的专家或机构联系起来，表明权威认可并推荐了该产品，那么受众对权威的信任就会嫁接到产品上来，认为该产品值得信赖。

② 客户证明。在产品的买家评论、品牌社群和品牌互动留言中精选已使用受众的评论，在图文中展示出来，用真实的好评来获得潜在受众的信赖。这个方法利用的是人们的从众心理，它既能激发受众的购买欲，又能赢取受众的信任。

③ 消除受众的顾虑。即便有些受众对产品的品质较为信任，但是在购买之前，还是会犹豫纠结：产品到了之后坏了怎么办？效果不满意怎么办？大件产品是送上门还是送到门卫室？上门的快递费谁来承担？安装费怎么算？这些问题的产生归根结底还是源于受

众对品牌和服务不信任,这时候可以通过图文内容解决受众的后顾之忧。

技巧 2:格式技巧

图文的格式一般会按照标题、开头、正文和结尾的顺序结构进行设计,用标题来激起受众的点击欲,用开头和正文来降低受众的跳出率,用结尾来引导受众采取相应的行动。

(1)标题有吸引力

新媒体图文的标题就像人的名字一样十分重要,它是展现给他人的第一印象,也是吸引受众的第一要素。网上的文章数量之多,让人目不暇接,受众不可能每篇都去点击。这时候,受众是通过文章标题进行前期筛选的。标题的作用主要有以下两点:

① 被受众搜索。无论正文写得有多好、产品本身有多好,都得被人搜索到才行,标题承担着被受众搜索的重任。当受众迫切地需要某款产品时,就会自主进行搜索,然后根据需求选择阅读。

② 激发受众的点击欲望。当受众搜索信息后,呈现在他们面前的是一系列符合其搜索需求的图文。这时候标题就起着激发点击欲望、吸引受众浏览的作用。如果标题足够吸引人,促成了受众的点击行为,而正文质量又有所保证的话,那么文章内容的变现率很可能是非常高的。

同步案例 8-4

姜茶茶:标题吸引力

作为专业吐槽广告客户的微信公众号,"姜茶茶"在同质化严重的广告行业微信公众号中闯出了自己的一条路。凭借"吐槽客户"的定位、自创的"广告狗"符号和独特的传播内容所构建的广告人吐槽"树洞"的媒介形象,以及积极的"粉丝"互动行为,姜茶茶在广告人心中占据了一席之地。公开信息显示,姜茶茶从 2013 年开始在奥美实习,2014 年 3 月起先后在 VML IM2.0、万合天宜、异开三家公司担任文案。而"节操词典"正是她在万合天宜时期创作出来的。2015 年 3 月 23 日,姜茶茶注册了自己的同名微信公众号"姜茶茶",第二篇文章就达到了 10 万+的阅读量,虽然这个数据相对其他公众号来说还有一定的差距,但在广告业内足够瞩目。数据显示,"姜茶茶"的文章阅读量平均在 5 万左右。这个数据看起来不值一提,但与广告行业的知名微信公众号"广告门""TOPYS"等的阅读量进行对比,"姜茶茶"的平均阅读量相对更高。

从"姜茶茶"这个微信公众号的名称可以看出最初姜茶茶本人是想利用自己的影响力来运营微信自媒体账号,该公众号第一次推送的文章也与"节操词典"相关,但阅读量只有几千。两天之后,名为《对广告狗的详细分类,文案狗美术狗 AE 狗公关狗……你属于哪种狗》的文章却获得了 10 万+的阅读量。在这之后,姜茶茶将公众号定位为"广告人想看的东西",内容上与广告行业的职业"潜规则"、职业动态等密切相关。当然,"姜茶茶"的品牌定位不是一成不变的,其后期变成了"吐槽甲方,我们是专业的"。公众号多次以"甲方""客户"为关键词推送文章,如《如何不被客户气死?》《看完这些奇葩的甲方需求,我觉得我的客户都是天使!》等。

微信公众号推文中最能引起受众注意的就是标题,它直接影响着人们是否会进一步阅读文章,是用户浏览量增加的关键因素。以"姜茶茶"为例,首先是标题文字的口语化、生活化,如"哈哈哈哈""带劲""留条活路吧""呵呵""笑出了声""见鬼"等诸如此类的日常对话中常用的词,都在"姜茶茶"的标题中出现过。其次是拟题风格犀利幽默,"姜茶茶"在标题中经常会使用"最"字,如"最奇葩""最烂""最抠门"等,让受众第一眼就被吸引,迫不及待地想要点进去知道究竟怎么"最"了。最后"姜茶茶"标题中喜欢使用"!""?"等标点符号(见图8-4)。数据显示,在标题中使用感慨、设问等吸引受众关注的方式,也成为"姜茶茶"公众号比较明显的特征。

图8-4　"姜茶茶"微信公众号推文

　　对于"姜茶茶"来说,如何持续发现"广告人"感兴趣的点,挖掘他们内心深处的需求,是其公众号发展的长远之道。

　　资料来源:阮碧琳.微信公众号"姜茶茶"的传播策略研究[J].卫星电视与宽带多媒体,2020(1):123-124.

　　(2) 开头承上启下

　　图文的开头具有承上启下的作用。一方面,开头要与标题相呼应,否则会给读者"文不对题"的印象;另一方面,开头需要引导读者阅读后文,好的开头是成功的一半。开头通常具有引发好奇、引入场景两个特点。引发好奇,即利用图片、文字等内容吊足读者的胃口,使读者产生继续阅读的兴趣。当读者点击标题进入文章后,如果开头索然无味,读者就会直接关闭页面。所以,开头写不好,会浪费精心设计的标题。不同的图文内容有不同的场景设计,因此需要在开头就把读者引入场景。通过故事、提问等方式,让读者了解本文想要表达的情感、环境、背景。

　　(3) 精心设计结尾

　　让受众读完一篇文章并不是图文内容的最终目标,真正的目标是让受众在读完这篇文章后产生我们所期待的行为,而结尾设计会促成图文内容目标的实现。

与开头和标题相比,设计一个结尾显得较简单,但一个精心设计的结尾总是能带来更高的转化率和更好的营销效果。所以,在图文内容设计过程中,需要掌握结尾的设计技巧,引导受众产生相应的行为。

(4) 注意排版

排版对于任何类型的图文内容来说都非常重要,内容再出色,如果排版效果差,版面杂乱,受众的阅读体验就会受到影响,甚至会选择放弃阅读。其中,内容的长短或字数,在页面中摆放的位置,文字的大小、颜色、字体,都影响着内容整体的效果。此外,排版应注意文字与图片的颜色要有一定的差别,但不要太跳跃,不然容易显得突兀。比较好的搭配方式是尽量少用太鲜明亮眼的颜色。此外,若背景颜色或图片是深色,文字则用浅色系;若背景颜色或图片是浅色,文字则用深色系,这样图片才不至于与文字混淆,也不会给受众造成阅读障碍。

同步案例 8-5

人民日报微信公众号:排版张力

人民日报作为中央级权威媒体,是我国最重要、最权威的党报,报社转型起步较早,于 2012 年、2013 年、2014 年分别开通或上线了微博账号、微信公众号、客户端应用,并于 2015 年 10 月成立了新媒体中心,在传统媒体转型中走出了一条堪称范本的改革之路,用近十年的时间完成了融媒平台的搭建,形成了以"两微一端"为主不断扩充和延伸的媒体融合之路。在使用新媒体进行信息传播时,人民日报的各个新媒体依托独特的传播策略,收到了较好的传播效果。

微信公众号作为微信的延伸产品创办于 2012 年 8 月,人民日报微信公众号于 2013 年 4 月正式上线,凭借着传统媒体的口碑效应,迅速收获众多的关注。尤其是在后来形成固定的传播策略之后,受众群体更加稳定,影响力也与日俱增。5 年后到 2017 年订阅量已经超过 1 000 万,截至 2021 年 11 月 30 日订阅量已经突破 4 050 万。阅读量是微信公众号影响力的重要指标,人民日报几乎每篇文章的阅读量都在 10 万+以上。同时,人民日报还在微信上创办了小程序,作为公众号的补充,主要是转发各大媒体每日的重要新闻。

人民日报微信公众号在传播新闻时,走的是精品新闻、深度新闻的传播策略,尤其注重原创内容的传播。内容包括重大新闻推送、新闻早班车、心灵阅读等几大固定板块,同时也逐步形成了重大新闻优先推送、关注度高的新闻持续推送、有利于正能量传播的内容重点推送的新闻推送体系,在迎合受众信息需求的同时极大地发挥了党媒的舆论引导功能。人民日报在信息传播中采取的是脱离于报纸媒体的新闻制作程序和区别于其他媒体的传播模式,通过大数据统计、用户分析、图文消息、信息分析等手段,实现不同新闻内容的差别传播和精准传播。针对微信公众号媒体属性,人民日报微信公众号重点做到了关键信息及时传播、重要信息重点传播、其他信息迎合传播。在信息传播形式上,人民日报采用了图、文、视频、音频、动画、漫画等各种形式。

人民日报微信公众号文章追求短小精悍，与报纸版上"人民体"不同，大量微信公众号文章单篇不超过1 000字，语言风格娓娓道来，多采用口语；就段落长度来说，每一自然段往往不超过5—6行，每行17个字，一段话往往不超过100个字；而且文章多用短语，甚至将一句完整的话拆成数行来展示，取消了断句功能的标点符号，在排版上居中对齐，吸引读者的视觉朝向小小手机屏幕的中央（见图8-5）。

图8-5　人民日报微信公众号文章排版

随着移动互联网和社交媒体平台的兴起，人民日报的受众发生了转变，新型受众的兴起与巩固与媒体内部有意识的引导和实践密不可分。人民日报在移动互联网的实践收获了不错的效果，受众的转变增强了党报的权威性。

资料来源：

① 沈智婉.传统媒体所办新媒体的传播特性分析：以人民日报官方微博和微信公众号为例[J].传媒，2022(12)：50-52.

② 陈阳，周子杰.从群众到"情感群众"：主流媒体受众观转型如何影响新闻生产：以人民日报微信公众号为例[J].新闻与写作，2022(7)：88-97.

8.3.2　新媒体短视频营销策划的常用方法

制作短视频是一个实操性大于理论性的工作，需要从挑选适合的器材开始，还要将各种技巧练习到纯熟的地步，如运镜、转场、拍摄、选取音乐、添加字幕、配音以及剪辑等。

（1）脚本编写

脚本是通过短视频讲故事的重要工具。对于短视频来说，脚本极其重要，是短视频制作的"灵魂"。短视频脚本可以被理解为短视频的拍摄大纲和要点规划，用来指导整个短视频的拍摄方向和后期剪辑，起着统领全局的作用。与传统的影视剧脚本及长视频脚本不同,短视频在镜头的表达上会有很多局限,如时长、观影设备、观众心理期待等,所以短视频脚本需要更密集的视觉、听觉和情绪的刺激,并且要安排好剧情的节奏,保证在 5 秒钟内抓住用户的眼球。

短视频脚本大致可分为拍摄提纲、文学脚本和分镜头脚本三类,拍摄者可以根据拍摄内容选择脚本的类型。

① 拍摄提纲。拍摄提纲就是短视频拍摄要点,用来提示各种拍摄内容,适用于不容易预测的场景的拍摄,如采访热门事件当事人。撰写拍摄提纲一般包括六个步骤:第一步阐述选题,明确作品的选题、立意、创作方向以及创作目标。第二步阐述视角,呈现选题的角度和切入点。第三步阐述体裁,不同体裁的表现技巧、创作手法不同。第四步阐述调性,表明作品风格、画面、节奏,即作品构图如何、作品光线如何使用、作品节奏是轻快还是沉重等。第五步阐述内容,详细地呈现场景的转换、结构、视角和主题,提纲挈领指导创作人员的后续工作。第六步完善细节,把剪辑、音乐、解说、配音等内容都补充进去,使整个大纲更加完整。

② 文学脚本。文学脚本要列出所有可控的拍摄思路。例如,"日食记"会通过文学脚本来展现短视频的调性,利用分镜头来把控节奏。

③ 分镜头脚本。分镜头脚本是前期拍摄的脚本,也是后期制作的依据,还可以作为视频长度和经费预算的参考。分镜头时长在 3—10 秒,根据具体的情节来决定。分镜头脚本要求十分细致,每一个画面都要在掌控之中,包括每一个镜头的长短和细节,虽然耗时耗力,但它是许多短视频账号非常重视的。

同步案例 8-6

抖音短视频:精华脚本

抖音是字节跳动公司在 2016 年 9 月推出的一款线上短视频分享软件,它是一款集线上音乐曲库、短视频特效、短视频剪辑与短视频拍摄于一体的分享型社交软件。抖音自推出后,通过对用户群体的使用属性和使用特性进行数据分析,不断反馈升级,使其在当下新媒体行业中逐渐拥有了核心竞争力。目前,抖音已发展成为当下最火热的社交短视频平台之一,其受众群体也逐步覆盖到各个年龄段,因此抖音的内容与功能也变得与时俱进,更多样也更宽泛。

抖音的所有创作者均要在最短的时间内呈现最吸引人的内容:对于拥有高颜值主播、高技能创作者的视频而言,可以利用颜值和技术快速吸引用户关注;对于设定了特殊场景、故事情节、人物的视频而言,则应在短时间内呈现特色内容以吸引用户关注。总体来说,以最短的时间呈现精华内容是新媒体时代短视频营销的最大特点。区别于传统意义上的脚本写作,短视频脚本更加直接、精练、讨巧。就 1 分钟的视频内容来看,其脚本文案通常不超过 250 个字,因此有人说对于短视频而言,开始 5 秒钟的脚本内容是决定这条短视频能否走红的关键。以抖音"哪吒女孩"@房琪 kiki 为例,她在分享自己就业、创业、旅行、生活等可以引发其他用户共鸣的视频内容时,常常借助简单的文案获得很高的流量,比如她凭借短视频中的一句"我命由我不由天"成为抖音上红极一时的主播,因此她的文案也被各大营销号争相模仿。可以说,5秒钟吸睛法则、250个字讲述完整内容、15个字发布技巧等是当下短视频营销的特点。掌阅作为国内知名的阅读品牌,即使已经拥有成熟的阅读产品,依然在短时间内创建了抖音矩阵,为企业品牌建设拓宽了渠道,引领了国内短视频营销的新风向。

5G技术的全面发展,不仅会极大地降低视频创作和传播的门槛,还可以优化视频用户的观看体验,可以说,5G技术为短视频营销的传播和发展带来了更多可能。

资料来源:

① 李凤琴.抖音短视频图书营销现状及对策分析[J].传媒论坛,2022,5(15):56-58.

② 马传明.短视频营销对品牌建设的影响:以掌阅抖音矩阵为例[J].出版广角,2020(14):77-79.

（2）选择拍摄器材和道具

拍摄短视频的第一步是选择设备。设备的选择也是一门学问,需要考虑摄影师的专业程度、经费预算、团队规模等。

① 相机。由于前期团队资金有限,我们推荐使用手机拍摄。一些手机机型已经具备强大的功能,可以满足拍摄、剪辑、发布的要求。微型单反相机对于预算有限但对视频画质有改进需求的团队来说是不错的选择。当短视频团队发展到稳定阶段,要面向广大用户甚至可能接到电商短视频广告时,对视频画质和后期的要求会越来越高,这时就需要考虑更专业的单反相机了。

② 灯光设备。摄影是光影的艺术。灯光造就了影像画面的立体感,是拍摄中最基本的要素之一。一种常见的可以满足基本拍摄需求的做法叫作三灯布光法,如图8-6所示。

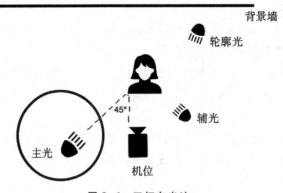

图8-6　三灯布光法

相对于电影复杂的灯光布置来说,大部分短视频的拍摄要求不高。主灯作为主光,通常用柔光灯箱,是一个场景中最基本的光源,能够将主体最亮的部位或轮廓打亮。主光通常放在主体的侧前方,在主体与摄像机之间呈45°—90°角。辅灯作为辅光,亮度比主光小,通常放在与主光相反的地方,可以对未被主光覆盖的主体暗部进行补光提亮。这里要提到一个重要概念——光比。光比可以被理解为光照强度的比例。主灯和辅灯的光比没有严格要求,常见的是2∶1。轮廓光也称内发光,本质就是修饰,用于打亮人体的头发和肩膀等轮廓,增强画面的层次感和纵深感。轮廓光的位置大致在拍摄主体后侧,和主光相对的地方。

③ 辅助器材。三脚架的最大作用就是保持摄像机的稳定,保证画面的稳定输出。选购三脚架有以下要点:第一,稳定性,稳定性是首选因素,通常来说,三脚架越重,稳定性越好。第二,便捷性,可多角度流畅旋转的三脚架能省去手动调整的时间。带轮子的三脚架是首选,可以平滑运镜,避免移动时晃动镜头。此外,使用静物台更有利于打光。很多时候,静物台可以用桌子、椅子、凳子、茶几、纸箱等替代。

(3)运镜技巧

镜头是会说话的,镜头的很多语言是通过运动镜头的方式来表现的。这种镜头的运动被称为运镜。动镜能将静态的画面带动起来,不仅带来视觉的冲击,还能推动故事的发展。

① 推镜头。推镜头是一种最为常见的运镜技巧,是指被拍摄物位置不动,镜头从全景或别的景位由远及近向被拍摄物推进,逐渐推成近景或特写镜头,主要用于描写细节、突出主体、制造悬念等。

② 拉镜头。与推镜头相反,拉镜头是指被拍摄物不动,构图由小景别向大景别过渡,摄影机从特写或近景拉起,逐渐变化到全景或远景,视觉上会容纳更多的信息,同时营造一种远离主体的效果。

③ 跟镜头。跟镜头就是跟拍,画面的主体是运动中的被拍摄物,镜头跟随其运动方式一起移动。跟镜头可以全面、详尽地展现被拍摄物的动作、表情、运动方向,这种方法最为普遍。

④ 摇镜头。摇镜头是指镜头遥摄全景或者跟着被拍摄物的移动进行拍摄,它常用于介绍环境或者突出人物行动的意义和目的。

⑤ 移镜头。移镜头是指摄影机沿水平面做各个方向的移动拍摄,便于展现各个角度。

⑥ 升降镜头。升降镜头包括升镜头和降镜头。升镜头是指摄影机在升降机上做上升运动形成俯视拍摄,以显示广阔的空间。降镜头是指摄影机在升降机上做下降运动进行拍摄,多用于拍摄大场面,以营造气势。

(4)转场技巧

转场就是场景或段落之间的切换,成熟的转场能增加短视频的连贯性。转场分为无技巧转场和技巧转场两类。

① 无技巧转场。无技巧转场是用镜头自然过渡来连接上下两段内容,强调视觉的连续性,运用时要注意寻找合理的转换因素和适当的造型因素。

② 技巧转场。采用某些特技进行转场叫技巧转场。技巧转场常用于情节之间的转换,给观众带来明确的段落感。比如,淡入淡出转场即上一个镜头的画面由明转暗,直至黑场,下一个镜头的画面由暗转明,逐渐显现直至正常的亮度。

同步案例 8-7

体育短视频：转场浅析

短视频的发展大致可以分为三个阶段：第一个阶段是国外的短视频开始在社交领域兴起。2011—2014 年，视频分享平台 Viddy、Twitter 推出的视频分享应用 Vine、Instagram 相继问世并风靡全球。第二个阶段是国内短视频萌芽。2013 年，腾讯微视、新浪秒拍等国内短视频 App 上线，资本和市场看到了短视频的发展潜力，短视频平台逐渐增多。第三个阶段是短视频平台格局暂定。2016 年左右，快手和抖音两大短视频 App 开始行业竞争，主题多样和内容丰富成为吸引用户的主要手段，美食、旅游、体育等板块相继在短视频平台中出现，之后体育短视频逐渐占据了短视频市场的一席之地。

一直以来，体育和视频属于"天作之合"，竞技比赛的激烈对抗更容易通过视频传播达到刺激受众感官的目的。在体育短视频的实践中，受众成为体育信息的生产者、使用者和交流者，传统的生产和传播关系场景可以实时转换。体育短视频的内容生产者可以是某个体育项目的爱好者，制作和传播某一特定领域的信息。作为草根视频创作者，他们长期关注自己喜欢的体育项目、球队或运动员信息，利用短视频进行主题创作，并与"粉丝"们互动分享，不断激发创作动力，实现从信息接收到信息再生产的场景转换。短视频博主"活蹦乱跳的体育老师"通过短视频记录自己的足球训练和比赛，身体力行讲授足球技术动作，吸引了超过 100 万"粉丝"的关注。2019 年 8 月，练俊杰获得第二届全国青年运动会男子 10 米跳台比赛的冠军，福建省广播电视台体育频道抖音号发布了练俊杰第五轮比赛中获得满分的动作 109C（向前翻腾四周半抱膝），视频从解说员的汇播报开始，还原了练俊杰从跑台、起跳到入水的精彩过程以及现场观众的欢呼声，让用户如置身现场欣赏到这一满分动作，该视频在抖音上共收获 285 万点赞量。也有博主将练俊杰所有 6 轮动作组合汇编为一条短视频统一发布，让喜欢跳水的用户一睹为快。

体育短视频用最短的时间和精彩的镜头吸引用户的关注与跟踪式阅读，让用户仿佛置身于现场的场景中。而且体育短视频通过用户创作短视频、用户参与互动的形式形成一个体育文化传播、讨论和互动分享的社区共同体，在这个共同体内，短视频用户之间通过人际互动，在短视频创作者和使用者的身份之间不断切换，促成更多体育短视频的产出和链条式的社区文化的产生。足球评论员董路在其个人抖音账号中评论国内外足球赛事、连线退役足球运动员、回应"粉丝"关切问题，打造了一个以"足球"为核心议题的社区共同体。

体育短视频对体育精神的传播要充分调动场景应用的深耕、连接、聚集、沉浸、适配效能，在内容、形式、对象、技术、终端的服务模式之上，为用户提供满足其个性化需求的综合性场景阅读体验和服务方案，不断培育和优化用户阅读行为。

【知识点】新媒体短视频营销策划——转场技巧。

【育人目标】体育短视频的视听转向和场景服务应立足国家体育事业的整体发展，在武术传承、全民健身、青少年运动参与等领域创新应用场景。作为嵌入民众生活的新媒体,体育短视频应借助移动互联网的发展,充分发挥视听优势,传播体育文化和体育精神。

资料来源:

① 柳帆,李岳峰.体育短视频:体育传播的视听转向与场景延伸[J].中国出版,2022(13):63-67.

② 宋琦,王英伍.数字经济时代体育短视频高质量发展:现状、困境与策略[J].重庆理工大学学报(社会科学版),2022,36(5):123-128.

（5）选取音乐

音乐的强烈表达属性让它能够迅速和短视频结合起来。以抖音为例,打开抖音 App,点击搜索框,就能看到"热歌榜"。热歌榜是抖音推出的抖音站内人气最高的歌曲。此外,在抖音平台拍完短视频后,点击"选择音乐",会出现三个可以选择音乐的入口,分别是"推荐""收藏""用过"。

（6）添加字幕

为发布的短视频添加字幕可以方便用户了解内容。除此之外,有字幕的短视频上热门的概率也会大大提高。下面以剪映 App 为例来讲解添加字幕的方法。首先导入视频素材,点击下方工具栏中的"文本",输入字幕内容。然后可以在下方添加字幕的颜色、特效等,拖动上方的字幕可以调整每一条字幕显示的时长。制作完成后直接保存素材,然后在相册中找到该视频,再上传至短视频 App 即可。

8.3.3　新媒体直播营销策划的常用方法

（1）内容力与产品力并举

直播要着眼于"两力"——内容力和产品力。内容力是针对直播内容而言的,虽然直播电商主要以带货为主,但在带货的同时,也要注重直播内容的提升。直播不仅要树立正确的价值观,还要有货真价实的内容。产品力主要是针对产品而言的,直播电商要想持续长久的发展,产品品质至关重要。消费者对主播的喜爱只是一时的,对好产品的追求才是永恒的。这是直播电商发展的两大要素。

同步案例 8-8

快手状元:唱好主旋律

2020 年 1 月 8 日,快手联合国家发展改革委、共青团中央、公安部交通管理局等政府部门和新华社、人民日报社等中央级主流媒体,推出了第一季大型直播答题节目——"快手状元"。快手状元直播答题活动旨在针对大众关注的某个专题或时事热点推出主题线上问答。活动通过直播答题的形式,促进各类专业知识与文化的传播,激发观众的学习热情,丰富观众的知识储备。快手官方数据显示,1 月 8 日当天的三轮直播答题活动就有超过 500 万人的积极参与和超过 100 万次的社交平台分享,最终有 16 万人实现了成功闯关,并共同瓜分了 200 多万元人民币和 1 100 多万快手币。

快手状元直播内容紧贴时事,弘扬社会主义核心价值观。面对突如其来的新冠疫情,快手在 2020 年 1 月 27 日快速针对重大疫情这一特殊事件推出了快手状元的"疫情防控"专场直播答题活动,不仅形成了接近 1 000 万用户积极参与的传播效果,还及时向整个社会传递了有关疫情防控的科学信息。2020 年 11 月 16 日起,为了在更大范围内掀起深入学习贯彻党的十九届五中全会精神的热潮,在国家广播电视总局的指导下,快手再一次联合多家央媒,推出快手状元直播答题第二季活动。其中,11 月 16 日第一场直播答题的题目全部来源于党的十九届五中全会公报,涉及公报中的重要思想、论断和举措。这些看上去相对严肃的理论知识被新颖有趣的直播答题活动拆解为生动鲜活的闯关竞赛,以年轻人喜闻乐见的方式进行传播,实现了党的十九届五中全会精神的入耳、入脑、入心。这既是主流媒体切实履行舆论引导责任、积极探索媒体深度融合策略的重要体现,又是诸如快手等新兴平台积极参与媒体深度融合、发挥自身社会价值、履行自身社会责任的重要体现。

经过与主流媒体的深度合作,快手状元已经成为直播答题领域的一个重要 IP,它能够巧妙地结合新媒体的优势和社会的热点话题,直播内容积极向上,在复盘重要新闻事件的同时融入更多有价值的理论知识点,帮助广大青年在趣味竞赛活动中提升理论的高度、感受时代的温度、增加思想的厚度。

【知识点】新媒体直播营销策划——内容力与产品力并举。

【育人目标】随着新媒体平台影响力的增强,其需要在承担更多的社会责任的同时,树立正确的价值观,唱响主旋律。

资料来源:

① 龚曦.新媒体平台如何唱好主旋律:以"快手状元"主题直播答题活动为例[J].传媒,2022(11):53-55.

② 董铭洺.直播答题节目理论传播的守正创新策略:以快手联合央媒推出的"快手状元"为例[J].传媒,2021(20):65-66.

（2）中下部网红与主播专业化并行

在大流量网红难以复制的当下,对直播平台来说,可以适当转换一下方向,把打造大流量网红的注意力放在中下部网红身上。大流量网红毕竟是少数,中下部网红才是大多数。超级 IP 的流量已经是登峰造极,处于一个提升比较困难的状态,而中下部网红还有很大的上升空间。直播平台可以通过提高主播专业化水平的方法,提升中下部网红的业务能力,再辅之一定的宣传营销加以包装,充分发挥二八效应。这样一来,从中下部网红群体身上获取的流量值未必会小于大流量网红群体的流量值。

同步案例 8-9

农产品直播：主播向心力

随着直播产业发展日趋成熟,农产品直播逐渐兴起。农产品直播本质上是一种新型营销模式,在操作简便性、趣味性与互动性等方面具有明显优势。2018 年,农产品直播崭露头角并开始迅速发展,现如今,直播营销模式对于农产品的销售越来越重要。2020 年,直播进入"全民时代",各行各业的人员都开始加入"直播+特色农产品"的营销队伍。调查显示,2020 年特色农产品直播带货场数超过 400 万,累计售出特色农产品超 6 亿斤,覆盖全国近 400 个农产区。

直播在新媒体时代已经演变为主流营销渠道,主播在直播时普遍从用户角度思考,采用多维化营销手段以提升用户体验,包括精准需求引导、在线直播互动、产品功能体验、情感交流体验,不仅有助于提升网络主播个人价值以及企业直播间品牌价值,更能创造出超过用户预期的购物体验与品牌认知,实现以价值共创为基础的营销策略优化。新媒体时代所创造的多样化传播媒介推动了网络内容资源的丰富,形式丰富、内容广泛的信息资源种类包括图文、音频、视频等,交互的方式有在线直播、即时问答等,多维的资源内容以及互动方式推动了农产品直播营销方式的创新。

在农产品直播营销中,主播是沟通生产者和消费者最关键的桥梁。直播平台应利用网络主播的引领与带动效应引起消费者关注,注重培养专业性与趣味性兼顾的网红直播风格,同时以内容为核心不断创新农产品带货方式,形成直播间加生产现场双场景的内容系列,达到持续营销效果;在消费者产生兴趣并形成互动阶段,网络主播可充分发挥自身与消费者的连接纽带作用,以信息精准推送、奖励或赠品、多媒体宣传等方式激发用户参与直播的欲望,通过发起农产品相关话题增进互动交流,提升消费者的情感体验。

不少特色农产品优势地区纷纷采取特色农产品+电商平台+网红直播/视频分享等方式,推动或吸引各类网红参与特色农产品营销的过程。其中,这些网红可以是政府官员、明星名人、网络当红主播,也可以是卖家打造的"村红"。如今国内持续出现了多个网红带动和促进农产品营销的案例,"巧妇九妹"逐步走红后,积极带动当地荔枝等多种农产品的销售,该团队每年能够帮助当地农民销售数百万公斤荔枝,且每公斤的价格比市场价高出一元钱,获得了可观的经济效益和良好的社会效益。

在国家大力实施乡村振兴战略的过程中,随着智能手机、互联网在我国农村范围内的运用和普及,人们越来越多地借鉴电子商务知识开展农产品直播营销活动,促进农产品经济的发展。

【知识点】新媒体直播营销策划——中下部网红与主播专业化并行。

【育人目标】响应国家号召,支持国家战略,学会应用新型知识,在取得经济效益的同时,为社会做出贡献,为社会主义现代化建设和乡村振兴战略的实施发挥自己的作用。

资料来源:

① 庞爱玲.新网络营销时代特色农产品的网红营销之路[J].农业经济,2021(8):140-142.

② 王丽敏."直播+"模式下特色农产品的营销创新研究[J].食品研究与开发,2022,43(9):231-232.

③ 赵彩霞,韩静,徐慧丹.新媒体时代"电商直播+农产品"营销策略优化[J].商业经济研究,2022(17):103-105.

（2）监管与产品销售合规共进

现阶段大多数新媒体平台都存在产品质量监管不严的问题，甚至一些知名大平台有关于产品品质的争议从未消散。直播作为一种刚刚起步的新形态，更要注重维护消费者的信心。因此，相关部门必须在供货渠道、主播素质、产品销售是否合规等方面做出规范；制定惩处机制，严格查处产品销售不合规现象，宽进严出。同时，新媒体平台可以加强品牌合作，固定进货渠道，维护产品品质。

（3）电商型 MCN 机构与消费者诉求同在

多频道网络（Multi-Channel Netwirk，MCN）机构最初是从 YouTube 上衍生出来的，可以将其理解为 YouTube 平台上的内容创作者与平台之间的中介。一个产品要想获得成功，把握住消费者脉搏很重要。同理，一位主播要想推荐的商品恰好符合市场胃口，必须紧跟市场潮流。作为中介平台的 MCN 机构，应朝着电商型 MCN 机构的方向迈进。

同步案例 8-10

盐城旅游：直播新动力

盐城位于江苏沿海中部、长三角城市群北翼，是江苏省面积最大、全国唯一以盐命名的地级市，拥有亚洲大陆边缘最大的海岸型滩涂湿地和江苏省 2/3 的海岸线，被称为"东方湿地之都"。盐城旅游资源丰富，近年来围绕"绿色湿地文化、白色海盐文化、蓝色海洋文化及红色铁军文化"四色文化开发系列旅游产品和线路，旅游业发展迅速。截至 2020 年年底，盐城拥有国家 4A 级以上景区 18 家、省级旅游度假区 6 家、省五星级乡村旅游区 4 家，省级旅游度假区、省五星级乡村旅游区数量位列全省第二。

面对旅游产业与网络直播的跨界融合，盐城地方企业持积极态度，并协同当地旅游部门进行了多次网络直播。2020 年 10 月，盐城城市建设投资集团联合春秋航空成功举办了"金秋十月，乐游盐城"大型直播活动，大洋湾景区主播与三位知名旅游达人 7 小时联动，分别以"云游大洋湾，邂逅国潮盛宴""逛水街游船河，听曲儿品盐城""中秋夜游园夜，音乐嗨翻天"为直播主题。直播累计观看人数超过 1 200 万人次，向世人呈现了一个多姿多彩的美丽盐城，助力后疫情时代盐城文化旅游产业复苏。

作为拥有丰富旅游资源和独特文化底蕴的旅游城市，盐城相关旅游部门及企业正在积极构思旅游传播的相关方案、策略和流程，开展网络直播，使海内外游客通过互联网，足不出户云游"盐城"，感受这座"让人打开心扉"的城市。

资料来源：

① 朱元秀.基于在线评论的后申遗时代盐城旅游形象游客感知研究[J].经营与管理，2022(8)：172-178.

② 成君.基于网络直播的江苏盐城旅游营销策略探究[J].商展经济，2022(16)：32-34.

8.4　新媒体营销策划文案典型任务

新媒体图文营销策划文案典型任务

⊙ 任务 1　确定企业推广需求

图文内容推广以活动促销或品牌宣传为目标。结合图文内容推广的背景,对企业的推广需求进行分析,并有针对性地制定推广内容,包括确定活动目的、设想预期目标、突出产品卖点、寻找受众群体、构想促销内容、选定发布平台。

⊙ 任务 2　确立文章标题

确定企业推广需求后,可依据图文内容推广主题确定文章标题,在选定标题时运用与"我"相关、制造反差、诉情怀、造悬疑等写作技巧,达到吸引读者注意的目的。

⊙ 任务 3　选定文章开头

开头部分显得尤为重要,它起到统领全篇的作用。根据图文内容推广的主题和背景,按照悬念开头、故事开头、直接开头、提问开头、开头内容梗概的方法,设计不同的开头,最终选择一个合适的开头内容。

■　■　■　■

知识拓展 8-1

开头既然是作者和读者的"合同",那就要在商言商了。读者希望享用一个精彩的故事,有所感有所得,而作者想要得到读者的认可和称赞。看上去是各取所需,但别忘了,主动权在读者,打动不了我,随手放下就是了。因此,开头的首要目标是吸引读者。

如何让读者签了开头这份"合同",心甘情愿跟你走呢? 美国推理小说家劳伦斯·布洛克(Lawrence Block)的四个忠告值得参详。

第一,开头要让故事动起来;

第二,设定故事的基调;

第三,点出关键问题;

第四,别在故事开始的地方开始。

开头在新媒体图文营销策划中占据着重要地位,因此策划文案的开头必须足够吸引人,让消费者在点进来之后有继续看下去的欲望。在开头应抓住三个重点内容:一是要能够帮助消费者快速判断产品对其带来的帮助;二是要能够起到唤醒消费者心理场景的作用;三是要包含文案中介绍的产品和服务在这一场景中定位的内容。为了达到这样的效果,通常可以通过设问的技巧来构建文案的开头,通过一个消费者关心的问题来引出文案后续要介绍的产品和服务。

资料来源：

① 叶伟民.合同与回响：为啥文章开头和结尾总是最难[J].新闻与写作,2020(9)：108-109.

② 叶长云.电商运营文案结构技巧研究[J].考试周刊,2019(41)：39.

任务4 选择正文元素

首先选取合适的正文结构,设计正文内容框架。之后可以将企业提供的活动海报、图片、语音、产品链接等资料,设计并添加到文章正文中,以吸引读者注意。

任务5 升华文章结尾

在完成文章标题、开头和正文的设计后,可以结合企业信息和结尾设计思路以及图文内容,完成文章结尾的写作,并输出完整的图文内容,以升华文章结尾。

■■ ■ ■

知识拓展 8-2

对于新媒体图文营销策划来说,文案的结尾也是一个不可或缺的重要组成部分。一般来说,能够翻到结尾的通常都是对产品感兴趣但还犹豫不决的消费者。因此,在文案写作中,结尾部分的重点就是打消这部分消费者的疑虑,使其在看完结尾之后能够产生迫切的消费感。这部分消费者对产品有浓厚的兴趣,但是由于不知道该产品对于他的意义,因此会举棋不定。因此,在文案的结尾应该点明产品的意义,给消费者塑造一个愿景来打消其疑虑。一是给消费者塑造一个美好的愿景,让其感受到购买后的意义。消费者购买产品的主要目的在于解决问题和满足心理需求,这就是其购买某种产品的意义所在。而在文案的结尾中就必须让那些心存疑虑的消费者体会到这种意义,给其塑造一个愿景就是一种有效的方式。二是展示产品销售的相关福利。在面对同一件产品时,价格原价和打折后的价格对消费者消费欲望的刺激程度是不一样的,人们通常会选择打折产品。在新媒体图文营销策划中,如果有福利活动,那么应该放在文案的结尾,这样就可以进一步刺激消费者的消费欲望。

资料来源：叶长云.电商运营文案结构技巧研究[J].考试周刊,2019(41)：39.

新媒体短视频营销策划文案典型任务

任务1 选定拍摄场景

根据企业现状,以推广为目的,结合短视频拍摄目的、目标人群、故事梗概等,为短视频拍摄设定主题和基本要素,以确定短视频拍摄的基调和走向,选定拍摄场景。

■■■■

知识拓展 8-3

针对短视频特有的创作思维和传播特征,在拍摄、制作、编辑过程中注入黄金分割的审美意识,将拍摄画面中的点(拍摄主体)、线(字幕、场景)、面(影调)有机结合起来,有助于强化主题、平衡构图、拓展场景、烘托氛围,更好地展现视频作品的编排逻辑与艺术审美,达到吸引用户、刺激传播的目的。在目前市场流通的部分摄影机取景器中,通常内置"九宫格",网格交叉形成的四个焦点成为视线的自然焦点。这里所提示的四个交叉点,即按照黄金分割比例通过纵横方向分割出的黄金分割点。荣获第三十届中国新闻奖一等奖的短视频专题报道"中国 24 小时"系列微视频展示了中华人民共和国成立 70 周年的整体风貌和发展成就,仅人民日报新媒体渠道的浏览量就超过了 12 亿人次。以"天道酬勤"篇为例,无论是 5 时"环卫工人已经在清洁城市"、7 时"塞罕坝护林员忙碌在林间"、11 时"港口工人进行着装卸作业",还是 15 时"人们在荒漠上治沙造林"、第二天 2 时"青藏铁路机车钳工检查着火车的零部件"等画面,在选择拍摄角度时,均巧妙地让用户的视觉焦点落于黄金分割点之上,以此强化主题、平衡构图,极大地增强了视觉效果。

资料来源:薛中卿.黄金分割:短视频的美学表达与场景创意[J].新闻与写作,2021(9):110–112.

◉ **任务 2　准备脚本与拍摄工具**

脚本是通过短视频讲故事的重要工具,起着统领视频拍摄全局的作用。拍摄工具是短视频拍摄必备的,可以帮助短视频以完美的方式呈现。拍摄过程中,可利用运镜技巧、转场技巧等,要提前准备好相机、灯光设备、辅助器材等拍摄工具。

◉ **任务 3　拟定拍摄流程**

拍摄过程需要有计划按步骤进行,所以需要提前拟定拍摄流程,在拍摄过程中做好拍摄记录,提高拍摄质量。

◉ **任务 4　后期制作与处理**

可以根据拍摄内容添加字幕,也可以用原音或配音,还可以根据拍摄场景选择欢快或低沉的背景音乐,进行剪辑,以完成后期制作。

◉ **任务 5　选定传播平台**

选择合适的传播平台是完成短视频设计的最后一步,可根据预期效果,选择效益最大的平台进行传播。

知识拓展 8-4

平台型媒体是指在互联网思维下整合不同资源、以开放共享的技术平台为支持、重构与用户关系的融媒体生态系统。

在融媒体环境下，主流媒体要加强自身新媒体平台建设，强化在其他商业平台中的账号建设，形成融媒体传播矩阵。随着大众媒介素养的不断提升，泛娱乐化的内容已经无法满足用户的需求，包含科普信息在内的泛知识内容越来越受关注。新冠疫情的出现，让大众对公共卫生、健康医疗方面的信息需求陡然提升。主流媒体可充分利用自身的优质科普视频、音频、文字等内容，将与科普相关的媒体资源、优质 IP 进行深度挖掘和分类整合，形成"科普内容资源库"，为科普视频内容创作者提供高质量、专业化的素材支持与服务。主流媒体创设的科普工作室应当包含平台的联动机制，加强科普信息传播前、中、后期的运营，实现传播效果的最大化。首先，可根据主题内容，建立科学高效的分级创作与传播机制。其次，可针对创作者不同阶段的需求，开展相应的业务培训和内容支持，保持常态良性互动。最后，培育自有专业运营团队，加大对科普视频内容创作者的扶持力度，提高账号运营水平，保障内容传播效果。

资料来源：

① 赵兵.建设新型传播平台：媒体深融的"关键一招"[J].传媒，2021（20）：26-28.

② 冯梅玲，陈奇妍.融媒时代主流媒体科普信息传播的价值与途径：基于传播平台、科研机构及科普网红的实证研究[J].中国广播电视学刊，2022（5）：30-32.

新媒体直播营销策划文案典型任务

任务 1　做好前期准备

做好前期准备是直播的首要任务，包括确定直播目标、选定直播时间、安排直播人员、确定直播主题、提前检查设备、进行产品梳理、选择宣传渠道和方式等。

任务 2　进行开场预热

通过自我介绍、产品预热等方式吸引更多的"粉丝"进入直播间，营造热火朝天的氛围，做好开场预热。

知识拓展 8-5

预热做得好，现场观众互动少不了。一场直播取得成功的重要因素，在于充分做好直播预热。主播团队可以根据自身需求，自行选择预热的方式：公域预热包括朋友圈广告、搜一搜广告等，私域预热包括朋友圈、公众号、社群、小程序等。比如人民日报健康客户端携手北京大学人民医院冯淬灵主任，联合辽宁成大方圆医药连锁有限公司（以下简称

"辽宁成大方圆")举办"关注肺健康,普查肺功能,科学防哮喘"的直播知识讲座。在直播之前,辽宁成大方圆的直播团队每天都会在社群、朋友圈和公众号上对这场直播进行预热。

资料来源:钟园园.数据复盘,有效提升直播效果[J].中国药店,2022(6):70-72.

任务3　进行产品讲解与测评

讲解指解释说明产品,测评指测试评定产品。梳理好产品卖点后,通过讲解与测评提升顾客对产品的认识程度,便于顾客下单购买。

任务4　做好观众互动

适度的互动可以提升直播间的"粉丝"参与度,拉近主播与"粉丝"的距离,可以通过故事分享、解答疑惑、使用展示等方式做好观众互动。

■■ ■ ■

知识拓展 8-6

所谓网民与网络直播视频的互动,指的是受众观看直播视频时进行的信息传递和反馈的过程,普通的传统视频只是信息输出和观众接受这样一个单向的过程,严重缺乏信息互动性。但是弹幕视频就在很大程度上改善了受众反馈这一环节,使视频与受众形成了高效信息交换的联系。例如,受众在 AcFun 上观看直播视频时,可以对视频内容进行评论,评论的内容会以弹幕的形式出现在屏幕上,直播者可以在直播的同时看到观众的评论和意见,这不仅有助于直播节目的进一步改善,还可以指导接下来的直播朝着观众感兴趣的方向改进,这种信息传递和反馈的过程就是信息交换。

资料来源:申林,陈婧薇,李琳.网络直播环境下观众互动的新形式:以 AcFun 为代表的弹幕视频网站为例[J].传媒,2017(10):39-41.

任务5　发布结束预告

发布结束预告是直播最后的收尾工作,可以对本次直播做总结复盘,并为下次直播做预热,引导"粉丝"关注。

8.5　新媒体营销策划文案设计范例

新媒体营销策划文案设计范例属于典型的案例教学范畴,设定的目的是为学习者提供一个真正可以模仿的蓝本,这个蓝本始终贯穿整个项目任务。请读者扫描右方的二维码阅读《BY 公司新媒体营销策划文案》(全案)。

《BY 公司新媒体营销策划文案》(全案)

8.6　新媒体营销策划专项实训

新媒体营销策划专项实训属于典型的实验教学范畴，按照项目实验教学的要求，由学员团队按任务要求自主完成。

新媒体营销策划专项实训由学员在当地挑选一个具有一定知名度的企业作为实训的合作品牌，事先取得企业的认可和支持，由学员逐步完成新媒体营销策划。

新媒体图文营销策划专项实训

任务1　确定企业推广需求

1. 实战演练任务

以学习小组为单位，结合图文内容推广的背景，对企业的推广需求进行分析，并有针对性地制定推广内容，包括确定活动目的、设想预期目标、突出产品卖点、寻找受众群体、构想促销内容、选定发布平台。

2. 实战演练要求

确定企业推广需求是进行新媒体营销策划的首要环节，准确把握企业的推广需求。

3. 实战演练成果评价

利用一周的时间确定企业推广需求，提交文案并进行 PPT 演讲，现场由企业、行业专家和课程老师担任评委。

任务2　确立文章标题

1. 实战演练任务

以学习小组为单位，在确定企业推广需求后，依据图文内容推广主题确定文章标题。

2. 实战演练要求

文章的标题起着概括文章主要内容的作用，还是文章的线索，通常被称为文章的"题眼"，确立能够概括文章主要内容的标题。

3. 实战演练成果评价

利用三天的时间确立文章标题，提交文案并进行 PPT 演讲，现场由企业、行业专家和课程老师担任评委。

任务3　选定文章开头

1. 实战演练任务

以学习小组为单位，选定文章开头。

2. 实战演练要求

按照悬念开头、故事开头、直接开头、提问开头、开头内容梗概的方法，尝试设计不同的开头，从中选择合适的开头内容。

3. 实战演练成果评价

利用一周的时间选定文章开头,提交文案并进行 PPT 演讲,现场由企业、行业专家和课程老师担任评委。

任务 4　选择正文元素

1. 实战演练任务

以学习小组为单位,选择图文内容的正文元素。

2. 实战演练要求

根据企业提供的活动海报、图片、语音、产品链接等资料,选择正文元素,设计并添加到文章正文中。

3. 实战演练成果评价

利用一周的时间选择正文元素,提交文案并进行 PPT 演讲,现场由企业、行业专家和课程老师担任评委。

任务 5　升华文章结尾

1. 实战演练任务

以学习小组为单位,设计文章内容,升华文章结尾。

2. 实战演练要求

结合企业信息和结尾设计思路以及图文内容,完成结尾的写作,达到升华文章结尾的效果。

3. 实战演练成果评价

利用五天的时间升华文章结尾,提交文案并进行 PPT 演讲,现场由企业、行业专家和课程老师担任评委。

新媒体短视频营销策划专项实训

任务 1　选定拍摄场景

1. 实战演练任务

以学习小组为单位,利用所学知识,选定拍摄场景。

2. 实战演练要求

结合短视频拍摄目的、目标人群、故事梗概等要素,确定短视频拍摄的基调和走向,选定拍摄场景。

3. 实战演练成果评价

利用一周的时间选定拍摄场景,提交文案并进行 PPT 演讲,现场由企业、行业专家和课程老师担任评委。

任务 2　准备脚本与拍摄工具

1. 实战演练任务

以学习小组为单位，事先准备好脚本和拍摄工具。

2. 实战演练要求

利用运镜技巧、转场技巧等，并提前准备好相机、灯光设备、辅助器材等拍摄工具。

3. 实战演练成果评价

利用一周的时间准备脚本与拍摄工具，提交文案并进行 PPT 演讲，现场由企业、行业专家和课程老师担任评委。

任务 3　拟定拍摄流程

1. 实战演练任务

以学习小组为单位，拟定拍摄流程。

2. 实战演练要求

提前拟定拍摄流程，按照方案进行拍摄，做好拍摄记录。

3. 实战演练成果评价

利用一周的时间拟定拍摄流程，提交文案并进行 PPT 演讲，现场由企业、行业专家和课程老师担任评委。

任务 4　后期制作与处理

1. 实战演练任务

以学习小组为单位，进行后期制作与处理。

2. 实战演练要求

依据拍摄情况适当添加字幕，选择欢快或低沉的背景音乐，进行后期制作与处理。

3. 实战演练成果评价

利用一周的时间进行后期制作，提交文案并进行 PPT 演讲，现场由企业、行业专家和课程老师担任评委。

任务 5　选定传播平台

1. 实战演练任务

以学习小组为单位，选定短视频的传播平台。

2. 实战演练要求

传播效果至关重要，做好效果评估，选择合适的传播平台。

3. 实战演练成果评价

利用一周的时间选定传播平台，提交文案并进行 PPT 演讲，现场由企业、行业专家和课程老师担任评委。

新媒体直播营销策划专项实训

任务1　做好前期准备

1. 实战演练任务

以学习小组为单位,明确分工,团结协作,做好直播前期准备。

2. 实战演练要求

确定直播目标、选定直播时间、安排直播人员、确定直播主题、提前检查设备、进行产品梳理、选择宣传渠道和方式。

3. 实战演练成果评价

利用一周的时间做好直播前期准备,提交文案并进行 PPT 演讲,现场由企业、行业专家和课程老师担任评委。

任务2　进行开场预热

1. 实战演练任务

以学习小组为单位,团结协作,做好开场预热。

2. 实战演练要求

通过自我介绍、产品预热等方式吸引更多的"粉丝"进入直播间,做好开场预热。

3. 实战演练成果评价

利用一周的时间进行开场预热,提交文案并进行 PPT 演讲,现场由企业、行业专家和课程老师担任评委。

任务3　进行产品讲解与测评

1. 实战演练任务

以学习小组为单位,进行产品讲解与测评。

2. 实战演练要求

解释说明产品,测试评定产品。

3. 实战演练成果评价

利用一周的时间进行产品讲解与测评,提交文案并进行 PPT 演讲,现场由企业、行业专家和课程老师担任评委。

任务4　做好观众互动

1. 实战演练任务

以学习小组为单位,进行观众互动。

2. 实战演练要求

拉近主播与"粉丝"的距离,通过故事分享、解答疑惑、使用展示等方式与观众进行适度的互动。

3. 实战演练成果评价

利用一周的时间进行观众互动,提交文案并进行 PPT 演讲,现场由企业、行业专家和课程老师担任评委。

任务 5　发布结束预告

1. 实战演练任务

以学习小组为单位,完成结束预告。

2. 实战演练要求

对本次直播做总结复盘,并为下次直播做预热,引导"粉丝"关注。

3. 实战演练成果评价

利用一周的时间完成结束预告,提交文案并进行 PPT 演讲,现场由企业、行业专家和课程老师担任评委。

8.7　新媒体营销策划课后巩固(单元测试题)

一、单项选择题(10 道题)

1. ( )是根据营销思路和理念创新,利用新媒体整合各种资源,实现预期利益目标的过程。

A. 新媒体营销策划　B. 新媒体　　　　C. 营销策划　　　　D. 新媒体营销

2. 新媒体营销策划所呈现的( )源于新媒体,正是由于新媒体在传播信息时具有极快的速度和极高的效率,因此营销策划人员可以通过新媒体提高营销效果,明确目标受众,使营销策划方案更具针对性。

A. 多元性　　　　B. 普及性　　　　C. 互动性　　　　D. 流通性

3. ( )是新媒体表现形式中最原始的一种,从营销功能角度,内容都可以通过图文的方式来呈现,如销售软文、品牌故事、传播事件、销售广告、传播广告等。

A. 图文　　　　　B. 微博　　　　　C. 微信　　　　　D. 直播

4. ( )是主要借助于网络和移动智能终端,在移动短视频应用的支持下,录制的时长几秒到几分钟,具有即时传播、成本较低、内容广泛、原创性强等特征的视频类移动新媒体。

A. 直播　　　　　B. 短视频　　　　C. 平台　　　　　D. 小红书

5. ( )脚本要列出所有可控的拍摄思路。

A. 文献　　　　　B. 分镜头　　　　C. 提纲　　　　　D. 文学

6. ( )是一种最为常见的运镜技巧,是指被拍摄物位置不动,镜头从全景或别的景位由远及近向被拍摄物推进,逐渐推成近景或特写镜头,主要用于描写细节、突出主体、制造悬念等。

A. 摇镜头　　　　B. 跟镜头　　　　C. 拉镜头　　　　D. 推镜头

7. ( )机构最初是从 YouTube 上衍生出来的,可以将其理解为 YouTube 平台上内容创作者与平台之间的中介。

  A. MBN   B. MCN   C. NBC   D. CBN

  8. 随着互联网技术的发展,( )为消费者带来了更直观、更生动的购物体验,高效的转化率以及可观的营销效果,逐渐成为电商平台和内容平台新的增长动力。

  A. 知乎   B. 抖音   C. 直播   D. 快手

  9. ( )是知识产权的简称,具体说来,就是主播具有很强的 IP 属性,在用户心智中有独特的标签,而且还是一种情感的寄托。

  A. IP   B. IN   C. PC   D. PI

  10. ( )是通过短视频讲故事的重要工具,起着统领视频拍摄全局的作用。

  A. 脚本   B. 编辑   C. 拍摄   D. 文本

二、多项选择题(5 道题)

1. 下列选项中,属于新媒体营销策划的特征的有( )。

  A. 普及性   B. 互动性   C. 多元性   D. 沟通性

2. 当前新媒体的基本形式有( )。

  A. 图文   B. 短视频   C. 直播   D. 微博

3. 图文形式的分类包括( )。

  A. 长图文   B. 短图文   C. 中图文   D. 总图文

4. 短视频的特点有( )。

  A. 娱乐性   B. 低门槛性   C. 高效性   D. 高传播性

5. 关注用户感受的方法有( )。

  A. 造悬念   B. 讲故事   C. 提问题   D. 用情怀

三、简答题(5 道题)

1. 请阐述新媒体和新媒体营销的概念。

2. 请阐述新媒体营销策划的概念和特征。

3. 图文的概念和特点是什么?

4. 短视频的概念和特点是什么?

5. 新媒体直播营销策划的常用方法有哪些?

参 考 文 献

[1] 艾·里斯,杰克·特劳特.定位[M].邓德隆,火华强,译.北京:机械工业出版社,2021.

[2] 陈根.设计营销及经典案例点评[M].北京:化学工业出版社,2016.

[3] 丁和根.新媒体运营与管理概论[M].南京:南京大学出版社,2018.

[4] 菲利普·科特勒,凯文·莱恩·凯勒,亚历山大·切尔内夫.营销管理(第16版)[M].陆雄文,蒋青云,等,译.北京:中信出版社,2022.

[5] 郭斌,王成慧.新媒体广告营销案例集(第三辑)[M].北京:中国经济出版社,2021.

[6] 郭国庆.市场营销学通论[M].9版.北京:中国人民大学出版社,2022.

[7] 黄尧.营销策划[M].北京:高等教育出版社,2015.

[8] 黄尧.营销策划创意[M].3版.北京:电子工业出版社,2021.

[9] 蒋楠.公关策划学[M].北京:科学出版社,2017.

[10] 李飞.品牌定位点的选择模型研究[J].商业经济与管理,2009(11):72-80.

[11] 李胜,冯瑞.现代市场营销学[M].北京:机械工业出版社,2008.

[12] 李胜,黄林.营销之道:营销管理实战模拟教程[M].北京:化学工业出版社,2012.

[13] 李胜,黄尧,黄华,等.营销策划:路径、方法与文案设计[M].北京:北京大学出版社,2018.

[14] 李胜,王玉华.现代市场营销学:理论与实战模拟[M].北京:中国铁道出版社,2013.

[15] 李兴国.公共关系实用教程[M].北京:高等教育出版社,2015.

[16] 生奇志.品牌策划管理[M].北京:清华大学出版社,2014.

[17] 谭贤.新媒体营销与运营实战:从入门到精通[M].北京:人民邮电出版社,2017.

[18] 唐·舒尔茨,海蒂·舒尔茨.整合营销传播:创造企业价值的五大关键步骤[M].王苗,顾洁,译.北京:清华大学出版社,2013.

[19] 王薇等.新媒体营销策划[M].北京:清华大学出版社,2022.

[20] 王新刚.品牌管理[M].北京:机械工业出版社,2020.

[21] 肖凭.新媒体营销实务[M].2版.北京:中国人民大学出版社,2021.

[22] 徐茂权,马玉芳.软文营销[M].北京:人民邮电出版社,2017.

[23] 张冰.广告文案写作理论与实务[M].重庆:重庆大学出版社,2016.

[24] 张向南.新媒体营销案例分析[M].北京:人民邮电出版社,2017.

[25] 张秀军.迈克尔·波特竞争战略精髓[M].北京:中国经济出版社,2020.

[26] 赵占波.智慧营销[M].北京:电子工业出版社,2020.

[27] 钟育赣.品牌、CIS与竞争优势[J].商业经济与管理,2001(6):9-12.

教辅申请说明

北京大学出版社本着"教材优先、学术为本"的出版宗旨,竭诚为广大高等院校师生服务。为更有针对性地提供服务,请您按照以下步骤通过**微信**提交教辅申请,我们会在1～2个工作日内将配套教辅资料发送到您的邮箱。

◎ 扫描下方二维码,或直接微信搜索公众号"北京大学经管书苑",进行关注;

◎ 点击菜单栏"在线申请"—"教辅申请",出现如右下界面:

◎ 将表格上的信息填写准确、完整后,点击提交;

◎ 信息核对无误后,教辅资源会及时发送给您;如果填写有问题,工作人员会同您联系。

温馨提示:如果您不使用微信,则可以通过以下联系方式(任选其一),将您的姓名、院校、邮箱及教材使用信息反馈给我们,工作人员会同您进一步联系。

联系方式:

北京大学出版社经济与管理图书事业部

通信地址:北京市海淀区成府路 205 号,100871

电子邮箱:em@ pup.cn

电　　话:010-62767312

微　　信:北京大学经管书苑(pupembook)

网　　址:www.pup.cn